Le TOEFL iBT®
par la pratique

Tammy LeRoi Gilbert
Dorothy E. Zemach

Sylvie Hadman pour la version française

PEARSON

Authorized Adaptation from the U.S. edition, entitled EXPRESS TO THE TOEFL IBT® TEST WITH CD-ROM, 1st Edition, 0132861623 by GILBERT, TAMMY LEROI; ZEMACH, DOROTHY, published by Pearson Education, Inc, publishing as Pearson Education ESL, Copyright© 2013 by Pearson Education, Inc.

Traduction de l'anglais : Hervé Soulard

Mise en pages : APS-Chromostyle, Tours

ISBN : 978-2-3260-0120-6

Sommaire

Introduction

Partie 1
Compréhension écrite

Semaine 1

Semaine 2

Semaine 3

Partie 2

Compréhension orale

Semaine 4

Partie 3
Expression orale

Semaine 5

Partie 4
Expression écrite

Semaine 6

Annexes

Introduction

Proposé par *Educational Testing Service* (ETS), le *Test of English as a Foreign Language* (TOEFL) iBT® a pour but d'évaluer la capacité à comprendre et à utiliser l'anglais chez les personnes dont ce n'est pas la langue maternelle. Il évalue quatre compétences : la compréhension écrite, la compréhension orale, l'expression orale et l'expression écrite. Les universités et les lycées d'Amérique du Nord, ainsi que de nombreuses autres institutions en France et dans le monde entier, se fondent sur les résultats au TOEFL iBT® pour déterminer si le niveau d'un étudiant est suffisant pour accepter sa candidature.

Le TOEFL iBT® par la pratique est à la fois exhaustif et concis. Il vous permet de travailler l'intégralité des compétences requises pour passer le TOEFL iBT® et de vous entraîner sur tous les types de questions, et ce beaucoup plus rapidement que les autres ouvrages de préparation à cet examen. Vous allez y découvrir la forme et le style du test, développer progressivement des savoir-faire pour effectuer les quatre épreuves, acquérir une expérience pratique précieuse, déterminer vos points forts et vos points faibles, et apprendre de nombreuses stratégies et astuces utiles lors de l'examen. Outre ses explications et ses exercices méticuleusement construits, cet ouvrage comprend un site compagnon dédié où vous pourrez vous entraîner dans les conditions de l'examen. Rendez-vous sur **http://compagnons.pearson.fr/toeflpratique**, puis saisissez le code d'accès suivant : **R9tJ2h6MHk3d**.

Vous y trouverez :

- Un **test d'application** pour chacune des quatre épreuves (compréhension écrite, compréhension orale, expression orale, expression écrite) ainsi que les corrigés.
- Le **test complet** et ses corrigés.
- Les **pistes audio** (format MP3).
- Les **scripts de tous les passages audio**.

Dans ces corrigés, des explications détaillées en français justifient les réponses, les bonnes comme les mauvaises, avec les traductions des mots difficiles.

Cet ouvrage n'est pas un cours général de langue anglaise : si votre niveau d'anglais est trop faible pour suivre des cours théoriques, nous vous conseillons de continuer votre apprentissage de la langue avant de passer le TOEFL iBT®. Pour cette raison, vous n'y trouverez pas une progression grammaticale logique, qui vous fournirait les règles pour tous les points grammaticaux par ordre de difficulté. Les points de grammaire traités dans cet ouvrage sont ceux qui vous seront le plus utiles pour répondre aux questions du test dans les quatre compétences évaluées. Il en va de même pour les fonctions du langage et pour le vocabulaire.

Si vous êtes en revanche suffisamment prêt pour fréquenter un lycée ou une université où les cours sont dispensés en anglais, ce livre est fait pour vous. Vous y découvrirez le style, la forme et le contenu du test le plus utilisé pour évaluer la pertinence de la candidature des étudiants. Il vous aidera à obtenir les résultats qui correspondent exactement à vos aptitudes en anglais. Cet ouvrage se concentre véritablement sur l'essentiel de manière claire et systématique. Vous pourrez préparer le test en six semaines maximum en travaillant un peu plus d'une heure par jour.

Le TOEFL iBT® par la pratique traite tous les aspects du test de façon complète, concise et agréable. Il convient donc parfaitement à une préparation intensive à l'examen sur une durée d'environ six semaines ou pour des révisions. Vous y découvrirez les compétences requises pour obtenir un score élevé, ainsi que de multiples occasions de les mettre en application grâce aux questions et aux passages calqués sur ceux de l'examen. Il est important que vous vous familiarisiez avec le test, mais vous ne pourrez pas vous contenter d'effectuer des tests complets. Cette stratégie ne suffirait pas à augmenter votre score. Vous devez comprendre quels sont les aspects réellement évalués par le TOEFL iBT® et déterminer vos capacités dans ces domaines. Si vous ne savez pas *pourquoi* vous n'avez pas répondu correctement à une question précise, il est fort probable que vous répétiez toujours la même erreur. Pour vous sortir de cette boucle, cet ouvrage propose des outils d'évaluation et des corrigés détaillés.

Le TOEFL iBT® par la pratique vous aidera à développer, exercice après exercice, les compétences nécessaires pour aborder les questions du test.

Chaque chapitre correspond à une semaine de travail et commence par une présentation des questions du test, suivie d'une analyse de chacune d'entre elles. Vous serez alors amené à réfléchir à ce qui est exactement demandé et à faire des exercices de préparation à ce type de questions. Vous pourrez ensuite effectuer un exercice d'application calqué sur ceux du TOEFL iBT®. Si vous n'avez pas la possibilité d'accorder beaucoup de temps à votre préparation, et que vous avez déjà un bon niveau en anglais, il vous suffira alors d'étudier le début de chacune des parties de l'ouvrage, car celui-ci concerne directement le format du test. Reportez-vous au pictogramme  qui vous indiquera les parties du livre que vous ne pourrez pas négliger, même si votre niveau d'anglais est très bon. En effet, avant de passer un examen, quel qu'il soit, il faut au moins connaître les différentes épreuves, se familiariser avec celles que l'on n'a pas l'habitude de rencontrer, savoir gérer son temps de manière optimale, et pouvoir se concentrer pendant toute la durée de l'épreuve.

Si vous disposez d'un peu plus de temps, que vous souhaitez pratiquer davantage et effectuer des révisions linguistiques, nous vous proposons, pour chaque chapitre, une liste de vocabulaire, un ou deux points de grammaire utiles pour l'épreuve correspondante du test, ainsi que les fonctions du langage nécessaires à cette partie. Nous vous mettons également en garde contre quelques pièges courants de prononciation. À la fin de chaque chapitre, nous vous proposerons d'effectuer un travail complémentaire, qui vous permettra de continuer à pratiquer toutes les compétences pendant l'ensemble de la période de préparation.

Vous trouverez également, à la fin de l'étude de chacune des compétences, un test d'application qui vous entraînera à l'intégralité de cette partie du test.

Vous pouvez travailler les différentes épreuves du test dans l'ordre ou vous concentrer uniquement sur celles que vous devez améliorer.

Voici ce que nous vous proposons dans cet ouvrage :

- Des **explications complètes mais concises** et des captures d'écran pour chaque type de question montrent clairement et précisément ce que vous verrez le jour du test.
- Une **pratique authentique** des compétences vous permet ensuite d'appliquer ce que vous avez appris dans les exercices d'entraînement et de pratiquer sur des exemples conformes au TOEFL iBT®. Les passages et les types de questions vous feront réviser grâce à un contenu plaisant et accessible.
- Les **astuces** vous apportent des suggestions, ainsi que des stratégies indispensables à l'élaboration de réponses correctes aux questions. Elles ont été spécifiquement rédigées pour les candidats francophones, qui rencontrent des difficultés différentes de celles des autres locuteurs.
- Des **auto-évaluations pour les parties Expression orale et Expression écrite**, pour lesquelles il n'existe pas de réponse « correcte », vous permettent de déterminer vos points forts et d'établir un programme de renforcement de vos points faibles.

Le TOEFL iBT® par la pratique est la méthode idéale pour se préparer rapidement et méticuleusement au TOEFL iBT®.

À propos du TOEFL iBT®

C'est ETS qui s'occupe de la gestion du TOEFL iBT®. Le test s'effectue sur ordinateur et utilise Internet, bien qu'il soit impossible de le passer à distance : vous devez en effet vous rendre dans un centre d'examen, où vous passerez le test sur ordinateur. Pour les épreuves de compréhension écrite et de compréhension orale, vous devrez remplir des formulaires de réponse à des questions à choix multiple. Pour l'expression écrite, vous rédigerez vos réponses à l'aide d'un logiciel de traitement de texte. Quant à l'expression orale, vous enregistrerez vos réponses grâce à un équipement fourni par le centre d'examen. Consultez le site web d'ETS pour obtenir de plus amples informations sur les lieux d'examen, les prix, les dates, les horaires et les inscriptions.

La durée totale du test se situe entre 3 et 4 heures, avec une seule pause. Il est interdit d'entrer dans la salle des ordinateurs avec du matériel, comme une calculatrice, un téléphone mobile, un dictionnaire, des livres, ou même de la nourriture. La plupart des centres disposent de casiers dans lesquels vous pourrez laisser vos affaires, tout comme votre en-cas et votre boisson, que vous retrouverez à la pause. Pour plus de détails, contactez le centre où vous vous rendrez.

Les centres d'examen ont mis en place des mesures strictes de sécurité afin d'être certains que les scores seront exacts et justes. On contrôlera votre pièce d'identité, vous pourrez être photographié et vous devrez déposer vos objets dans un casier. Des caméras sont également présentes dans la plupart des centres pour filmer les candidats tout au long du test.

Vous devrez vous inscrire au test sur le site http://www.ets.org/toefl.

Le tableau suivant présente l'ordre dans lequel les épreuves du test TOEFL iBT® sont proposées. (Les explications sur les types de questions se trouvent dans chaque partie de cet ouvrage.)

Épreuve	Nombre d'éléments/de questions	Durée
Compréhension écrite	3 ou 4 passages d'environ 600 à 700 mots chacun 12 à 14 questions par passage ; 39 questions au total	60 à 80 minutes
Compréhension orale	en général, 4 cours avec chacun 6 questions et 2 conversations avec chacune 5 questions, soit 34 questions	60 à 90 minutes
Pause	obligatoire	10 minutes
Expression orale	6 exercices : 2 exercices indépendants et 4 exercices intégrés	20 minutes
Expression écrite	2 exercices : 1 exercice intégré et 1 exercice indépendant	20 minutes (exercice intégré) 30 minutes (exercice indépendant)
Durée totale	3 h 30 à 4 heures	

ETS modifie régulièrement le contenu du test ou inclut parfois des éléments particuliers afin d'effectuer des essais ; il est donc possible que, lors du test, vous ne retrouviez pas certains types de contenus proposés dans cet ouvrage. En travaillant sur chaque type d'élément, vous améliorerez néanmoins vos aptitudes générales et pourrez obtenir de meilleurs résultats.

Barèmes et score total

Les quatre épreuves du test (compréhension écrite, compréhension orale, expression orale et expression écrite) sont notées selon un barème allant de 0 à 30 points, avec une note totale de 120 points pour l'ensemble du test.

Pour chaque épreuve, un score situé entre 22 et 30 reflète un niveau avancé. Une note entre 15 et 21 correspond à un niveau moyen, tandis qu'une note entre 0 et 14 révèle un niveau faible.

Si vous réalisez les tests d'application et le test complet à partir du site compagnon, consultez les tableaux de conversion (voir Annexe 1, p. 279) pour déterminer votre score.

Astuce

Entraînez-vous à passer le test sur un ordinateur. Vous vous habituerez ainsi aux conditions réelles du TOEFL iBT® et vous sentirez plus à l'aise le jour venu.

Conseils pour passer le TOEFL iBT®

Les conseils suivants se fondent sur le retour d'expérience des nombreux étudiants qui ont révisé et passé le TOEFL iBT®, ainsi que sur celui de leurs professeurs. Nous espérons que ces suggestions et notre propre expérience vous aideront à obtenir le meilleur score possible à ce test.

Avant de passer le test TOEFL iBT®

Voici quelques conseils pour vous aider à vous préparer au mieux avant le test :

1. Rendez-vous sur le site web officiel du TOEFL® (http://www.ets.org/toefl) et téléchargez les *TOEFL iBT® Registration Bulletins : http://www.ets.org/toefl/ibt/about/bulletin* (non disponibles en version imprimée). Ils vous indiqueront tout ce que vous devez savoir sur l'inscription, les formulaires, les exigences d'identification (pièces d'identité), les résultats au test, les règlements et les procédures. Lisez intégralement ces documents. Si vous ne comprenez pas certaines informations ou avez des questions, demandez à votre professeur d'anglais ou à un ami anglophone de vous aider.
2. Planifiez au plus tôt quand vous allez passer le TOEFL iBT®. Certains centres d'examen se remplissent très rapidement et vous risquez de ne pas pouvoir vous présenter à la date souhaitée. Soyez prévoyant car vous aurez une date butoir pour fournir votre résultat aux lycées, universités ou autres établissements que vous aimeriez intégrer. Si vous souhaitez partir dans un programme universitaire hors de l'Europe, il faudra que votre université soit en possession de vos résultats au TOEFL iBT® début janvier. Prévoyez donc de vous inscrire au test dès la rentrée de septembre car les dates du mois de décembre, notamment, se remplissent très vite et vous risquez de devoir passer le test dans un centre plus éloigné de votre domicile, voire à l'étranger.
3. Si possible, faites le déplacement jusqu'au centre d'examen *avant* le jour du test. Vous devez savoir où il se trouve et connaître la durée du trajet, que ce soit en voiture, en bus ou en train. Faites-le à un horaire proche de celui de votre passage du test. Vous saurez ainsi si les conditions de circulation vont influer sur votre heure d'arrivée. Si vous y allez en

voiture, repérez les possibilités de stationnement aux alentours. Ce point est très important ! Ce n'est pas le jour du test qu'il vous faudra vous demander si vous risquez de vous perdre ou d'arriver en retard.

4. Voici votre programme de préparation :

- Inscrivez-vous à un cours de préparation au TOEFL iBT® et allez jusqu'au bout des exercices de cet ouvrage.
- Apprenez à prendre des notes pertinentes. Relisez-les, ainsi que le contenu de ce livre, chaque jour après les cours.
- Réservez un temps de travail quotidien. Évitez le « bachotage » ou les révisions intensives du test sur une courte durée.
- Travaillez dans un environnement calme, qui vous permet de vous concentrer.
- Effectuez les tests d'application du site compagnon dans des conditions « réelles » (chronométrées).
- Évaluez continuellement vos progrès. Si vous ne disposez que de peu de temps, concentrez-vous sur les compétences qui vous posent des difficultés. Les évaluations vous permettront de les identifier.
- Entraînez-vous grâce au test complet proposé sur le site compagnon. Vous connaîtrez ainsi la forme du test et son déroulement. Habituez-vous aux consignes afin d'éviter de perdre du temps à les lire le jour de l'examen. Plus vous serez à l'aise avec l'ordinateur, plus vous serez serein quand vous passerez le test réel.
- Rédigez des fiches personnelles à l'aide de cet ouvrage afin de travailler et d'améliorer votre vocabulaire et votre grammaire.
- Révisez avec d'autres étudiants qui passent le TOEFL iBT®. C'est moins ennuyeux et il est plus facile de mémoriser lorsque la lecture des dialogues se fait à haute voix devant d'autres personnes.
- Ne travaillez pas la veille au soir ni le jour du test.
- Imaginez-vous en train de réussir le test. Dites-vous que vous allez y arriver. Encouragez-vous. Écartez toute pensée négative et restez à l'écart des personnes trop angoissées. Relaxez-vous.

Le jour du test

Voici quelques conseils que vous pouvez suivre le jour du test :

- Détendez-vous ! N'oubliez pas : pensez de façon positive !
- Portez des vêtements confortables qui vous permettent de vous adapter à toute condition de température.

- Pensez à prendre des boules Quies©. La salle d'examen peut être bruyante. Vous pouvez également garder les écouteurs utilisés pour l'épreuve de compréhension orale. Si l'environnement est vraiment très bruyant, portez les deux.
- N'oubliez pas d'emmener :
  - votre passeport et/ou votre carte d'identité en cours de validité (consultez le site web du TOEFL iBT® pour connaître les pièces d'identité acceptées) ;
  - la confirmation de votre inscription au test (imprimez-la à partir de votre profil sur le site web officiel du TOEFL iBT®).
- Rendez-vous au centre d'examen en avance. Vous devez vous y présenter 30 à 40 minutes avant l'heure de passage du test.
- Apportez de l'eau et allez aux toilettes *avant* de commencer le test. Si vous sortez pendant le test, l'horloge continue de tourner et vous aurez moins de temps pour répondre aux questions.
- Après vous être assis :
  - adaptez la hauteur du siège de sorte que vos pieds touchent le sol ;
  - réglez le dossier du siège afin de vous tenir droit ;
  - montez ou descendez l'écran de l'ordinateur, ou déplacez-le sur les côtés, pour qu'il soit à la hauteur de vos yeux ;
  - si l'écran est sale, demandez à une personne du centre d'examen de le nettoyer ;
  - modifiez le contraste et la luminosité de l'écran à l'aide des boutons ; si vous ne savez pas comment faire, faites-vous aider par une personne du centre d'examen ;
  - ajustez le casque audio afin de le porter confortablement sur la tête et les oreilles.

Au cours du test

Voici maintenant quelques conseils pour vous aider à passer le test dans les meilleures conditions :

- Concentrez-vous. Ne vous occupez pas de ce que font les autres candidats.
- Réfléchissez à une seule question à la fois.
- Répondez à toutes les questions.
- Si vous ne connaissez pas la réponse à une question, procédez par élimination ou faites des suppositions.

- Si vous ne parvenez pas à répondre à une question et commencez à angoisser :
  - dites-vous que vous avez déjà travaillé dessus et que la réponse se trouve quelque part dans votre tête ;
  - respirez plusieurs fois profondément, fermez les yeux pendant quelques secondes, puis revenez à la question.
- Pour l'épreuve de compréhension orale, n'oubliez pas qu'il faut *cliquer deux fois* pour passer à la question suivante : cliquez une fois sur **Next**, puis sur **OK** pour confirmer votre réponse. Pensez « clic, clic ». Après avoir cliqué sur **OK**, la question suivante apparaît et vous ne pouvez pas revenir en arrière. Certains étudiants expliquent qu'ils ont oublié de cliquer sur le bouton **OK** et perdu beaucoup de temps à attendre la question suivante. Entraînez-vous à passer le TOEFL iBT® pour vous habituer à ce fonctionnement.
- Trouvez le bon rythme. Surveillez le temps affiché sur l'écran et ne passez pas trop de temps sur une même question.
- Toutes les 10 à 15 minutes, faites quelques exercices pour détendre vos yeux, votre nuque, vos épaules et vos mains.
- Si vous rencontrez des difficultés pendant le test (par exemple, si le matériel ne fonctionne pas), levez la main afin qu'une personne du centre d'examen vienne vous aider. Évitez d'utiliser le système d'aide du logiciel car l'horloge continue à tourner pendant ce temps et vous risquez de perdre de précieuses minutes.
- Utilisez les dix minutes de pause, entre les épreuves de compréhension et les épreuves d'expression, pour vous détendre. Mangez votre en-cas et buvez un peu d'eau. Rasseyez-vous, fermez les yeux, ne pensez à rien, et respirez profondément.

Après le test

N'hésitez pas à suivre les conseils suivants après le test :

- Ne vous préoccupez pas de votre performance. Juste après le test, il est parfois difficile de savoir si l'on a réussi.
- Sortez et amusez-vous. Faites la fête ! Vous avez passé le test et c'est fini !
- Si vous n'avez pas obtenu le score requis, retravaillez vos points faibles et présentez-vous de nouveau au test. Vous pouvez passer le test TOEFL iBT® autant de fois que vous le souhaitez.

Partie 1

Compréhension écrite

Semaine 1

Cette semaine, vous travaillerez sur la première épreuve du test du TOEFL iBT® : la compréhension écrite (*Reading*). Après la préparation à proprement parler, vous allez acquérir du vocabulaire sur la culture, pratiquer les mots de liaison (dont vous aurez besoin à la fois pour comprendre les textes à lire et lorsque vous voudrez vous exprimer à l'écrit ou à l'oral), et revoir la voix passive, ainsi que quelques règles de prononciation.

La compréhension écrite est une épreuve difficile. Elle comporte plusieurs textes à lire, longs et compliqués, dont les sujets sont variés (et qui, peut-être, ne vous intéressent pas tous). L'épreuve dure par ailleurs plus d'une heure. La concentration est donc le problème majeur. On évalue là votre capacité à lire et comprendre des textes en anglais que vous pourriez rencontrer dans des manuels de cours à l'université. Pourquoi trouve-t-on ce type d'épreuve au TOEFL iBT® ? Le but de ce test est de vérifier que vous êtes capable de suivre des cours magistraux et des TD dans une université américaine. Il faut donc que vous puissiez vous concentrer longtemps, que vous compreniez le langage universitaire dans des disciplines et des domaines différents, même si vous ne connaissez pas l'ensemble du vocabulaire spécialisé, et que vous sachiez organiser votre travail et lire rapidement un texte. Il faut donc vous entraîner à parcourir de longs articles et des textes universitaires, et à en saisir le sens même s'il vous manque du vocabulaire. Il faut bien entendu comprendre ce qui est écrit, mais également être capable d'analyser le message. Voici les questions que vous devez vous poser à chaque fois que vous lisez ce type de document : Pourquoi ce choix d'idées, de concepts, de mots ? Quel est le message ? Quel est le but du texte ? Peut-on en tirer des conclusions ?

Astuce !

Quel est le message ? Quel est le but du texte ? Quelles sont les conclusions à en tirer ?

Vous devez toujours, **quoi qu'il arrive**, vous poser ces trois questions lorsque vous lisez un texte. Si vous n'êtes pas capable d'y répondre, même si vous avez compris tous les mots, même si vous avez compris toutes les phrases, c'est que vous n'avez pas compris le texte.

L'épreuve de compréhension écrite de l'examen est la plus longue. Elle dure 60 à 90 minutes et se divise en trois à cinq passages d'environ 700 mots chacun. Pour chaque texte, vous devez répondre à 12, 13 ou 14 questions. Vous pouvez utiliser votre temps comme bon vous semble et faire des retours en arrière si nécessaire. Attention, vous ne devez pas perdre trop de temps. Il faut vous entraîner à lire vite et à trouver rapidement les éléments dont vous avez besoin pour répondre aux questions. Surtout, ne perdez pas de temps sur une question que vous ne comprenez pas. Passez à la suivante. Vous pouvez revenir en arrière s'il vous reste du temps.

Dans le cadre de la compréhension écrite, les textes du TOEFL iBT® suivent toujours l'une des structures suivantes :

- par catégorie ou par classe ;
- causes/conséquences ;
- chronologie ou étapes d'un processus ;
- comparaison/contraste ;
- problème/solution.

Ces documents portent sur des disciplines très variées comme les sciences, l'histoire, l'art, la littérature, l'économie, etc. Il n'est pas nécessaire de disposer de connaissances dans ces domaines pour répondre aux questions. Le sujet est expliqué, présenté selon différents points de vue, ou comprend une perspective historique. On vous fournit un papier et un crayon, et vous pouvez prendre des notes. Personne ne les lira, mais vous devez les restituer en partant.

Astuce !

Essayez de répondre à toutes les questions. Vous ne serez pas pénalisé pour les réponses incorrectes.

L'épreuve de compréhension écrite compte dix types différents de questions. Elles concernent :

- le vocabulaire ;
- la reformulation ;
- les référents ;
- l'insertion de phrases ;
- l'information factuelle ;
- des faits négatifs (non mentionnés ou faux) ;
- la déduction ;
- l'intention rhétorique du texte ;
- la synthèse ;
- des tableaux à compléter.

Voici le menu qui apparaît à l'écran :

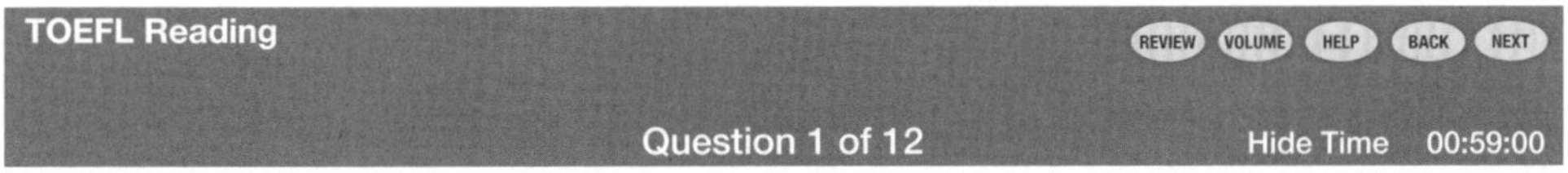

Vous pouvez naviguer en avant et en arrière, accéder à l'Aide (*Help*), cacher le temps restant (non recommandé) et cliquer sur la fonction Révision (*Review*) qui vous permet de voir toutes vos réponses. Si vous n'avez pas répondu à une question, vous pouvez le faire à partir de cet écran et retourner à la page que vous aviez laissée, en cliquant sur *Return to where I was*. Lorsque le test a démarré, vous pouvez également temporairement vous arrêter (*Pause test*) et sortir de cette épreuve du test (*Exit section*).

À l'écran, on vous propose d'abord le texte sans aucune marque. On vous le soumet ensuite de nouveau, cette fois avec des marques (mots surlignés, flèches), pour vous aider à repérer les phrases et mots sur lesquels portent les questions. À ce moment-là, le texte s'affiche sur la droite de l'écran et les questions sur la gauche.

Voici comment se déroule cette épreuve :

1. Vous voyez tout d'abord à l'écran les consignes générales de toute l'épreuve de compréhension écrite. Comme vous les connaissez déjà, ne perdez pas de temps à les relire. Cliquez sur *Next* pour passer au premier texte à lire.
2. Vous devez lire le passage en entier ou faire défiler l'écran jusqu'en bas avant que les questions et les propositions de réponses n'apparaissent sur la partie gauche de l'écran. Une fois qu'elles s'affichent, le texte se situe sur la partie droite de l'écran.
3. Sur la partie gauche de votre écran s'affiche parfois lire la phrase « *Paragraph (#) is marked with an arrow.* » Vous trouvez alors une flèche (*an arrow* →) là où se situent les éléments dont vous avez besoin pour répondre à la question.
4. Après avoir répondu à la question, cliquez sur *Next* en haut de l'écran pour passer à la question suivante.
5. Pour revenir en arrière ou relire une des précédentes questions, cliquez sur *Back*.
6. Vous pouvez également cliquer sur *Review* pour afficher toutes les questions.

En compréhension écrite, vous pouvez facilement progresser tout seul. Pour améliorer votre vitesse de lecture, votre concentration et votre compréhension, il vous faut lire chaque jour et même plusieurs fois par jour si possible :

- Lisez chaque jour des documents sur Internet afin de vous habituer à lire à l'écran. Choisissez-les de plus en plus longs, jusqu'à ce que la lecture consécutive de trois textes de 700 mots chacun ne vous pose plus de problème de fatigue ou de concentration.
- Lisez à la bibliothèque des manuels concernant des disciplines autres que la vôtre ou, sur Internet, des documents universitaires dans différents domaines, en changeant de sujet chaque jour.
- Apprenez à parcourir un article rapidement (*to skim*) pour trouver les idées principales. Les titres et les sous-titres donnent souvent des renseignements précieux sur le sens général du document. Chronométrez-vous régulièrement. Il faut pouvoir lire 200 à 250 mots la minute.
- Relisez ensuite plus lentement et plus attentivement.
- À partir d'un article d'un magazine ou d'un journal en ligne, entraînez-vous à écrire des *WH-questions* (*What? Who? Where? When? Why? How?*) et à parcourir l'article rapidement en cherchant les informations spécifiques pour répondre à ces questions (*to scan*).
- Essayez de déterminer la structure du document (causes/conséquences, étapes d'un processus, avantages/inconvénients, etc.). Les mots de liaison et les transitions vous aideront dans cette tâche.
- Essayez de deviner le sens des mots inconnus à partir du contexte.
- Travaillez régulièrement l'apprentissage du vocabulaire (voir la fin de chaque chapitre).
- Lisez également des œuvres de fiction qui vous encourageront à continuer à lire pour le plaisir.

Pratique des exercices de compréhension écrite

Cette semaine, vous allez uniquement vous entraîner sur les trois premiers types de questions.

Questions de vocabulaire

Présentation de l'exercice

Les questions portant sur le vocabulaire évaluent votre compréhension de l'anglais, ainsi que votre capacité à utiliser des indices contextuels pour déterminer le sens d'un mot ou d'une phrase. Les questions de ce type sont les plus répandues dans l'épreuve de compréhension écrite.

Il est possible que vous n'ayez jamais rencontré certains mots du vocabulaire évalué dans cette section. Il se peut également qu'ils vous semblent familiers, mais qu'ils aient plusieurs sens en anglais et soient ici employés dans un contexte que vous ne maîtrisez pas. Il est ainsi très important que vous sachiez utiliser le contexte pour vous aider à deviner correctement la signification d'un mot.

La question sera présentée sous cette forme :

> *The word xxxxxx in paragraph x is closest in meaning to:*
>
> Le sens du mot xxxxx dans le paragraphe x se rapproche le plus de celui de :

ou

> *The word xxxxxx in paragraph x could best be replaced by:*
>
> On pourrait remplacer le mot xxxxx dans le paragraphe x par :

On vous proposera ensuite quatre mots ou expressions parmi lesquels vous devrez choisir celui ou celle qui convient le mieux (le mot ou l'expression qui a le sens le plus proche du mot de départ, le meilleur synonyme).

Astuce !

Habituez-vous à répondre le plus rapidement possible : votre temps sera limité le jour du test.

Pour répondre à ce type de questions, vous devez repérer, dans la phrase, les indices qui vous aideront à cerner le sens du mot :

- Accordez une grande importance à la nature du mot à remplacer. Un nom doit être remplacé par un nom, un verbe par un verbe, etc.
- Repérez par exemple des indices de contraste (*on the other hand, by contrast, unlike*) :

  Rats are active at night. The mongoose, on the other hand, is diurnal.
- L'expression *on the other hand* vous indique qu'il vous faut rechercher un contraire de *active at night.*
- Trouvez des expressions comme *just as* ou *just like*, qui vous indiqueront au contraire que le sens est le même que celui d'un autre mot de la phrase.
- Le mot inconnu peut également être explicité, dans une certaine mesure, à un autre endroit du passage.
- Les conjonctions *and, but*, etc. peuvent vous fournir des indications utiles.
- Les différentes parties d'un mot peuvent aussi vous aider (racine connue, préfixe, suffixe).
- Les mots de la même famille, déjà connus, peuvent vous mettre sur la voie.

Astuce !

Lorsque vous pensez avoir trouvé la bonne réponse, relisez la phrase avec le mot que vous avez choisi pour voir si le sens est correct.

Analyse d'un exemple

Directions: *Read the passage. Then mark the correct answers to the questions.*

Lisez ce passage. Choisissez ensuite la réponse qui convient pour chaque question.

Agatha Christie

1. Agatha Christie is perhaps the best-known writer of mystery and detective novels in the English language. In fact, she is the best-selling writer of books of all time. She wrote romances using the pseudonym Mary Westmacott, and an autobiographical account of her travels with her archaeologist husband using her married name, Agatha Christie Mallowan. However, it is her mystery and detective novels, short stories, and plays for which she is most famous.
2. Agatha was painfully shy as a child. Perhaps as result of this, her mother decided that she would not receive a formal education, but would instead be taught at home. She taught herself to read by age five, and had lessons from part-time tutors. She was interested in the arts from a young age, first music and then storytelling and writing. At age 16, she was sent to Paris to study singing and piano. However, because of her shyness, she never became a performing musician. Perhaps her shyness is partly to thank for her choice of writing as her favorite form of artistic expression as an adult.

Astuce !

Avant de répondre aux questions, essayez de trouver dans le passage des termes, des indications, des mots de contraste, des références qui peuvent vous aider à répondre aux questions.

1. The word pseudonym in the passage is closest in meaning to

A. false name

B. married name

C. nickname

D. middle name

2. The word formal in the second paragraph could best be replaced by

  A. expensive

  B. fancy

  C. traditional

  D. free

Réponses

1. Il est clair que le mot *pseudonym* fait référence à un nom d'emprunt puisqu'il ne s'agit pas de son *married name*, cité plus loin. Il ne s'agit pas d'un surnom (*nickname*) car aucune indication que quelqu'un l'aurait affublée d'un surnom n'est présente dans le passage. Il ne peut pas s'agir non plus de son second prénom (*middle name*) puisque le nom qu'elle a choisi est formé d'un prénom et d'un nom. C'est donc bien la réponse A (*false name*) qui convient.
2. Pour trouver le sens de *formal*, il suffit de remarquer le contraste avec le reste de la phrase (être éduquée à la maison *instead*) ; *formal* s'oppose donc à *be taught at home*. Le coût n'est pas mentionné, la réponse A ne convient donc pas. Ni l'un ni l'autre des sens de *free* ne peut correspondre, l'éducation ne sera ni libre ni gratuite. Dans ce contexte, *fancy* (recherché, compliqué, fantasque, fantaisiste) n'est pas un contraire de *taught at home*. La réponse correcte est donc C.

Exercice d'application

Directions: Read the passage. Then mark the correct answers to the questions.

The Four-Color Theorem

1. How many different colors would you have to use to color a map so that no two countries next to each other are the same color? It sounds like a simple question, and yet it wasn't until 1976 that the answer—four—was proven, by mathematicians Kenneth Appel and Wolfgang Haken, who were working together at a university in Illinois. The theorem was additionally significant because it was the first to be proven through the use of a computer. The four-color conjecture was first proposed in 1852, but no definitive proof, or mathematical answer, could be demonstrated.
2. The theory is of more interest to mathematicians than to mapmakers, who have used colors to show significant features such as climate, population, system of government, or other such features. Furthermore, although a map is the usual example given to help people visualize the four-color theorem, it is necessary to define countries as being only one

landmass. This means, for example, that in the case of the United States, one would consider only the continental United States, and not states such as Alaska and Hawaii that are not contiguous but are separated from the rest of the country by water.

---

1. The word conjecture in the first paragraph is closest in meaning to
   A. proof
   B. assumption
   C. mathematician
   D. program
2. The word contiguous in the second paragraph could best be replaced by
   A. large
   B. distant
   C. visible
   D. neighboring

Réponses

1. Le premier paragraphe commence par poser une question : *How many different colors would you have to use to color a map...?* La fin du paragraphe propose une solution fondée sur une hypothèse (*conjecture* = hypothèse, spéculation). Le mot qui a le sens le plus proche de *conjecture* est *assumption* (supposition, hypothèse). Les autres mots n'auraient aucun sens dans la phrase. C'est donc bien la réponse B (*assumption*) qui convient.
2. *States ... that are not contiguous.* Les mots *large* et *visible* n'auraient aucun sens dans ce contexte, puisque l'on cherche à représenter des États sur une carte. Leur taille n'a pas d'importance et ils sont forcément visibles. Il faut donc savoir si *contiguous* signifie « proche » (*neighboring*) ou « lointain » (*distant*). Dans ce cas, le français nous aide, puisque « contigu » signifie « qui touche à ». Mais même sans connaître la signification en français, la fin de la phrase nous donne une indication : *...not contiguous but separated from the rest of the country by water.* La réponse correcte est donc D (*neighboring*).

Questions de reformulation

Présentation de l'exercice

Avec ce type de questions, on vous demande de formuler de manière différente une information principale, souvent en utilisant des synonymes et en modifiant l'ordre des mots et des propositions dans la phrase. Celle-ci est surlignée dans le texte et quatre réponses sont proposées. Vous devez choisir celle dont le sens est le plus proche de la phrase d'origine.

Ces questions sont formulées ainsi :

> *Which of the sentences below best expresses the essential information in the highlighted sentence in paragraph x? Incorrect choices change the meaning in important ways or leave out essential information.*
>
> Parmi les phrases ci-dessous, laquelle restitue le mieux les informations essentielles contenues dans la phrase surlignée du paragraphe x ? Les réponses incorrectes sont celles qui changent beaucoup le sens ou qui omettent des informations essentielles.

On vous proposera ensuite quatre phrases parmi lesquelles vous devrez choisir celle qui a le sens le plus proche de la phrase de départ, sans omettre d'informations importantes, et sans fournir de détails supplémentaires ou erronés. Certains détails sans importance peuvent être omis, mais l'idée principale doit être rendue correctement dans la phrase de reformulation.

Pour répondre à ce type de questions, vous devez vous assurer, avant de chercher la bonne réponse, de bien comprendre la phrase de départ en vous servant de la ponctuation, des mots de liaison et des conjonctions pour découper la phrase en parties plus faciles à comprendre. Il vous faut également identifier les informations importantes.

Analyse d'un exemple

Directions: Read the passage. Then mark the correct answers to the questions.

Quinine

1. Malaria is a disease caused by parasites and spread by mosquitoes. The existence of different strains of the disease means that it must be combated by different drugs and treatments. In addition, strains of malaria become resistant to some drugs over time, necessitating the development of new treatments.
2. The first effective drug to fight malaria was quinine, made from the bark of the cinchona tree, a native of South America. Long used by the Quechua Indians of Peru, quinine was employed as an antimalarial from the seventeenth century to the middle of the twentieth century, at which time it was largely replaced by more effective laboratory-created drugs. Nowadays, it is possible to create quinine itself entirely in the laboratory,

although it is still less expensive to extract it from its natural plant source. However, quinine is no longer seen as one of the more effective drugs for the treatment of malaria.

Avant d'essayer de répondre à la question, retravaillons la phrase en séparant ces composants importants pour essayer de comprendre le sens de chacun d'eux et de les reformuler avec des mots simples en français. On obtient donc trois idées :

a. *Long used by the Quechua Indians of Peru, (quinine…)*

Les Indiens Quechua du Pérou ont utilisé la quinine pendant longtemps.

b. *quinine was employed as an antimalarial from the seventeenth century to the middle of the twentieth century*

Du XVIIe au milieu du XXe siècle, on l'employa comme médicament contre la malaria.

c. *at which time it was largely replaced by more effective laboratory-created drugs.*

Au milieu du XXe, des médicaments de laboratoire plus efficaces l'ont remplacée.

Which of the sentences below best expresses the essential information in the highlighted sentence in paragraph 2?

A. The Quechua Indians of Peru got jobs by selling quinine as a drug to treat malaria.

B. Quinine can be made in a laboratory now, but it is more expensive than quinine from the cinchona tree.

C. Natural quinine was used to combat malaria until more effective drugs were created.

D. In the seventeenth century, people used quinine to fight malaria.

Réponse

La réponse A est fausse car un détail incorrect a été ajouté. La réponse B est incorrecte car les informations qu'elle fournit se trouvent plus loin dans le texte. La réponse C est la meilleure reformulation. Elle reprend les idées principales : médicament contre la malaria, remplacé récemment par des médicaments plus efficaces. La réponse D est incorrecte car elle omet des informations importantes.

Exercice d'application

Directions: Read the passage. Then mark the correct answers to the questions.

Frescoes

1. Fresco, from the Italian word *affresco,* meaning "fresh," refers to painting techniques used on plaster. Popular during the Renaissance period (around A.D. 1300–1600), especially in Italy, frescoes were used to decorate walls and ceilings of churches, public buildings, and private homes with expansive murals.
2. The purest type of fresco painting, also known as *buon fresco*, or "true fresco," involves mixing pigments directly with wet plaster. The color is thus actually part of the material, rather than a coating on top of it, as is the case with *fresco a secco* ("dry fresco") or with regular painting. Famous examples of true fresco include the Bull-Leaping Fresco in the Great Palace in Knossos, Crete (created by an anonymous artist), and Michelangelo's frescoes on the ceiling and back wall of the Sistine Chapel in Vatican City.
3. The colors of a true fresco are especially vibrant and long lasting; the Bull-Leaping Fresco was created sometime during the seventeenth to fifteenth century B.C., but the colors are still clear today. However, this technique is not without its unique disadvantages. For one thing, colors look different when they are wet from how they do when they are dry. Artists of the time typically mixed their own plaster and color mixtures, and made up one batch at a time, working quickly to finish a section of a mural before the plaster dried. The mixture they created the next time might be a slightly different shade. If you look carefully at the frescoes on the Sistine Chapel, you can see which sections must have been completed in a single session by the faint differences in colors.
4. *Fresco a secco* requires something to be added to the paint to make it stick to the dry plaster; common binders include egg, oil, or glue. This technique is sometimes used to repair a *buon fresco* that has been damaged, although the colors are generally not as bright. However, some colors actually worked better with the dry fresco. During the Renaissance period, the available pigments for creating blue did not mix well with wet plaster; for this reason, skies, water, and blue clothing sometimes were painted as *secco* frescoes after the *buon* fresco had dried.
5. Given that with a fresco, the painting and the wall are now the same thing, naturally any damage to a wall will damage or destroy the fresco as well. Perhaps the most notable modern example of this was the destruction of the frescoes by Giotto in the **basilica** of St. Francis in Assisi, Italy,

in an earthquake in 1997. Chunks of plaster fell from the ceilings and walls, and many people judged the damage to the frescoes irreparable. However, a team of 150 restorers, many of whom were volunteers, spent five years gathering the pieces that they could find, and assembling them, much like a giant jigsaw puzzle. The restoration, completed in 2002, featured 60,000 pieces of plaster set back into place, much like a mosaic. About 35 percent of the fresco remains incomplete.

Glossary

basilica: A shape of building, often used as a church, with a rounded central area at one or both ends and a long middle section.

---

1. Which of the sentences below best expresses the essential information in the highlighted sentence in paragraph 3?

   A. Fresco mixtures dried quickly, so they were made in small amounts.

   B. Painters took a long time creating their unique colors.

   C. *Buon fresco* is more difficult for the artist than *fresco a secco.*

   D. After a mixture of fresco dried, it could be used again and again.

2. Which of the sentences below best expresses the essential information in the highlighted sentence in paragraph 5?

   A. Five years after the earthquake, the fresco looked like new.

   B. Most of the people who worked on the project were not paid.

   C. A group of people were eventually able to repair most of the damage.

   D. The repair process was too confusing to be successful.

Réponses

1. La réponse A est correcte. Les artistes en préparaient très peu à la fois (*one batch* = une dose, une fournée) et devaient se dépêcher de l'appliquer (*working quickly*), avant que leur préparation ne sèche. La réponse B est incorrecte car les informations qu'elle fournit ne se trouvent pas dans le passage. La réponse C est incorrecte car les informations qu'elle fournit se trouvent plus loin dans le texte. La réponse D est incorrecte car elle donne des informations erronées.
2. La réponse A est incorrecte car elle ajoute des éléments qui ne se trouvent pas dans la phrase. La réponse B est incorrecte car elle omet le sens principal de la phrase. La réponse C est correcte. Un groupe de personnes (*150 restorers*) a finalement réussi (*took five years*) à réparer les dommages (*gathering ... and assembling the pieces*). La réponse D est incorrecte car les informations qu'elle fournit ne sont pas justes.

Reconnaître les référents

Présentation de l'exercice

Cette question évalue votre capacité à établir des liens entre des mots (avec l'utilisation de pronoms, d'adverbes et d'adjectifs qui renvoient à un autre mot). Les mots concernés peuvent se trouver dans la même phrase ou dans deux phrases consécutives. On vous demandera de déterminer à quel mot le pronom, l'adverbe ou l'adjectif fait référence (c'est-à-dire le nom ou l'expression nominale auquel le pronom, l'adverbe ou l'adjectif renvoie). Ce mot se trouve généralement avant le pronom, l'adverbe ou l'adjectif qui le reprend. Il est nécessaire d'étudier soigneusement le contexte. Le pronom, l'adverbe ou l'adjectif est surligné dans le texte.

En général, on trouve une ou deux questions de ce type pour chaque passage à lire. Elles sont formulées ainsi :

- *The word she in paragraph 1* ***refers to***
- *The word who in paragraph 2* ***refers to***
- *The word there in paragraph 3* ***refers to***
- *The phrase the other one in paragraph 4* ***refers to***

La nature et la fonction des pronoms, adverbes et adjectifs peuvent être différentes.

pronom personnel sujet à la troisième personne	sujet	*he*	**il** pour une personne
		she	**elle** pour une personne
		it	**il** ou **elle** pour un objet ou un animal
		they	**ils** ou **elles**
pronom personnel complément à la troisième personne	complément d'objet	*him*	**lui** (pour une personne)
		her	**elle** (pour une personne)
		it	**lui** ou **elle** (pour un objet ou un animal)
		them	**eux** ou **elles**
pronom personnel réfléchi à la troisième personne		*himself*	**lui-même**
		herself	**elle-même**
		itself	**lui-même** pour un objet ou un animal
		themselves	**eux-mêmes** ou **elles-mêmes**

adjectif possessif à la troisième personne		*his*	**son** ou **sa** (pour un garçon)
		her	**son** ou **sa** (pour une fille)
		its	**son** ou **sa** (pour un objet ou un animal
		their	**leur**
		his	**le sien** ou **la sienne** (pour un garçon)
		hers	**le sien** ou **la sienne** (pour une fille)
		its	**le sien** ou **la sienne** (pour un objet ou un animal)
		theirs	**les siens** ou **les siennes**
pronom ou adjectif démonstratif; lorsqu'il est adjectif, il est suivi d'un nom (ex. : *this man, that house*)		*this*	**ce** ou **ceci** pour quelque chose de proche
		that	**ce** ou **cela** pour quelque chose de plus éloigné
		these	**ces** ou **ceux** pour quelque chose de proche
		those	**ces** ou **ceux** pour quelque chose de plus éloigné
pronom relatif	sujet	*who*	**qui** faisant référence à une personne
	complément du nom	*whose*	**à qui**, **de qui**, **duquel**, etc.
	sujet	*which*	**qui** faisant référence à un objet ou un animal
	complément d'objet	*which*	**qui** faisant référence à un objet ou un animal
		where	**où**
		when	**que** faisant référence au temps (quand n'est pas un pronom relatif en français)
		that	**que**
adverbe de temps ou de lieu		*then*	**à ce moment-là**
		there	**là-bas**
pronom ou adjectif indéfini, quantifieur, parfois suivi d'un nom (ex. : *many types*)		*one*	**l'un** (**d'eux**, etc.)
		others	**d'autres**
		a few	**quelques-uns**
		many	**de nombreux/nombreuses** (animaux, objets, personnes)
		some	**certains**

Ce type de questions est formulé comme suit :

The word "X" in paragraph X refers to…

Le mot «X» dans le paragraphe x renvoie à…

On vous fera ensuite quatre propositions.

Vous devez relire les phrases ou morceaux de phrases précédents et comprendre le sens en essayant de remplacer le référent par le mot que l'on vous propose. Attention aux singuliers/pluriels.

Analyse d'un exemple

Directions: Read the passage. Then mark the correct answers to the questions.

Water Quality Issues

1. It is difficult to exaggerate the importance of access to clean water. Simply stated, water is the source of life on our planet. In fact, 75 percent of the Earth is covered by water, but only 1 percent is available for drinking, and another 2 percent is frozen in ice. It makes up 50 to 90 percent of the weight of living things. Our own bodies are 55 to 60 percent water. Further, the plants on which we depend must have adequate water in order to grow and provide us with nourishment. Humans themselves can survive only for a week without drinking it.
2. However, as the world's population continues to grow, the need for more water increases. Farming and industry, which are using more water than ever before, are responsible for significant and harmful changes in the quality of water. Pollution from these and other sources is rapidly decreasing the amount of drinkable water that is available.

Avant de répondre aux questions, déterminez le thème principal du paragraphe 1. Faites bien attention au genre des pronoms : singulier ou pluriel?

1. The word It in paragraph 1 refers to
   - **A.** ice
   - **B.** water
   - **C.** the Earth
   - **D.** 1 percent
2. The word these in paragraph 2 refers to
   - **A.** the world's population
   - **B.** significant and harmful changes

C. sources of drinking water

D. farming and industry

Réponses

1. On ne peut pas remplacer le pronom *It* par *water*. La réponse correcte est donc la proposition B. Les autres mots n'auraient aucun sens.
2. *These* refers to *farming and industry*. La réponse correcte est donc la proposition D. Il est grammaticalement impossible de reprendre *the world's population* par *these*. Les deux autres propositions n'auraient aucun sens.

Exercice d'application

Directions: Read the passages. Then mark the correct answers to the questions.

Wayne Thiebaud's Food Painting

1. Wayne Thiebaud (pronounced "Tee-bow"), an American master of figurative painting, first gained an international reputation in the 1960s with his still-life paintings of food. Like many artists of the Pop Art period, such as Andy Warhol, he chose unusual subjects to portray. He is noted for his artistic power to take common, everyday objects and transform them into dramatic representations of modern popular culture. For example, a single ice-cream cone, removed from its ordinary surroundings and placed upon Thiebaud's canvas with rich, thick paint, suddenly takes on new importance and meaning.
2. In fact, Thiebaud's depictions of food, composed of simple shapes and painted in bold, brilliant colors, are among the most recognized of his paintings. Famous works such as *Pies, Pies, Pies* (1961) and *Around the Cake* (1962) easily appeal to viewers with their light humor, warmth, and sense of fun. However, it should not be forgotten that Thiebaud is considered by art critics to be a highly skilled painter in terms of his use of composition, brushstroke, color, and light and shadow.

---

1. The word his in paragraph 1 refers to

A. a reputation

B. Andy Warhol

C. an American

D. Wayne Thiebaud

2. The word them in paragraph 1 refers to

   A. unusual subjects

   B. paintings of food

   C. common objects

   D. dramatic representations

3. The word their in paragraph 2 refers to

   A. famous works

   B. brilliant colors

   C. depictions of food

   D. the viewers

Réponses

1. La réponse correcte est C. Tout ce premier paragraphe parle de Wayne Thiebaud.
2. La réponse correcte est C. *Them* renvoie à *common, everyday objects,* qui se trouve juste avant le pronom.
3. La réponse correcte est A. Il s'agit de l'humour de ses œuvres célèbres, de leur (*their*) humour.

Acquisition de vocabulaire

Le TOEFL iBT® utilise beaucoup de vocabulaire thématique que vous devez connaître, parce qu'il est récurrent.

Apprenez ce vocabulaire avant de faire les exercices. Révisez-le ensuite plusieurs fois, jusqu'à ce qu'il soit parfaitement connu et maîtrisé.

La culture (art, théâtre, littérature, musées)

a work, a work of art	une œuvre, une œuvre d'art
a cartoon	une bande dessinée, une caricature
comic strips	une bande dessinée
a novel	un roman
a novelist	un romancier
a detective story	un roman policier
a short story	une nouvelle
a diary	un journal, un journal intime
an essay	un essai, une étude

a fairy tale	un conte de fées
storytelling	le récit
an account	un compte rendu, un récit, une histoire
an excerpt	un extrait
the plot	l'intrigue, la trame
a prize, an award	un prix, une récompense
to award	récompenser, donner un prix
a publisher, a publishing house	un éditeur, une maison d'édition
a museum	un musée
a gallery	un musée, une pinacothèque
to display	exposer, montrer
a display	une exposition
a fresco (pl.: frescoes)	une fresque
a watercolor	une aquarelle
an engraving	une gravure
a mural	une peinture murale
a still life	une nature morte
a portrait	un portrait
a landscape	un paysage
to portray	représenter, faire le portrait de
to depict	représenter, dépeindre
to feature	présenter, représenter, figurer
a coat (of paint), a coating	une couche de peinture, un revêtement
a shade, a hue	une nuance, une teinte, une tonalité
a brushstroke	un coup de pinceau
a canvas	une toile
a pattern	un motif, un schéma, un dessin
the foreground	le premier-plan
the background	l'arrière-plan
a masterpiece	un chef-d'œuvre
a concert	un concert
the performing arts	les arts du spectacle
drama, the theatre	le théâtre
a play	une pièce

a playwright	un dramaturge
the opera	l'opéra
the stage	la scène
the performance	la représentation
the show	la représentation, le spectacle
to act, to perform	jouer, interpréter
the production	la mise en scène
the director	le metteur en scène, le réalisateur
lighting	l'éclairage
the rehearsal	la répétition
admittance	l'entrée
fame	la célébrité
applause	les applaudissements
to clap	applaudir

Pratiquez votre vocabulaire

I. Choisissez le mot qui convient (voir corrigés p. 295).

1. The nurse details her experience in a 200-page ....

A. pattern
B. production
C. diary
D. novel

in which she writes a first-hand, graphic .... of the horror of the

A. canvas
B. account
C. shade
D. excerpt

nightly air bombings over her city.

2. As you enter the first room of the gallery, you are greeted with an array of ....

A. still-life paintings
B. portraits
C. landscapes
D. comic strips

which .... everyday foods, objects and flowers.

A. feature
B. display
C. publish
D. pattern

In the next room, works that portray everyday life in Ireland are on ....

A. feature
B. display
C. pattern
D. production.

3. In the performing arts, the .... hires and fires the actors.

A. playwright
B. publisher
C. publishing house
D. director

He is in charge of all stages of the .... from the ....

A. production
B. display
C. rehearsal
D. performance

A. production
B. display
C. rehearsal
D. performance

to the final ....

A. production
B. display
C. rehearsal
D. performance

4. All her paintings were on .... and represented

A. shade
B. brush
C. performance
D. canvas

simple, elegant..................., and varied in .... and brightness.

A. hues
B. shades
C. canvases
D. patterns

A. display
B. brush
C. hue
D. canvas

5. .... to the show was free.

A. Enter

B. Drinks

C. Admittance ✓

D. Entering

6. The show ended with a round of .... from the audience.

A. clap

B. display

C. applause ✓

D. performance

II. Complétez les passages suivants avec les mots de la liste qui conviennent (voir corrigés p. 295) :

1. novel – awarded – plot – fairy tales – essays – works – fame – prize – fiction

The Hobbit is a fantasy .... for children written by J.R.R. Tolkien and published in 1937. It was .... a .... from the *New York Herald Tribune* for best juvenile................ The .... involves many characters, many of whom are taken directly from .... The book has enjoyed immense .... and success, and all over the world, even today, students still have to write .... about Tolkien's ....

2. master – masterpiece – brushstrokes – depicts – foreground – background – portrays – canvas

Las Meninas is a .... by Diego Velasquez. The .... is very large and the painting .... a large room at the court of Spain and .... several figures from the court. In the .... stands the Infanta Margaret Theresa with two ladies in waiting, two dwarfs and a dog. In the .... a mirror reflects the king and queen. Velasquez was a .... of technique and could convey the essence of a scene in just a few ....

Fonctions du langage

Établir des liens entre les phrases et entre les idées (*Linking*)

Dans les passages que vous venez de lire, vous avez trouvé les connecteurs logiques que nous allons maintenant étudier. Ces expressions de liaison sont très simples et pourront vous être très utiles lorsque vous devrez vous exprimer à l'écrit et à l'oral (épreuves 3 et 4 du TOEFL iBT®).

Apprenez-les dès maintenant, en faisant attention à leur construction.

Adverbes et locutions adverbiales

Rappel !

Les adverbes n'introduisent pas une subordonnée.

In fact **(loc. adv.)** = en fait

In fact*, she is the best-selling writer of books of all time.* (*Agatha Christie*)

En fait, elle est l'auteur qui a vendu le plus de livres, toutes périodes confondues.

Thus **(adv.)** = ainsi

The color is ***thus*** *actually part of the material.* (*Frescoes*)

Ainsi, la couleur fait partie intégrante de la matière (du matériau).

However **(adv.)** = cependant

However*, this technique is not without its unique disadvantages.* (*Frescoes*)

Cette technique a cependant ses inconvénients spécifiques.

In addition **(loc. adv.)** = de plus

In addition*, strains of malaria became resistant…* (*Quinine*)

De plus, certaines souches de la malaria sont devenues résistantes…

Attention !

However est un adverbe, il ne doit donc pas introduire une subordonnée. Il peut être placé en début de phrase, suivi d'une virgule, ou à la fin, ou même interrompre la phrase.

This technique however, is not without its unique disadvantages.

This technique is not without its unique disadvantages however.

For this reason **(loc. adv.)** = c'est pour cela

For this reason, *sky, water, and blue clothing sometimes were painted as secco frescoes. (Frescoes)*

C'est pour cette raison que le ciel, l'eau et les vêtements bleus étaient quelquefois peints sur enduit sec.

For one thing **(loc. adv.)** = d'une part, d'un côté, premièrement

For one thing, *colors look different when they are wet from how they do when they are dry. (Frescoes)*

Premièrement, les couleurs semblent différentes lorsqu'elles sont humides et lorsqu'elles sont sèches.

Conjonctions et locutions conjonctives de subordination

Rappel !

Les conjonctions introduisent une proposition subordonnée (sujet + verbe conjugué).

Although, though **(conj. de sub.)** = bien que, même si

Although est une conjonction. Il est donc suivi d'une proposition subordonnée.

*...**although** the colors are generally not as bright. (Frescoes)*

...bien que les couleurs ne soient généralement pas aussi éclatantes.

Though est un synonyme de *although*.

Given that **(loc. conj.)** = étant donné que

Given that est une locution conjonctive, suivie d'une proposition subordonnée (sujet + verbe conjugué).

Given that, *with a fresco, the painting and the wall are now the same thing... (Frescoes)*

Étant donné que, dans le cas d'une fresque, la peinture et le mur ne forment plus qu'un...

Conjonctions de coordination

Rappel !

Les conjonctions de coordination relient deux éléments de même nature : deux noms, deux propositions, etc.

***Rather than* (conj.)** = plutôt que (loc. conj.), plutôt que de

*The color is **thus** actually part of the material, **rather than** a coating on top of it.* (*Frescoes*)

Ainsi, la couleur est partie intégrante du matériau de base, plutôt qu'une couche qui s'y superpose.

Attention !

Lorsque *rather than* est suivi directement d'un verbe, celui-ci prend la forme de la base verbale.

Rather than continue to cry, she ran to her room.

Certains mots ont plusieurs natures

***Instead* (adv.), *instead of* (prép.)** = à la place, au lieu de

*(Her mother decided she…) would **instead** be taught at home.* (adv.) (*Agatha Christie*)

(Sa mère décida qu'elle) serait plutôt/au contraire/au lieu de cela éduquée à la maison.

Instead of introduit un nom ou un verbe en *–ing*.

Attention !

Prenez garde à la construction de *instead of*.

Instead of est suivi d'un nom ou d'un verbe en *–ing*.

***Instead of going** to school, Agatha Christie was educated at home.*

Though* (conj. de subordination)** = bien que ; synonyme de ***although (voir plus haut)

Though* (adv.)** = cependant, pourtant ; synonyme de ***however

Pratiquez ces expressions

I. Complétez avec les mots de liaison manquants (voir corrigés p. 295) :
thus – rather than – for one thing – given that – however

1. .... art is not science, it is likely to be interpreted in different ways by different individuals. Art is not merely subjective ...., and experts can also analyse pieces of art by looking at the criteria of beauty, form, technique and meaning.
2. .... music has always been good for bringing people together. For another, it almost always leads to a pleasant experience.
3. .... go to the cinema, you can now watch movies in the comfort of your home.
4. Drawing provides children with tools for representing ideas and concepts. ...., drawing can help children with expression and communication.

II. Complétez avec les mots de liaison manquants (voir corrigés p. 295) :

thus – although – instead of – in fact – however

.... it is clear that Shakespeare based his play *Julius Caesar* on Plutarch's *Lives of Noble Grecians and Romans*, he made many alterations to the original material. ...., it would have been impossible for Shakespeare not to deviate from Plutarch. According to Plutarch, it took three years for Caesar to triumph over his enemies. This would be unworkable on the stage. So, ... respecting the timeline, Shakespeare condensed three years into 5 days. He did more than alter the duration .... He also changed the sequence, with flashbacks to prior events. ...., Shakespeare used suspense and added uncertainty to his tale so as to keep the audience's attention.

Grammaire

La voix passive

Les passages que nous venons de lire regorgent de verbes à la voix passive. Pour bien comprendre un texte, il est absolument indispensable que vous sachiez reconnaître un passif dans une phrase.

Regardez ces phrases extraites d'un passage que nous venons de lire (*Frescoes*) :

The Bull-Leaping Fresco was created…

This technique is sometimes used…

Frescoes were used to decorate walls.

Dans une phrase passive, le sujet ne fait pas l'action exprimée par le verbe, mais la subit.

The Bull-Leaping Fresco was created…

sujet verbe

La fresque de voltige du taureau a été créée…

Le sujet a subi l'action. Ce n'est pas la fresque qui a fait l'action de créer, mais quelqu'un a créé la fresque.

On utilise surtout la voix passive lorsque l'agent (celui qui fait l'action) est inconnu ou n'a pas d'importance. Dans ce cas, on s'intéresse à l'action ou à celui qui la subit.

Dans l'exemple ci-dessus, c'est la fresque qui nous intéresse. On ne sait pas qui l'a créée, mais ce qui importe est que, maintenant, elle existe.

On forme la voix passive avec l'auxiliaire ***be*** **au temps requis + participe passé**. On peut utiliser des phrases passives à tous les temps, à la forme simple et continue, et avec des modaux. Le participe passé des verbes réguliers se forme en ajoutant ***–ed***, mais c'est l'auxiliaire ***be*** qui indique le temps de la phrase.

Regardez les exemples du passage :

This technique is sometimes used. (présent simple)

Frescoes were used to decorate walls. (prétérit simple)

A Buon Fresco that has been damaged… (*present perfect*)

Fresco a secco requires something to be added. (infinitif)

You can see which sections must have been completed. (*must* ou autre modal)

On pourrait également trouver des passifs au futur, au conditionnel, au *past perfect*, à la forme simple et à la forme continue. Voici un exemple de passif au présent continu :

All projects are being carried out at the same time.

On trouve aussi des passifs elliptiques :

Created by an anonymous artist. (= which/it was created by an anoymous artist)

On peut mentionner l'agent dans une phrase passive. Dans ce cas, il est introduit par la préposition ***by*** :

The frescoes on the ceiling of the Sistine chapel were painted by Michelangelo.

sujet — verbe passif — c. d'agent

Bien souvent les phrases passives seront traduites en français par des tournures impersonnelles (on, il) ou des verbes prononominaux.

Frescoes were used to decorate walls. (prétérit simple)

On utilisait les fresques pour décorer les murs.

This technique is sometimes used. (présent simple)

Cette technique s'utilise parfois…

Pratiquez votre grammaire

I. Dites si les phrases suivantes sont à la voix active ou passive (voir corrigés p. 295).

1. Surrealism was founded in Paris.
2. It was originally conceived as a literary movement.
3. The Dadaists had disregarded all art of the past.
4. Surrealism was first defined by André Breton.
5. From 1913 to 1920 Breton had studied medicine and worked as an intern in several hospitals.
6. Numerous artists have been associated with Surrealism.

II. Traduisez les phrases suivantes en français (voir corrigés p. 296).

1. Surrealism was founded in Paris.
2. It was originally conceived as a literary movement.
3. Surrealism was first defined by André Breton.
4. Numerous artists have been associated with Surrealism.

III. Traduisez les phrases suivantes en anglais en utilisant la forme passive (voir corrigés p. 296).

1. La musique et la danse ont été créées l'une pour l'autre.
2. Il ne faut pas confondre le mime et la pantomime.
3. Il faudra étudier la littérature médiévale.
4. De nombreux dessins ont été ajoutés ou seront ajoutés dans l'édition finale.
5. Les tableaux devront être nettoyés et les dégâts réparés au plus vite.

Prononciation

Le passage *Frescoes* que vous venez de lire contient de nombreux mots dont la prononciation est difficile. Il est utile de connaître la prononciation et l'accentuation de ces mots afin de pouvoir les reconnaître lorsqu'ils apparaissent dans un passage à écouter (extrait de cours par exemple).

Les mots étrangers

Pour ***fres**co*, l'accent porte sur la première syllabe, puisqu'il s'agit d'un mot d'origine italienne. Le «o» se prononce comme dans *oh!*, *so* ou *show*.

Pour *tech**niques***, l'accent porte sur la dernière syllabe, puisqu'il s'agit d'un mot d'origine française. Cet accent sur le «*iques*» allonge le «i» qui se prononce comme dans *be*, *me* ou *feel*.

Les mots composés

Dans les mots composés, c'est le premier terme qui porte l'accent tonique ; le second mot comporte quand même une syllabe non tronquée.

Pour «***jig**saw*», l'accent porte sur «*jig*». Le son de «*saw*» est le «o» ouvert court [ɒ] de *dog*, *frog*, *log*, *top*, *hot*, *cost*, etc.

Pour ***earth**quake*, l'accent porte sur «*earth*», mais le son de «*quake*» n'en est pas diminué pour autant. Le «a» se prononce comme dans *make* ou *take*.

Autres mots difficiles

Pour *mo**sa**ic*, l'accent porte sur la deuxième syllabe, sur «sa». Le «a» se prononce comme dans *make* ou *take*.

Pour *ir**re**parable*, l'accent porte sur la deuxième syllabe, sur «re». Le «e» se prononce comme dans *bed*.

Vérifiez la prononciation américaine de tous ces mots en ligne, par exemple sur le site http://www.howjsay.com/.

Travail complémentaire

Vous avez étudié toutes les compétences et effectué l'ensemble des exercices et des activités du chapitre. Il vous faut maintenant passer un peu de temps à réviser ce que vous avez appris dans ce chapitre, que ce soit le vocabulaire, la grammaire ou les techniques des exercices du TOEFL iBT®.

Relisez plusieurs fois les différentes sections du chapitre, révisez le vocabulaire, refaites les phrases qui vous ont posé des problèmes.

Dans le programme de travail de la semaine, il ne faut pas oublier la pratique quotidienne des autres compétences langagières, afin de ne pas se concentrer uniquement sur la compréhension écrite.

Compréhension écrite et en vocabulaire de la littérature et de la peinture

Vous devez vous habituer à lire régulièrement des articles universitaires d'environ 700 mots.

Lisez sur Wikipedia *Introduction* et *Early life* de l'article sur Pablo Picasso : http://en.wikipedia.org/wiki/Pablo_Picasso

Lisez sur Wikipedia les parties *Early life* et *Writing* de l'article sur Roald Dahl http://en.wikipedia.org/wiki/Roald_Dahl

Lisez sur Wikipedia les parties *Introduction* et *A Dictionary of the English Language* del'article sur Samuel Johnson : http://en.wikipedia.org/wiki/Samuel_Johnson

Compréhension orale

Passez quelques minutes chaque jour à écouter trois ou quatre informations brèves sur CNN : http://edition.cnn.com/videos

Pratique de l'expression écrite, de la grammaire et des fonctions étudiées

Faites un bref résumé écrit de deux de ces courtes vidéos (50 mots) en vous efforçant d'utiliser au moins deux expressions apprises dans ce chapitre pour relier les idées (voir section Fonctions du langage, p. 24) entre elles. Pensez à utiliser la voix passive.

Pratique de l'expression orale

Lisez à voix haute les textes courts étudiés dans ce chapitre (p. 8, 9, 11, 13, 17 et 18). Si vous avez des doutes sur l'accentuation ou la prononciation de certains mots, vérifiez-en la prononciation américaine sur Internet.

Jouez à imiter le présentateur ou la présentatrice de CNN pour rendre compte oralement de l'une des brèves que vous avez regardées.

Lorsque ce chapitre sera parfaitement assimilé, vous pourrez passer au suivant.

Semaine 2

Cette semaine, vous allez continuer à travailler sur la première épreuve du TOEFL iBT® : la compréhension écrite (*Reading*). Vous réviserez le vocabulaire de la nature, du monde du vivant, du climat et de l'écologie. Vous pratiquerez aussi les expressions de comparaison (dont vous pourrez avoir besoin à la fois pour comprendre les textes à lire et lorsque vous voudrez vous exprimer à l'écrit ou à l'oral) et vous reverrez les comparatifs et les superlatifs, ainsi que les adjectifs composés. Vous réviserez en outre comment dire et lire les chiffres en anglais américain.

Cette semaine, vous allez vous entraîner à insérer une phrase dans le passage et à répondre aux questions d'informations factuelles (vraies et fausses).

Pratique des exercices de compréhension écrite

L'insertion d'une phrase dans le passage

Présentation de l'exercice

Les questions qui visent à insérer une phrase dans le passage évaluent votre capacité à comprendre la structure logique du texte et les liens logiques entre les phrases qui le composent.

La question sera formulée ainsi :

> *Look at the four squares* [■] *that indicate where the following sentence can be added to the passage.*
>
> Regardez les quatre carrés [■] qui indiquent l'endroit où la phrase suivante peut être insérée dans le passage.

La phrase à insérer sera alors indiquée en gras.

> *Where would the sentence best fit? Click on the square* [■] *to add the sentence to the paragraph.*

Quel est l'endroit qui convient le mieux pour insérer cette phrase? Cliquez sur le carré [■] pour ajouter la phrase au paragraphe.

Quatre emplacements, indiqués par des cases noires numérotées, vous seront proposés pour l'insertion de la phrase. Ces cases se trouvent souvent dans le même paragraphe, mais peuvent également se situer dans deux paragraphes consécutifs. Pour insérer la phrase à l'endroit voulu, cliquez sur la case correspondante.

Vous devez choisir le meilleur emplacement où ajouter la phrase dans le paragraphe concerné.

Pour répondre à ce type de questions, vous devez :

- Accorder une grande importance au type de phrases à insérer. Énonce-t-elle une idée générale (souvent en début de paragraphe) ou bien donne-t-elle un exemple ou un détail (après l'idée générale) ?
- Rechercher des indices tels que des référents ou des mots de transition qui établissent des liens entre les idées de la phrase à insérer et celles des phrases du passage.
- Remarquer les mots singuliers ou pluriels qui peuvent vous mettre sur la piste.
- Accorder une grande importance au contexte et à l'ordre logique des idées. Y a-t-il des expressions de temps (*first, second, next, then...*) ? Des éléments de comparaison (*equal to, more than, the same as...*) ? De contraste (*unlike, despite, instead...*) ?

Lorsque vous avez choisi l'emplacement, relisez le paragraphe pour vous assurer de sa logique.

Astuce !

Lisez rapidement les phrases qui précèdent et suivent les carrés pour trouver des synonymes, des mots répétés ou des référents, qui correspondent à des mots de la phrase à ajouter.

Analyse d'un exemple

Directions: Read the passage. Then mark the correct answers to the questions.

Conifers

1. **1A** Conifers include pine trees, firs, redwoods, and cedars. **1B** They are classified this way because they are trees that do not produce any fruit or nuts, but instead store their seeds inside hard brown cones. On pine

trees, there are two types of cones: male cones and female cones. **1C** The small male cone produces a powdery yellow substance called pollen, which causes the seeds in the female cone to grow. **1D**

2. It usually takes two or three years for the seeds inside a cone to develop completely. When the seeds are ready, the pinecone opens, allowing its seeds to fall out. **2A** A pinecone will open only at certain times of the year because pine tree seeds distribute best in good weather. **2B** However, pinecones close in wet or rainy conditions, keeping their seeds inside. **2C** In some cases, the cones of certain species of pines will open only during a forest fire, because the fire will clear away other plants that might compete with a young pine tree. **2D**

Regardez l'exemple d'une phrase qui doit être insérée dans le passage (paragraphe 1) :

Look at the four squares [■] that indicate where the following sentence could be added to paragraph 1.

It moves from the male cone to the female cone with the help of insects or the wind.

Where would the sentence best fit into the paragraph? Click on a square [■] to add the sentence to the paragraph.

Réponse

La réponse correcte ne peut pas être 1A parce que la phrase à insérer commence par *it*. Il faudrait donc que *it* puisse se référer à un mot le précédant. La réponse correcte ne peut pas être 1B car *it* ne pourrait pas faire référence à *pine trees, firs, redwoods, cedars. It* a besoin d'un référent singulier. La réponse correcte ne peut pas être 1C car *it* ne pourrait pas faire référence à *males cones and female cones. It* a besoin d'un référent singulier. La réponse correcte est donc 1D, *it* renvoyant à *powdery yellow substance.*

Regardez l'exemple d'une phrase qui doit être insérée dans le passage (paragraphe 2) :

Look at the four squares [■] that indicate where the following sentence could be added to paragraph 2.

When it is warm and dry, the cone will open, allowing the wind to carry the seeds away.

Where would the sentence best fit into the paragraph? Click on a square [■] to add the sentence to the paragraph.

Réponse

La réponse correcte ne peut pas être 2A parce que la phrase qui suit 2A commence par une idée générale sur la période à laquelle les pommes de pin s'ouvrent. La réponse correcte est 2B. En effet, après avoir expliqué que les pommes de pin s'ouvrent en période de beau temps, on précise ce qui se passe lorsque le temps est *warm and dry*. Le mot *However* nous indique un contraste (*warm and dry* dans la phrase à insérer, *wet and rainy* dans la phrase suivante). L'emplacement 2C ne serait pas logique : on a parlé du beau temps et du temps humide. On ne va pas revenir en arrière et parler du temps *warm and dry* à nouveau. L'emplacement 2D n'est pas logique non plus. On a parlé du beau temps, du temps humide et maintenant des conditions spécifiques parfois nécessaires. On ne va pas revenir en arrière et parler du temps *warm and dry* à nouveau.

Astuce !

Relisez rapidement le paragraphe avec la phrase que vous venez d'insérer pour voir si le paragraphe est logique.

Exercice d'application

Directions: Read the passage. Then mark the correct answers to the questions.

Bengal Tigers

1. Bengal tigers, the largest members of the cat family, are magnificent creatures. They live in India, where they are the most common tiger. **1A** They can weigh up to 583 pounds (264 kilograms) and live as long as 26 years in the wild. **1B** Their vision is six times better than a human's. **1C** One of the reasons for this is the mirror-like layer in the back of their eyes that reflects extra light. However, hearing is their sharpest sense. **1D** In addition, the unique pattern of stripes on their bodies acts as camouflage, making it difficult for their prey to see them in the shadows of tall grasses. This enables the tigers to hide very effectively.
2. All these physical advantages make Bengal tigers extremely powerful and clever hunters. **2A** Then, at the last minute, they spring and launch a surprise attack. **2B** These tigers are absolute carnivores; they hunt medium- to large-sized animals, such as goats, deer, or buffalo. It is estimated that they can eat as much as 60 pounds (27 kilograms) in a single night. **2C** Unfortunately, however, their numbers have been greatly reduced in the wild due to hunting by humans and the loss of natural habitat. **2D**

---

1. *Look at the four squares [■] that indicate where the following sentence could be added to paragraph 1.*

The tigers' rather large, cup-shaped ears allow them to concentrate on even the softest sounds from far away, giving them extremely sensitive hearing.

Where would the sentence best fit into the paragraph? Circle the square 1A, 1B, 1C, or 1D where the sentence should be added to the paragraph.

2. *Look at the four squares [■] that indicate where the following sentence could be added to paragraph 2.*

Like most cats, they move very slowly and quietly toward their prey until they are very close.

Where would the sentence best fit into the paragraph? Circle the square 2A, 2B, 2C, or 2D where the sentence should be added to the paragraph.

Réponses

1. La réponse correcte est 1D. Le paragraphe donne d'abord des informations générales sur le tigre du Bengale, puis évoque leur vue exceptionnelle, décrit leurs yeux, et indique que leur ouïe est également remarquable. La phrase à ajouter vient ici, pour décrire leurs oreilles, raison qui explique leur fabuleuse ouïe.
2. La réponse correcte est 2A. La première phrase explique que le tigre du Bengale est un grand prédateur. La phrase à ajouter s'insère ici et décrit la manière dont il approche sa proie. La phrase suivante décrit comment il s'attaque à elle.

Questions d'information factuelle

Présentation de l'exercice

Les questions d'information factuelle évaluent votre capacité à comprendre les détails. Ce sont les questions les plus courantes dans le TOEFL iBT®. On vous demande de trouver des informations de fait ou de détail qui soient vraies. Vous n'avez pas à chercher à tirer des conclusions ou à déduire quoi que ce soit. Ces questions sont posées dans l'ordre du passage. Il vous est même parfois indiqué dans quel paragraphe se trouve la réponse. La proposition de réponse ne se trouve pas toujours formulée de la même façon que dans le texte. Ces questions sont très précises et appellent des réponses très précises, qui sont donc des reformulations d'éléments du texte.

Pour répondre à ce type de sujets, vous devez rechercher :

- dans la question les indications sur l'emplacement de la réponse (*in paragraph 2, according to paragraph 4,...*) ;

- les mots qui correspondent au type de questions posées (*when?* – dates ; *how many?* – nombre ; *who?* – personne ; *what?* – objet ou chose).

Voici des exemples de formulation de ce type de questions :

- ***According to*** *paragraph 1,...*
- *It is* ***mentioned*** *in paragraph 2,...*
- *What is* ***stated*** *in paragraph 3 about...*
- *It is* ***indicated*** *in paragraph 4 that...*

Astuce !

La réponse n'est pas toujours formulée exactement de la même manière. Recherchez des synonymes. L'important est le sens, pas les mots eux-mêmes.

Analyse d'un exemple

Directions: Read the passage. Then mark the correct answers to the questions.

Sleep

1. Some scientists claim that Americans today sleep 20 percent less than they did in the past. A few reasons for this lack of sleep are that Americans now work longer hours and are driving longer distances to get to their jobs. This can cause stress that makes it difficult for them to sleep well. In addition, it leads to bad habits such as drinking too much coffee to stay awake or having a late meal.

2. Doctors recommend that people get at least seven hours of sleep every night, but not everyone is sure how to get it. In fact, surveys show that many people get only six hours a night or even less. However, there are few recommendations that can help people get the sleep they need. You can reduce any stress that might keep you awake by listening to music or relaxing your muscles before sleeping. You will also sleep better if you don't eat anything heavy or drink coffee too close to your bedtime.

---

1. According to paragraph 1, why do Americans sleep less today than in the past?

A. They aren't as healthy as they used to be.

B. People today don't need as much sleep.

C. They suffer from more stress.

D. They eat later at night.

2. It is mentioned in paragraph 2 that most people need to sleep every night for:

   A. six hours or less

   B. seven hours or more

   C. at least eight hours

   D. about ten hours

Réponses

1. La réponse A est incorrecte car la détérioration de la santé n'est pas vraiment mentionnée dans le paragraphe. La réponse B est incorrecte car, à aucun moment, le paragraphe n'indique que les Américains ont besoin de moins de sommeil de nos jours. La réponse C est correcte : le manque de sommeil est dû à *longer hours and … longer distances… This causes stress that makes it difficult … to sleep well.* La réponse D est incorrecte. *Eating later at night* est une conséquence des *longer hours … and longer distances*, pas une cause du manque de sommeil.
2. La réponse B est correcte : *Doctors recommend that people get at least seven hours of sleep every night. At least seven hours* a le même sens que *seven hours or more.* Les autres réponses qui proposent 6, 8 ou 10 heures sont donc incorrectes.

Exercice d'application

Directions: Read the passage. Then mark the correct answers to the questions.

Deserts

1. Deserts cover about one-third of the Earth and are growing larger each year. The largest hot desert in the world, measuring about 3.5 million square miles (about 9 million square kilometers), is the Sahara Desert in North Africa. However, deserts are not just places full of sand with extremely high temperatures. The Antarctic Desert is 5.4 million square miles (about 14 million square kilometers) and is covered by ice and snow. What determines a desert is how dry it is. Deserts are defined by the fact that they have little or no rainfall and, thus, don't have many plants growing in them. They receive less than 10 inches (25.4 centimeters) of rain in a year.
2. There are four major types of deserts: subtropical, coastal, winter, and polar. A subtropical desert, such as the Kalahari in Africa, is the hottest kind. Coastal deserts, like the Atacama in Chile, are cool due to the nearby ocean winds blowing onto the shore. The Taklamakan Desert in China is a good example of a winter desert. Temperatures in winter deserts vary widely by the season, from 100 degrees Fahrenheit (37.5 degrees

Celsius) in the summer to 10 degrees Fahrenheit (–12.2 degrees Celsius) in the winter. Both the North and South Poles contain polar deserts. The Arctic Desert in the North Pole is very dry and cold because the water is locked up in ice.

---

1. It is stated in paragraph 1 that the Sahara Desert:
   A. covers one-third of Africa
   B. is the largest hot desert
   C. is 5.4 million square miles
   D. is characterized by its cold temperatures
2. According to paragraph 2, why are some polar regions deserts?
   A. They are located too far north to receive rain.
   B. Ocean breezes blow away the moisture.
   C. The temperature varies too greatly.
   D. All the water is held inside ice.

Réponses

1. La réponse A est incorrecte. Les déserts (et non le Sahara) couvrent un tiers de la surface de la Terre (et non de l'Afrique). La réponse B est correcte. Le Sahara *is the largest hot desert in the world.* La réponse C est incorrecte. Le Sahara couvre une surface de *3.5 million square miles* et non de *5.4 million square miles.* La réponse D est incorrecte. Le Sahara est un désert chaud.
2. La réponse A est incorrecte. Il n'est jamais question dans le paragraphe du manque de pluie aux pôles. La réponse B est incorrecte. Il n'est jamais dit dans le paragraphe que les vents marins (*ocean breezes*) chassent l'humidité (*moisture*). La réponse C est incorrecte. Il n'est jamais question dans le paragraphe des écarts de température aux pôles. La réponse D est correcte : *The Arctic Desert … is very dry and cold because the water is locked up in ice.*

Astuce !

La réponse se trouve dans le paragraphe, pas dans votre tête !

Questions portant sur des faits négatifs (non mentionnés ou faux)

Présentation de l'exercice

Ce type d'exercices évalue votre capacité à détecter la présence dans la question d'éléments qui ne se trouvent pas dans le passage ou qui sont inexacts.

Éléments qui ne se trouvent pas dans le passage

Ces questions vous indiquent le paragraphe auquel elles font référence. Elles sont en outre facilement reconnaissables car vous y trouvez des expressions négatives.

Exemples : *According to paragraph 1, it is NOT TRUE that...*
What is NOT INDICATED in paragraph 2 about...?
In paragraph 3, all of the following are true about ... EXCEPT...
It is indicated in paragraph 4 that ... is NOT...

Pour répondre à ce type de questions, vous devez y rechercher les indications sur l'emplacement de la réponse (*in paragraph 2, according to paragraph 4...*). Ces questions suivent généralement l'ordre de présentation du texte.

Informations inexactes

Il s'agit de questions de détail. Vous devez trouver les éléments incorrects.

Analyse d'un exemple

Directions: Read the passage. Then mark the correct answers to the questions.

Whales

1. Whales have a very interesting and unusual evolutionary history. For years scientists believed that the earliest animals evolved by first crawling out of the sea and then becoming air-breathing land creatures. Whales turned this theory upside down. We now know that they were once land animals which returned to the sea.
2. The earliest ancestors of whales who walked on land were four-legged, meat-eating animals covered with fur or fine hair. However, nearly 50 million years ago, they learned to swim and eventually became giant ocean-dwelling creatures. Over a long period of time, whales' bodies grew

longer and more fish-like in appearance. Their front legs grew shorter and became fins adapted for swimming, and their back legs disappeared from sight. It is interesting to note that even today, whales retain the tiny bones of their previous back legs inside their bodies. The nostrils in their noses moved to the top of their heads and became an air hole. The position of the air hole, or blowhole, allows the whale to barely break the surface of the water and get air without stopping or lifting its head out of the water.

Attention !

Rappelez-vous que vous cherchez les éléments qui ne sont pas dans le texte !

1. Which of the following is NOT stated in the passage?
   A. Whales have a blowhole on the top of their head for breathing.
   B. Whales' front legs became fins as they evolved.
   C. The whale's back legs are used for swimming.
   D. The bodies of whales changed shape over time.
2. All of the following are true EXCEPT:
   A. Early ancestors of whales walked on four legs.
   B. Whales reversed scientific beliefs by returning to the land.
   C. Ancient whale-like animals learned to swim 50 million years ago.
   D. The ancestors of whales ate meat.

Réponses

1. La réponse A est incorrecte car la fin du passage explique la présence du *blowhole* (= l'évent). La réponse B est incorrecte car, dans le paragraphe 2, il est clairement indiqué *The front legs grew shorter and became fins* (= nageoires). La réponse C est correcte. Le passage indique que les pattes postérieures ont disparu, mais pas qu'elles servaient à nager. La réponse D est incorrecte. Il est clairement indiqué que le corps des baleines a changé de forme : *Whales' bodies grew longer and more fishlike*.
2. La réponse A est incorrecte puisque il est vrai que *The earliest ancestors of whales who walked on land were four-legged*. La réponse B est correcte. L'information donnée est fausse. Les baleines ne sont pas retournées à la terre ferme. La réponse C est incorrecte puisqu'il est vrai que les baleines ont appris à nager il y a environ 50 millions d'années. La réponse D est incorrecte puisque le passage indique clairement que les ancêtres des baleines mangeaient de la viande (*meat-eating animals*).

Exercice d'application

Directions: Read the passage. Then mark the correct answers to the questions.

Rosemary

1. The rosemary plant (Latin name: *Rosmarinus officinalis*) commonly grows wild outdoors and is also a favorite among gardeners. Although rosemary originated in the area around the Mediterranean Sea, it grows in many countries throughout the world today. It is an upright evergreen bush that can grow to be over six feet tall. Its woody base has stiff, solid branches and rough skin. The leaves are long and thin, like small needles. Large numbers of the leaves grow closely together out of the branches. The pointed leaves are two-toned, dark green on the top and silver-white on the bottom. Rosemary also produces beautiful tiny pale blue or purple flowers. In warmer climates, rosemary can bloom all year long. Rosemary doesn't need much water, making it popular in dry areas; in fact, too much water can damage the plant.

2. Traditionally the rosemary plant was important for its role in homemade medicine that was used for treating many different kinds of illnesses. The leaves and flowers of the rosemary plant were used medicinally for muscle pain, headaches, stomach problems, memory loss, and to promote hair growth. It was once believed that sleeping with a bit of rosemary under one's pillow would prevent bad dreams. Today, the distinctive-smelling rosemary plant is widely used for adding fragrance to soap and other cosmetics and as a flavoring in cooking.

---

1. Which of the following is NOT mentioned as a characteristic of the rosemary plant?

A. It can withstand very hot weather.

B. It first grew in the Mediterranean.

C. Its leaves stay green all year.

D. The bush's flowers are blue or purple.

2. All of the following are true EXCEPT:

A. Is scent is used in modern cosmetics.

B. People use rosemary to add flavor to food.

C. Both the leaves and flowers were used for medicines.

D. Eating too much rosemary can cause hair loss.

Réponses

1. La réponse A est correcte. Il n'est écrit nulle part que le romarin supporte les fortes températures (*to withstand* = résister à). La réponse B est incorrecte car, dans le paragraphe 1, il est clairement indiqué que *it originated in the area of the Mediterranean Sea*. La réponse C n'est pas correcte. Le passage indique que le romarin *is an evergreen bush* (est un arbuste à feuilles persistantes). La réponse D n'est pas correcte. Il est clairement indiqué que le romarin *produces tiny pale blue or purple flowers*.
2. La réponse A est incorrecte puisqu'il est vrai que le romarin s'utilise aujourd'hui *for adding fragrance to soap and other cosmetics* (*fragrance* = parfum). La réponse B est incorrecte puisqu'il est vrai que le romarin s'utilise aujourd'hui *as a flavoring in cooking*. La réponse C est incorrecte puisqu'il est vrai que *The leaves and flowers of the rosemary plant were used medicinally*. La réponse D est correcte. Il n'est pas indiqué que si l'on consomme trop de romarin, on risque de perdre ses cheveux. On l'utilise, au contraire, pour favoriser la repousse des cheveux.

Acquisition de vocabulaire

Le TOEFL iBT® utilise beaucoup de vocabulaire thématique que vous devez connaître parce qu'il est récurrent.

Apprenez ce vocabulaire avant de faire les exercices. Révisez-le ensuite plusieurs fois, jusqu'à ce qu'il soit parfaitement connu et maîtrisé.

La nature, le monde du vivant, le climat, l'écologie

a reptile	un reptile
a mammal	un mammifère
a bird	un oiseau
a fish	un poisson
a rodent	un rongeur
a predator	un prédateur
tame	familier
fierce	méchant, féroce
extinct	disparu
a poacher	un braconnier
poaching	le braconnage

wildlife	la faune et la flore
a species	une espèce
a prey	une proie
a cub	un petit (pour les lions, tigres, ours, requins,...)
a pup	un petit (pour les chiens, pour certains rongeurs)
to crawl	ramper, marcher à quatre pattes
to creep (crept, crept)	ramper, se traîner
four-legged	à quatre pattes
to grow (grew, grown)	pousser, faire pousser, se laisser pousser, grandir, croître, accroître, cultiver, développer, devenir

a cliff	une falaise
the coast	la côte
coastal	côtier
polar	polaire
the crust	la croûte
a marsh, a swamp	un marécage, un marais
a stream	une rivière
a wetland	une zone humide
woodland	une zone de forêt
the scenery	le paysage
a waterfall	une chute (d'eau)
boundaries	les limites, les frontières
the coral reef	le récif de corail
a shrub	un arbuste, un arbrisseau
a mountain range	une chaîne de montagnes
an earthquake	un tremblement de terre
seismic activity	l'activité sismique
a feature	une caractéristique, une marque caractéristique
depth	la profondeur
length	la longueur
width	la largeur
height	la hauteur
shallow	peu profond
deep	profond

the rainforest	la forêt tropicale
the shore	la rive, le rivage
to breathe	respirer
fossil fuels	les combustibles d'origine fossile
fumes	les fumées, les vapeurs, les émanations
an oil rig	une plate-forme pétrolière
a power station/plant	une centrale électrique
global warming	le réchauffement climatique
the greenhouse effect	l'effet de serre
to jeopardize	mettre en danger
exhaust fumes	les fumées d'échappement
carbon footprint	l'empreinte carbone
to deplete	épuiser, réduire, vider
waste, garbage	les ordures, les déchets
waste disposal	élimination des déchets
a dump	une décharge
to dump	déposer des ordures
landfills	les décharges
water shortage	le manque d'eau
scarcity	la pénurie
double-glazing	le double-vitrage
solar power	l'énergie solaire
tidal energy	l'énergie marémotrice
sustainability	la viabilité
untapped resources	les ressources inexploitées
sustainable	durable
a campaigner	un activiste
an advocate	un défenseur
an environmentalist	un écologiste
a spokesperson	un porte-parole
a flood	une inondation
a drought	une sécheresse
frost	le gel
hail	la grêle
a hailstone	un grêlon
mist	la brume

sleet	le grésil, un mélange d'eau et de neige
lightning	l'éclair
thunder	le tonnerre
a blizzard	une tempête de neige
a hurricane	un ouragan, une tempête
a shower	une averse, une giboulée
a downpour	pluie diluvienne
drizzle	une bruine
a breeze	une brise
a gale	un vent fort
a snowflake	un flocon de neige
an ice pellet	une petite boule de glace
the tide	la marée
a layer, a coat, a coating	une couche
a rainbow	un arc-en-ciel
the monsoon	la mousson

overcast	couvert
damp	humide
wet	mouillé
cool	frais
misty	brumeux
cloudy	nuageux
foggy	brumeux
clear	découvert
blustery	venteux
gloomy	maussade
dry	sec
warm	tiède, assez chaud
freezing	glacial
muddy	boueux
scorching	brûlant, torride
bitter cold	de grand froid, froid et glacial, très froid
the (weather) forecast	la météo, les prévisions météorologiques
to freeze (froze, frozen)	geler
to cool	refroidir, rafraîchir
to warm up	se réchauffer

Pratiquez votre vocabulaire

I. Choisissez le mot qui convient (voir corrigés p. 296).

1. Some examples of illegal .... trade are well known,

A. wildlife
B. predators
C. preys
D. cubs

such as the .... of elephants for ivory and tigers

A. growing
B. poaching
C. crawling
D. kidnapping

for their skins and bones. However, countless other .... are similarly overexploited,

A. traffics
B. mammals
C. wildlife
D. species

from marine turtles to timber trees.

2. The famous Ingleton Waterfalls Trail in Yorkshire offers some of the most beautiful waterfall and woodland .... in the North

A. boundaries
B. scenery
C. species
D. wildlife

of England. The trail leads you through ancient ...., wonderful waterfalls and geological ....

A. boundaries	**A.** boundaries
B. layers	**B.** layers
C. features	**C.** features
D. woodland	**D.** woodland

3. The effect of cloud cover on temperature is well-known. In .... conditions, temparatures drop.

A. sunny
B. extreme
C. overcast
D. shallow

4. A .... is caused by light passing through water drops.

A. thunderstorm

B. coral reef

C. rainbow

D. stroke of lighting

II. Mots croisés sur le thème de la météo (voir corrigés p. 297).

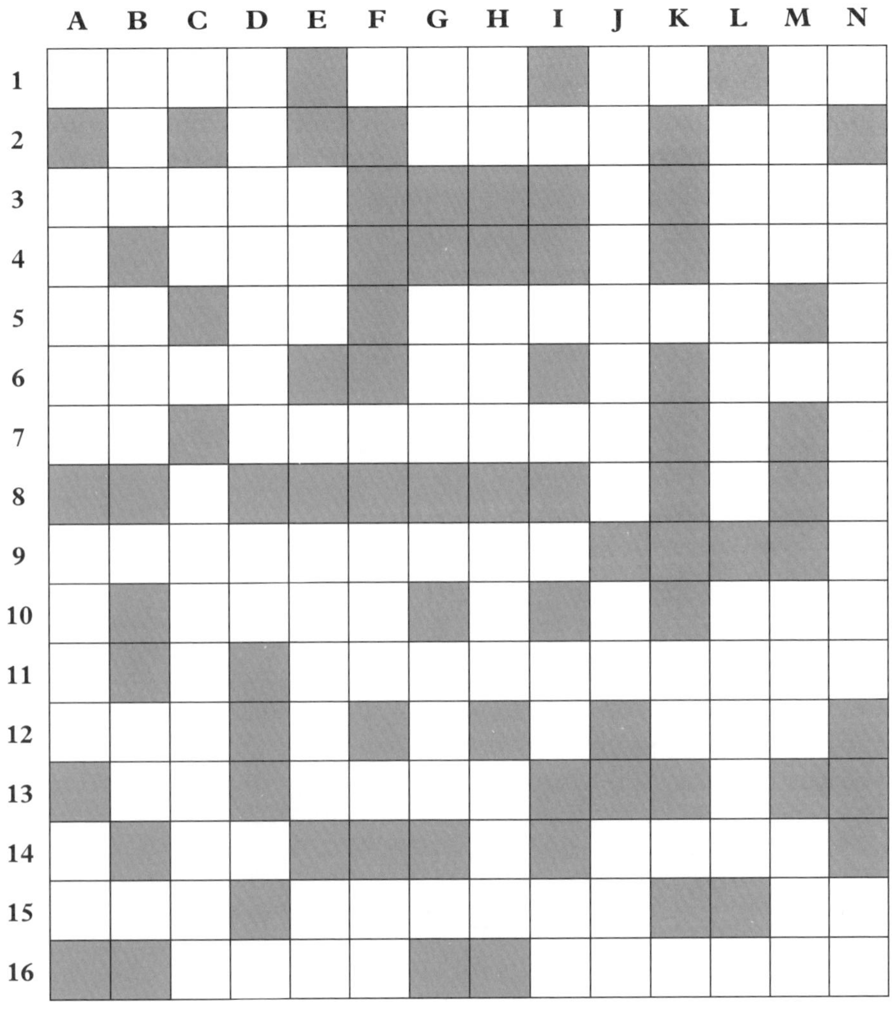

Fill in the answers to this crossword.

Across:

1. Hurricanes … to move from east to west in the tropics. Tropical forests span both sides of the Equator, thriving in the warm, usually …, climate, under the Sun's most direct rays. According to the weather forecast, tomorrow, it will … cold and damp. As for …, I just hate wet and muddy conditions.
2. …, mostly dry weather to continue through Saturday. Rhode Island.
3. In 1557, a great … caused the Tiber to change its course. Volcanic … (= *la cendre*) consists of fragments of pulverized rock, minerals and volcanic glass.
4. Do you understand this weather …: "If your mind is clouded or in a fog, you may have mist some opportunities"? Information Technology Unit.
5. Which is your favourite type of weather? Hot and sunny, … cool and dry? Why don't we … swimming in the lake now that the weather is hot? While skating around on … bodies of water on a cold winter's day is fun, it can also be risky.
6. English for *écharpe* or *châssis*. EU in French. If it's too cold and wet to go hiking, we'll go to the … for a drink, and then on to the movies.
7. We need … understand climate change in order to protect ourselves from its worst impacts. … is the sound that accompanies lightning during a thunderstorm.
9. A … is an ice pellet that falls from the sky.
10. A … is a very strong wind. This word is a girl's first name; it is a variant of Lyn or Lynn; or can be short for Linda.
11. … prediction is a branch of the science of seismology.
12. Is there a … of weather damage where you are? At the center of the hurricane is the …, a cloud-free area of sinking air and light winds that is usually from 10 to 65 kilometers in diameter.
13. The weather forecast for Toronto was updated … July 12th, at 10 o'clock. The … is caused by the moon's gravitational force.
14. … is so stuffy we can't breathe in here. The general pattern of the tropical climate is … temperatures.
15. Many people like having the perfect … in summer; but don't forget to apply sunscreen before heading out into the sun. A light … was blowing her hair into her face. The end … the season.
16. Although weather is typically the cause, a baseball … may be suspended for several reasons. … are violent disturbances of the atmosphere with strong winds.

Down:

A. … is the coating or deposit of ice that may form in humid air in cold conditions, usually overnight. … is precipitation in the form of small balls of clear ice and compact snow. Extreme hot and extreme cold weather will make you stay … home.

B. Snakelike fish (= *anguille*). Read As One. Double vowel.

C. Short for operation. … is a flash of light in the sky caused by an electrical discharge between clouds.

D. A long period of dry weather. Los Angeles.

E. Do Not Open. A mixture of rain and snow. Bob Marley.

F. Let's have a nice cup of … . The second note of a musical scale.

G. European Commission. It isn't much … going out in heavy rain. "Why don't you get … of your TV altogether? The weather channel is the only interesting program on TV".

H. The best time to go … the Philippines is during the Christmas season when the weather is calmer and the heat is not as scorching. My skin turns … in cold weather. The monsoon season is … the best season to go trekking in Nepal. On Christmas … the weather turned bitter cold, but there was no snow.

I. She likes snow, but … doesn't. Zero Scale.

J. A … is a severe snowstorm characterized by strong sustained winds. Headquarters. It was cold and …

K. French European Union.

L. A … is a meteorological phenomenon that is caused by reflection, refraction and dispersion of light in water droplets. The ozone … refers to a region of Earth's stratosphere that absorbs most of the sun's ultraviolet radiation.

M. Light fog. End of like. American Mum.

N. Violent storm. Fire Station.

Fonctions du langage

Dans la section Grammaire, vous étudierez les comparatifs et les superlatifs. Ici, vous allez réviser d'autres manières d'exprimer la comparaison.

Les expressions de liaison qui suivent sont très simples et pourront vous être extrêmement utiles lorsque vous devrez vous exprimer à l'écrit et à l'oral (épreuves 3 et 4 du test). Elles vous aideront à établir des comparaisons entre différents éléments, tout comme les comparatifs et superlatifs qui suivront dans la section Grammaire.

Apprenez-les dès maintenant, en faisant attention à leur construction.

Adjectifs, adverbes, conjonctions et expressions adverbiales exprimant la similarité et la comparaison

Compared to/with...; in comparison with... = par rapport à ; si l'on compare...

> ***Compared to*** *mammals, amphibians have relatively simple nervous systems.*
>
> Par rapport aux mammifères, les amphibiens ont un système nerveux relativement simple.
>
> ***In comparison with*** *mammals, birds have higher energy needs.*
>
> Par rapport aux mammifères, les oiseaux ont des besoins en énergie plus importants.

For one thing, ...for another (thing) ;for one thing, ... then, ... = d'une part, ... de l'autre ; d'une part, ... par ailleurs ; d'un côté, ... de l'autre ; en premier lieu ..., ensuite

> *People who read books are different from other people.* ***For one thing,*** *they're more cultured.* ***For another,*** *I believe they're more satisfied with life.*
>
> Les gens qui lisent des livres sont différents des autres. D'une part, ils sont plus cultivés. D'autre part (par ailleurs), je pense qu'ils sont plus satisfaits dans la vie (de leur vie).

By comparison = en comparaison, par comparaison ; par contraste

> *In Trinidad, there are 2,200 species of plants.* ***By comparison,*** *mammals are rather limited.*
>
> À Trinidad, on trouve 2 200 espèces de plantes. En comparaison (Par contraste), les mammifères sont en nombre plutôt limité.

Similar to = semblable à ; ***the same as*** = pareil que ; ***comparable to*** = comparable à

> *The mongoose is* ***similar*** *in appearance* ***to*** *the meerkat and the weasel.*
>
> La mangouste ressemble au suricate et à la belette.
>
> *The weather conditions were* ***the same*** *this summer* ***as*** *last.*
>
> *The weather conditions were* ***comparable to*** *last year's.*
>
> La météo a été identique cette année et l'an dernier.

Similarly to = de la même manière, tout comme

It is generally accepted that birds perceive pain ***similarly to*** *mammals.*

On admet généralement que les oiseaux ressentent la douleur tout comme les mammifères.

Likewise = l'un comme l'autre, tout autant, de même

Education and the respect of Human Rights are ***likewise*** *essential to sustainable development.*

L'éducation et le respect des droits de l'homme sont l'un comme l'autre essentiels au développement durable.

Too = aussi, également

If we compare solar and wind energy, we can say that both have advantages and disadvantages ***too.***

Si l'on compare l'énergie solaire et l'énergie éolienne, on peut dire que toutes deux présentent des avantages et des inconvénients (également).

Not only, but (also) = non seulement..., mais

Not only *does this bacteria lower the resistance of birds' immune systems to secondary infection,* ***but*** *it may* ***also*** *cause their death.*

Non seulement cette bactérie diminue la résistance du système immunitaire des oiseaux aux infections secondaires, mais elle peut également provoquer leur mort.

Attention !

Prenez garde à la construction de *Not only..., but (also)...*

Lorsque *Not only* est placé en début de phrase, il est suivi d'un auxiliaire et d'un sujet.

Not only does *this bacteria..., but...*

Not only did *he take me on holiday with him, but he also showed me all the interesting places.*

Such as = comme, tel que

Polar bears hunt a wide variety of large animals, ***such as*** *seals and caribou.*

Les ours polaires chassent une grande variété d'animaux de grande taille, comme les phoques et les caribous.

Alike = à la fois, de la même manière

Zion National Park is a high desert and is home to cacti and pine trees ***alike.***

Zion National Park est un désert d'altitude et abrite à la fois des cactus et des pins.

Both ... and = à la fois, les deux, tous deux, l'un et l'autre

Both *birds* ***and*** *mammals are warm-blooded.*

Les oiseaux, tout comme les mammifères, sont des animaux à sang chaud.

Les oiseaux et les mammifères sont tous deux des espèces à sang chaud.

Attention !

Prenez garde à la construction de *both.*

Dans l'expression ci-dessus, *both* se construit avec *and :*

***Both** birds **and** mammal…*

Both a d'autres emplois cependant. Pour dire « tous les deux », « les deux », « l'un et l'autre », on l'emploie également comme suit :

- Suivi d'un nom :

***Both books** were interesting.*

Les deux livres…

- Devant un pronom, on introduit obligatoirement *of* :

***Both of them** were interesting.*

Tous les deux…

Lorsqu'il est employé avec un auxiliaire, on le place après l'auxiliaire et avant le verbe :

*She **can both dance** and sing.*

Elle sait à la fois danser et chanter.

Il peut être également complément :

*They **invited us both**.*

Ils nous ont invités tous les deux.

*They **invited both**.*

Ils ont invité les deux.

Just as, just like = tout comme

***Just as/just like** mammals, birds, and reptiles are amongst the vertebrates.*

Tout comme les mammifères, les oiseaux et les reptiles font partie des vertébrés.

In common = en commun

*Birds and mammals have several characteristics **in common**.*

Les oiseaux et les mammifères ont plusieurs caractéristiques en commun.

Pratiquez ces expressions

Transformez les phrases suivantes en utilisant les expressions proposées (voir corrigés p. 298).

1. ***Just like – in common*** **(une phrase par expression)**

   Peter is like his brother, he doesn't do any sport.

2. ***Both – not only ..., but – for one thing, ... for another*** **(une phrase par expression)**

   The actors were skillful. They were also good-looking.

3. ***Such as***

   To ensure the safety of the aircraft, and all those on board, passengers' checked-in or hand baggage must not contain dangerous articles. These include poisons, weapons, pointed objects, etc.

4. ***Compared to – in comparison with*** **(une phrase par expression)**

   She was more clever than her brother.

5. ***Too – likewise – just like*** **(une phrase par expression)**

   For overall health, a balanced diet is important. Physical exercise is also extremely important.

6. ***Similar to – similarly – comparable to*** **(une phrase par expression)**

   Voter turnout was very low, just like for the last election.

Grammaire

Dans cette section, vous avez lu plusieurs textes qui traitaient de la nature. Lorsque l'on parle des animaux, on utilise beaucoup d'adjectifs ou d'adverbes, soit pour les décrire, soit pour les comparer. Vous devez être capable de reconnaître et d'utiliser correctement ces formes.

Les comparatifs et superlatifs de supériorité

Les comparatifs

Un comparatif sert à comparer deux choses :

The Gobi desert covers 1,300,000 square kilometers. The Sahara desert covers 9,100,000 square kilometers.

The Gobi desert is ***smaller****. The Sahara desert is* ***larger****.*

Le désert de Gobi est plus petit. Le désert du Sahara est plus grand.

Le comparatif des adjectifs et des adverbes d'une syllabe, ainsi que des adjectifs et des adverbes de deux syllabes qui se terminent par *–y* se forme en ajoutant *–er*. Le *–y* se change en *i* lorsqu'on lui ajoute *–er*. Les adjectifs qui se terminent par consonne, voyelle, consonne redoublent la seconde consonne.

Une syllabe	**Deux syllabes qui se terminent en *–y***
shy – shyer	*early – earlier*
hot – hotter	*friendly – friendlier*
thin – thinner	*ugly – uglier*
tall – taller	*pretty – prettier*
stiff – stiffer	*funny – funnier*
rough – rougher	*busy – busier*

Pour les adjectifs et les adverbes de deux syllabes qui ne se terminent pas par *–y* et pour tous les adjectifs et adverbes plus longs, le comparatif se forme avec *more*. Certains adjectifs de deux syllabes admettent les deux formes : *–er* ou *more*.

Deux syllabes et plus
powerful – more powerful
common – more common
unusual – more unusual
solid – more solid
commonly – more commonly

Adjectifs qui admettent les deux formes
quiet – quieter (more quiet)
simple – simpler (more simple)
polite – politer (more polite)
pleasant – pleasanter (more pleasant)
narrow – narrower (more narrow)
handsome – handsomer (more handsome)
true – truer (more true)
cruel – crueler (more cruel)

Certains adjectifs ont des comparatifs irréguliers :

good – better

bad – worse

far – farther (distance)/further (distance ou temps ; sens figuré)

Attention ! Spécial étudiant francophone !!!

Le second terme de la comparaison est introduit par *than* et non par *that.*

The Gobi desert is ***smaller than*** *the Sahara desert.*

Le désert de Gobi est plus petit que le désert du Sahara.

Les superlatifs

Un superlatif établit une relation de comparaison entre un élément et les autres éléments du même groupe :

Which animal runs ***the fastest****?*

Quel est l'animal qui court le plus vite ?

The Antarctic is ***the largest*** *desert* ***in*** *the world.*

L'Antarctique est le plus grand désert au monde.

The earliest *ancestors of whales were four-legged.*

Les ancêtres les plus lointains des baleines avaient quatre pattes.

Le superlatif des adjectifs ou adverbes d'une syllabe et de deux syllabes qui se terminent par ***–y*** se forme en ajoutant ***–est***. **Pour les adjectifs de deux syllabes qui se terminent en *–y* et pour certains adjectifs d'une syllabe (comme *dry*)**, le ***–y*** se change en ***–i*** lorsqu'on lui ajoute ***–est (drier – the driest)***. Les adjectifs et adverbes au superlatif sont précédés de ***the***. Les adjectifs qui se terminent par consonne/voyelle/consonne redoublent la seconde consonne.

Une syllabe	**Deux syllabes qui se terminent en *–y***
shy – the shyest	*early – the earliest*
hot – the hottest	*friendly – the friendliest*
thin – the thinnest	*ugly – the ugliest*
tall – the tallest	*pretty – the prettiest*
stiff - the stiffest	*funny – the funniest*
rough – the roughest	*busy – the busiest*

Pour les adjectifs et adverbes de deux syllabes qui ne se terminent pas par ***–y*** et pour tous les adjectifs et adverbes plus longs, le superlatif se forme avec **most**. Les adverbes qui se terminent par ***–ly*** forment leur superlatif avec **most**, même lorsqu'ils n'ont que deux syllabes.

Deux syllabes et plus
powerful – the most powerful
common – the most common
unusual – the most unusual
solid – the most solid
commonly –the most commonly

Certains adjectifs et adverbes de deux syllabes admettent les deux formes : ***–est*** ou **most** (voir plus haut).

Les adjectifs qui ont des comparatifs irréguliers ont également des superlatifs irréguliers :

good – the best

bad – the worst

far – the farthest (distance)/*the furthest* (distance et temps ; sens figuré)

Le complément du superlatif est introduit par ***in*** (le plus fréquent) ou ***of*** (dans le sens de «*parmi*» ou pour exprimer un lien temporel) :

The Antarctic is the largest desert ***in*** *the world.*

L'Antarctique est le plus grand désert au monde.

Of *all the African animals, the giraffe is one of the most recognizable.*

Parmi tous les animaux africains, la girafe est l'un des plus faciles à reconnaître.

This was the best time ***of*** *my life.* (lien temporel)

Ce fut le meilleur moment de ma vie.

Notez que, comme en latin, on utilise le comparatif, et non le superlatif, pour traduire «le plus...» lorsqu'il n'y a que deux éléments à comparer.

Which is ***the heavier****? Your suitcase or mine?*

Laquelle (des deux) est la plus lourde ? Ta valise ou la mienne ?

Les adjectifs composés

Vous avez sans doute remarqué de nombreux adjectifs composés dans les passages de compréhension écrite de ce chapitre. Ils sont construits à partir de deux mots au moins, souvent reliés par un trait d'union. Les adjectifs composés sont très nombreux et extrêmement variés en anglais. Vous en rencontrez fréquemment dans les passages sur la nature car ils sont très utiles pour décrire les caractéristiques des objets, des animaux, des plantes, etc.

Voici des exemples tirés des documents que vous avez lus cette semaine :

the mirror-like layer	*mirror-like* → qui ressemble à un miroir
air-breathing land creatures	*air-breathing* → qui respirent l'air
four-legged, meat-eating animals	*four-legged* → à quatre pattes
	meat-eating → carnivore
ocean-dwelling creatures	*ocean-dwelling* → qui vivent dans l'océan
fish-like in appearance	*fish-like* → qui ressemble à un poisson
The pointed leaves are two-toned,	*two-toned* → à deux couleurs
...silver-white on the bottom.	*silver-white* → argenté
pale blue flowers	*pale blue* → bleu pâle
homemade medicine	*homemade* → artisanal, fait maison
the distinctive-smelling...	*distinctive-smelling* → à l'odeur reconnaissable

Quelle que soit la nature des éléments qui le composent, l'adjectif composé reste un adjectif : il se place devant le nom et ne prend pas de marques du pluriel.

Les combinaisons suivantes sont les plus courantes :

1. Le second élément est un adjectif.

   Le premier peut également être un adjectif :

   pale blue flowers → bleu pâle

Il peut être aussi un nom :

silver-white → blanc comme l'argent, argenté

2. Le second élément est un participe présent (à sens actif, c'est-à-dire que l'on pourrait remplacer l'adjectif composé par une proposition relative avec pour sujet le nom qualifié) :

air-breathing land creatures	→ *land creatures which breathe air*
meat-eating animals	→ *animals which eat meat*
ocean-dwelling creatures	→ *creatures which live in the ocean*
distinctive-smelling	→ *which has a distinctive smell*

Le premier élément peut être un nom comme dans les exemples ci-dessus, ou un adjectif ou un adverbe :

a long-lasting relationship	→ *a relationship which lasted long* une relation de longue durée
an English-speaking tutor	→ *a tutor who speaks English* un précepteur, tuteur anglophone

3. Le second élément est un participe passé (à sens passif, c'est-à-dire que le nom qualifié ne fait pas l'action, comme vous l'avez vu dans le premier chapitre) :

homemade medicine → *a medicine which was made at home*

Le premier élément peut être un nom, comme dans l'exemple ci-dessus, ou un adverbe :

He is a well-known writer → *a writer who is known well (by people)*

4. Le second élément est un nom + ***–ed*** (le nom reste au singulier). Le premier élément est toujours un adjectif qualificatif ou numéral. Le nom est souvent une partie du corps ou d'un objet, mais pas toujours :

four-legged animals → un animal à quatre pattes

two-toned → à deux couleurs

5. Le second élément est *like*. Cet adjectif sert à comparer un nom à autre chose. Le premier élément est un nom :

fishlike/fish-like → qui ressemble à un poisson

mirror-like → qui possède les caractéristiques d'un miroir

queen-like, king-like → au port royal

6. Le premier élément est un nombre, le second une période de temps. Le nom ne prend pas de « s » :

They have a two week vacation in August.

Ils ont deux semaines de congé (des congés de deux semaines) en août.

There was a one week delay in the delivery.

La livraison a pris une semaine de retard.

Pratiquez votre grammaire

I. Complétez les phrases suivantes avec le comparatif ou le superlatif du mot entre parenthèses qui convient (voir corrigés p. 298).

1. The _____ tree in the world is a giant sequoia in California's Sequoia National Park (large), whereas the _____ tree is a bristlecone pine in the White Mountains of California (old).
2. The _____ ancestors of whales were meat-eating animals. (early)
3. The U.S. poet, scholar and critic Adrienne Rich was *born* in Baltimore, Maryland, the _____ of two sisters. (old)
4. Bengal tigers are the _____ tigers in India. (common)

5. Many view shoplifting as a victimless crime; although nothing could be _____ from the truth. (far)
6. In the _____ example of littering which I ever came across, garbage was strewn along 20 meters of riverbank – beer cans, bottles, food scraps, and lots of empty containers. (bad)
7. From the perspective of morphology, the Valles Caldera is a _____ example of a supervolcano than Yellowstone. (good)
8. The female magpie is much _____ than the bold male. (shy)

II. Traduisez les phrases suivantes en anglais en utilisant la forme correcte de l'adjectif (voir corrigés p. 298).

1. Je suis l'aînée de quatre enfants et je me suis toujours bien entendue avec les plus jeunes.
2. Il garde l'argument le plus convaincant pour la fin de sa conférence.
3. Quelle est la montagne la plus haute au monde ?
4. Lequel de ces deux animaux est le plus intelligent ? Le chimpanzé ou le dauphin ?
5. Quel est le pire endroit que tu aies visité ?

III. Traduisez les mots composés suivants en français (voir corrigés p. 299).

1. They just finished watching a two-hour long film.
2. Dehli is a densely-populated city.
3. We should use wind-powered turbines.
4. Tortoises are cold-blooded creatures.
5. My brother is very narrow-minded.
6. Why can't our politicians be more forward-thinking?

Prononciation

Deux des passages que vous venez de lire contiennent quantité de nombres que vous devez absolument savoir dire et lire.

Comment dire les nombres en anglais américain ?

En anglais américain, les grands nombres se disent ainsi :

100: one hundred,

1,000: one thousand,

1,000,000: one million,

1,000,000,000: one billion,

1,000,000,000,000: one trillion

On écrit : 851,491,626,544

On dit :

eight hundred fifty-one billion
four hundred ninety-one million
six hundred twenty-six thousand
five hundred forty-four

Remarques :

- *Forty* s'écrit sans « u », contrairement à *four* et *fourteen.*
- *Hundred, thousand, million,* etc, ne prennent pas de « s » dans les nombres.
- À l'écrit, les milliers sont séparés par des virgules (1,000 ; 345,789).
- Dans les nombres, on dit *one million, one thousand, one hundred* et non ~~*a million, a thousand, a hundred*~~.
- Pour lire les numéros de téléphone, on lit chaque chiffre séparément.
- 0 se lit *zero* lorsqu'il est tout seul, dans les nombres décimaux, dans les pourcentages et dans les numéros de téléphone. Il se lit *O* (comme la lettre) dans les années, les adresses, la température et les heures.
- Pour lire les années, on dit *nineteen eighty seven* pour 1987, et *two thousand sixteen* ou *twenty sixteen* pour 2016.
- Les décimales se lisent ainsi : *three point five* pour 3.5. Les chiffres après le point décimal se lisent séparément : *three point five six* pour 3.56.
- Contrairement au français, c'est un point qui sépare les entiers des décimales.

Entraînez-vous maintenant à lire à voix haute tous les nombres et chiffres des passages *Bengal Tigers* et *Deserts* (voir corrigés p. 299).

Vérifiez la prononciation américaine de tous ces mots en ligne, par exemple sur le site http://www.howjsay.com/

Travail complémentaire

Vous avez étudié toutes les compétences et effectué l'ensemble des exercices et des activités du chapitre. Il vous faut maintenant passer un peu de temps à réviser ce que vous avez appris dans ce chapitre et le chapitre précédent, que ce soit le vocabulaire, la grammaire ou les techniques des exercices du TOEFL iBT®.

Relisez plusieurs fois les deux chapitres, révisez le vocabulaire, et refaites les phrases qui vous ont posé des problèmes.

Dans le programme de travail de la semaine, il ne faut pas oublier la pratique régulière des autres compétences langagières, afin de ne pas vous concentrer uniquement sur la compréhension écrite.

Compréhension écrite et du vocabulaire de la nature, du monde du vivant, du climat et de l'écologie

Continuez à lire régulièrement des articles universitaires d'environ 700 mots.

Lisez l'article *Global Warming* sur Wikipedia : https://en.wikipedia.org/wiki/Global_warming

Lisez l'article suivant sur le rhinocéros : http://therhinoorphanage.co.za/about-the-rhino/endangered-species-rhinos?gclid=CjwKEAjw3PGtBRCWgajpu_uY9hYSJAAICRalruqQ1uMeUBmLgd9eP9I_9bnJchR-V31j90AXc9DxUxoCh73w_wcB

Lisez l'article suivant sur les tortues : http://animals.sandiegozoo.org/animals/turtle-tortoise

Compréhension orale

Pour les candidats qui pensent ne pas être encore très à l'aise avec la compréhension orale : http://www.manythings.org/listen/

Passez quelques minutes chaque jour à écouter trois ou quatre informations brèves sur CNN : http://edition.cnn.com/videos

Écoutez un podcast de votre choix sur le site de *Nature :* http://www.nature.com/nature/podcast/index.html

Écoutez VOA (*Voice of America*) pour vous habituer aux accents américains : http://learningenglish.voanews.com/. Choisissez de préférence le niveau 2 ou 3 et un sujet lié au vocabulaire de cette unité : http://learningenglish.voanews.com/section/level-two/3935.html

Pratique de l'expression écrite, de la grammaire et des fonctions étudiées

Faites un bref résumé écrit de la vidéo du jour sur VOA (50 mots) en vous efforçant d'utiliser au moins deux expressions apprises dans ce chapitre pour exprimer la comparaison.

Pratique de l'expression orale

Lisez à voix haute les textes courts étudiés dans ce chapitre (p. 34, 36, 38, 39, 41 et 43).

Vérifiez la prononciation américaine de tous ces mots en ligne, par exemple sur le site http://www.howjsay.com/.

Jouez à imiter le présentateur ou la présentatrice de VOA pour rendre compte oralement de la vidéo que vous avez regardée.

Lorsque ce chapitre sera parfaitement assimilé, vous pourrez passer au suivant.

Semaine 3

Cette semaine, vous allez continuer à travailler sur la première épreuve du TOEFL iBT® : la compréhension écrite (*Reading*). Vous réviserez le vocabulaire de l'invention, de la science et de la recherche. Vous pratiquerez aussi d'autres fonctions du langage dont vous aurez besoin à la fois dans les textes à lire et lorsque vous voudrez vous exprimer à l'écrit ou à l'oral, et vous reverrez le passé et les modaux, ainsi que quelques règles de prononciation.

Pour acquérir les compétences nécessaires pour la compréhension écrite, vous allez vous entraîner à procéder à des déductions à partir des éléments du passage, à identifier l'intention rhétorique du texte, à rédiger des résumés de synthèse et à remplir des tableaux schématiques.

Pratique des exercices de compréhension écrite

Procéder à des déductions à partir des éléments du passage

Présentation de l'exercice

Dans ce type d'exercices, vous devez tirer des conclusions à partir des éléments présents dans le texte afin de répondre à des questions sur des idées qui ne sont pas exprimées directement. Pour ce faire, il vous faut étudier les faits, les raisons et les exemples du passage. Vous ne devez en aucun cas vous fonder sur vos connaissances ou aller trop loin dans vos déductions. Il existe toujours une information qui vous fournit les éléments pour répondre à ces questions. La réponse est de toute façon logique. Dans ce type de questions, vous trouverez des formulations comme :

Which of the following ***can be inferred from*** *paragraph 1?*

It ***can be inferred from*** *paragraph 1 that...*

What does the author ***suggest about****...?*

What ***is implied*** *about...?*

Pour y répondre, vous devez :

- rechercher dans la question les indications sur l'emplacement de la réponse (*in paragraph 2*, *according to paragraph 4*, etc.) ;
- être prêt à analyser plusieurs détails avant de déduire l'information : vous devez chercher les mots clés évidents pour localiser les informations et éliminer les mauvaises réponses.

Analyse d'un exemple

Directions: Read the passages. Then mark the correct answers to the questions.

Braille

1. The Braille system of reading and writing, widely used by blind people all over the world, was devised by Frenchman Louis Braille when he was only fifteen. Blind himself, Braille took his idea from the earlier work of Charles Barbier.
2. As a soldier in Napoleon's army, Barbier created a code to help soldiers pass secret messages to each other at night. Barbier's system used a cell of raised dots in two columns and up to six rows. Different combinations of dots in the columns and rows represented the different letters of the alphabet. However, his system was rejected by the army as being too difficult for soldiers.
3. In 1821, Barbier visited the Royal Institution for Blind Youth in Paris to demonstrate his system. There Braille was fascinated by what he saw of the new system, and quickly figured out a way to overcome its main difficulty. He modified the cell of raised dots to be just two columns and three rows, so that a person's finger could cover an entire cell without moving. The modern Braille system is divided into different grades: in Grade 1 Braille, one cell represents one letter or punctuation mark. In higher grades, there are cells that stand for short words, such as *and* and *but*, and also for common combinations of letters, such as *~tion*.

---

1. What does the passage imply about Louis Braille in 1821?

   A. He was a student.

   B. He was a teacher.

   C. He was a soldier.

   D. He was an inventor.

2. What can be inferred about the code that Barbier created?

   A. It was more difficult to write than it was to read.

   B. It was used by the army only after 1821.

   C. A person's finger couldn't cover one of its cells without moving.

   D. It was more useful for blind people than for soldiers.

Réponses

1. La réponse A est correcte. On peut la déduire à partir des éléments suivants : *was devised by Louis Braille when* ***he was only fifteen*** et *in 1821, Barbier visited the Royal* ***Institution for Blind Youth***. À partir de ces deux éléments, on peut logiquement déduire que Braille était à l'école. La réponse B est incorrecte car on ne peut pas déduire logiquement qu'il était enseignant à 15 ans. La réponse C est incorrecte car on ne peut pas déduire logiquement qu'il était soldat à 15 ans. C'est Barbier qui était soldat. La réponse D est incorrecte car on ne peut pas déduire logiquement qu'il était inventeur. Rien ne nous indique qu'il avait déjà inventé quoi que ce soit auparavant.
2. La réponse A est incorrecte. Aucun élément ne nous indique s'il était difficile d'**écrire** avec la méthode de Barbier. La réponse B est incorrecte car les éléments présents dans le passage nous indiquent que le code de Barbier a été inventé avant 1821 (puisque Barbier est venu le présenter en 1821) et que Braille a rapidement remédié aux difficultés de ce code, ce qui signifie clairement que celui-ci avait déjà été utilisé et que les difficultés étaient connues. La réponse C est correcte car on peut déduire des éléments suivants qu'il fallait déplacer le doigt pour lire la grille : *He* ***modified*** *the cell* [...] *so that a person's* ***finger could cover an entire cell without moving***. La réponse D est incorrecte parce qu'aucun élément n'indique que des aveugles avaient essayé le code de Barbier.

Astuce !

Assurez-vous que la réponse que vous avez choisie correspond bien à la bonne **déduction**. Une réponse peut être correcte, mais ne pas être la bonne réponse à la question.

Vous ne devez en aucun cas vous fonder sur vos connaissances ou aller trop loin dans vos déductions.

Exercice d'application

Directions: Read the passages. Then mark the correct answers to the questions.

Brass

1. It's as bright and almost as pretty as gold, but it's cheaper and more practical. Brass is not a single metal but an alloy (or combination) of copper and zinc. Using different proportions of copper and zinc produces brasses with different qualities. Furthermore, the addition of other metals such as tin, iron, or aluminum can give different qualities to brass; these metals are generally added to make the brass stronger or more practical for special applications. Aluminum, for example, makes brass not only stronger but also more resistant to corrosion.
2. Brass is softer than most metals and melts at a relatively low temperature, which makes it popular for decorative uses. Many cultures create vases, plates, candlesticks, and ornaments out of brass. Several common musical instruments such as the trumpet, saxophone, and French horn are fashioned from brass. Brass is used for items such as doorknobs and light fixtures, but not for structural supports or the construction of bridges, buildings, or cars, which are generally made from steel.
3. These days almost all brass is recycled. A magnet is used to separate and remove other metals, such as iron, and the brass scraps that remain are melted down and re-formed into new products.

---

1. What does the author imply about steel in paragraph 2?

   A. Ornaments are never made from steel.

   B. It is a stronger metal than brass.

   C. It is less attractive than brass.

   D. Steel is not an alloy.
2. Which of the following can be inferred from paragraph 3?

   A. Brass is not attracted by magnets.

   B. Iron is more valuable than brass.

   C. Recycling is more expensive that making new brass.

   D. Almost all iron is also recycled.

Réponses

1. La réponse A n'est pas correcte. On ne peut pas déduire que les décorations, les ornements ne sont jamais fabriqués en acier : on nous dit seulement qu'ils sont souvent fabriqués en cuivre (*brass*). La réponse B est correcte : le paragraphe indique que *Brass is softer than most metals* et, plus loin, que l'on fabrique des structures de ponts et de bâtiments en acier. On peut donc logiquement en déduire que l'acier est plus solide que le cuivre. La réponse C est incorrecte car rien ne permet de déduire que l'acier est moins beau que le cuivre. La réponse D est incorrecte car rien ne permet de déduire que l'acier n'est pas un alliage.

2. La réponse A est correcte. Si l'on utilise *a magnet* (= un aimant) pour séparer les autres métaux du cuivre, c'est bien que le cuivre n'est pas attiré par l'aimant. La réponse B est incorrecte car rien ne permet de déduire que le fer a plus de valeur que le cuivre. Le paragraphe explique qu'ils sont tous deux recyclés. La réponse C est incorrecte car rien ne permet de déduire qu'il coûte plus cher de recycler le cuivre que d'en fabriquer, puisque le paragraphe explique qu'il est recyclé pour faire de nouveaux objets. La réponse D est incorrecte car rien ne permet de déduire que presque tout le fer est recyclé. C'est à propos du cuivre que le paragraphe indique *almost all brass is recycled.*

Astuce !

Souvenez-vous de n'utiliser que ce qui se trouve dans le texte, pas vos connaissances.

Identifier l'intention rhétorique du texte

Présentation de l'exercice

Ce type de questions vous demande pourquoi l'auteur a inclus un élément spécifique dans son texte, quelle était son intention, ce qu'il souhaitait démontrer en écrivant ce passage. Vous devez donc prouver que vous comprenez les liens entre les idées.

Dans ces questions, vous trouverez des formulations comme :

__Why__ does the author discuss the history of...?

The author mentions the word XXXX in __order to__...

What are XXXX and XXXX __examples__ of?

How does the author __justify__...?

What does the author __compare__ XXXX with?

Certains mots sont donc parfois surlignés dans la question. Dans ce cas, ils le seront également dans le passage.

Pour répondre à ce type de questions, vous devez :

- rechercher les mots ou expressions qui peuvent indiquer un lien entre les idées (*example*, *rather than*, etc.) ;
- essayer de répondre à la question avant de regarder les propositions afin d'être sûr que vous avez bien compris l'intention.

Astuce !

Essayez de répondre à la question avec vos propres mots avant de lire les propositions de réponse. Vous trouverez ensuite plus facilement la bonne réponse.

Analyse d'un exemple

Directions: Read the passages. Then mark the correct answers to the questions.

The Dodo

1. If you know the dodo at all, it's probably either as an expression ("Dead as a dodo") or as a prime example of a recent animal extinction. The dodo was found only on Mauritius, an island in the Indian Ocean. Discovered by the Portuguese in 1598, this large flightless bird, somewhat similar in appearance to a duck or a goose (though actually more closely related to pigeons and doves), had never encountered humans before and had no natural fear of them.
2. By 1681, less than a hundred years later, the dodos were gone. It was thought at one time that people hunted them for food, which would have been easy, given their lack of fear and inability to fly. However, early written accounts describe dodo meat as bad tasting. The more likely reason for the dodo's extinction was that sailors brought with them animals such as cats, dogs, rats, and pigs, which ate both the birds and their nests on the ground.
3. Without the dodo, the Mauritian calvaria tree also faced extinction. It turned out that the calvaria seeds would only sprout after having passed through the digestive system of the dodo. And that's the real lesson—that everything is interconnected. Introduce new predators, and a species can become extinct; and one extinction can cause another. Perhaps the dodo can live on as a reminder of that crucial realization.

---

1. Why does the writer mention doves?

   A. They are a similar species to the dodo.

   B. They are also extinct on Mauritius.

   C. They look similar to the dodo.

   D. They were a food source for the dodo.

2. The author mentions calvaria trees in order to show

   A. that plants as well as animals can become extinct

   B. why a species' extinction matters

   C. that they reproduced in an unusual way

   D. that the plant and animal life on Mauritius was unique

Réponses

1. La réponse A est correcte. Même si le dodo ressemblait plus à un canard ou à une oie, l'espèce était plus proche des pigeons et tourterelles (*...more closely related to pigeons and doves*). La réponse B est incorrecte car rien n'indique que les tourterelles aient disparu à l'île Maurice. La réponse C est incorrecte car ce sont les canards et les oies qui ont une apparence similaire à celle du dodo (*somewhat similar in appearance to a duck or a goose*). La réponse D est incorrecte car l'article indique uniquement les *calvaria seeds* (graines de tambalacoque) comme source de nourriture pour le dodo.
2. La réponse A est incorrecte. Même si l'article montre que les plantes aussi peuvent être amenées à disparaître, ce n'est pas la raison pour laquelle il est question des *calvaria trees* (tambalacoques). La réponse B est correcte : l'auteur évoque les *calvaria trees* pour expliquer que, puisque *everything is interconnected*, la disparition d'une espèce est importante (*matters*) ; en effet, elle peut entraîner la disparition d'une autre espèce (*Without the dodo, the Mauritian calvaria tree also faced extinction*). La réponse C est incorrecte. Même si l'article montre que le mode de reproduction du tambalacoque est original, ce n'est pas la raison pour laquelle l'auteur en parle. La réponse D est incorrecte. Même si la faune et la flore de l'île Maurice sont uniques, ce n'est pas la raison pour laquelle l'auteur évoque les tambalacoques (*calvaria trees*).

Exercice d'application

Directions: Read the passages. Then mark the correct answers to the questions.

Types of diamonds

1. While the very name "diamond" makes most people think of jewelry and decorations, there are actually two major types of diamonds, known as gem-grade and industrial-grade. Gem-grade diamonds are used for decorative purposes, while the industrial-grade ones are used to create tools that cut, grind, or polish. Diamonds are particularly valuable because of their exceptional hardness.
2. Diamonds of either type come from two sources: They are mined from the ground or they are created in a laboratory. The qualities desired in gem-quality stones are usually aesthetic, such as clarity (having no imperfections) and color (clearer gems are more valuable). However, these qualities are not important in industry, one reason that only about 20 percent of mined diamonds are eventually classified as gem-grade. Lab-created diamonds are made by applying high pressure to carbon (simulating the forces that occur in nature) or through a low-pressure method known as chemical vapor deposition (CVD). While it is possible

to create gem-quality diamonds in a lab, this is not common, probably due to pressure from the diamond market. However, because most lab-created diamonds are colored, and less than 1 percent of mined diamonds are colored, if you see a colored diamond in a piece of jewelry, it is probably synthetic.

---

1. Why does the writer use the word exceptional in paragraph 1?
   A. To describe the beauty of diamonds
   B. To point out how rare diamonds are
   C. To emphasize how hard diamonds are
   D. To show how unusual it is to find a diamond
2. How does the writer compare gem-grade and industrial-grade diamonds?
   A. By discussing their cost and their color
   B. By discussing their origin and their uses
   C. By discussing their hardness and their beauty
   D. By discussing their value and their popularity

Réponses

1. La réponse C est correcte. Dans le paragraphe, il a été question d'un type de diamant utilisé pour fabriquer des bijoux et d'un autre type de diamant utilisé pour sa dureté. C'est à ce moment-là qu'intervient l'adjectif *exceptional*, donc pour décrire sa dureté. Les réponses A (pour qualifier sa beauté), B (pour décrire sa rareté) et D (pour dire qu'il est très inhabituel de trouver un diamant) sont donc incorrectes.
2. Les réponses A et D sont incorrectes. Il n'est pas question de coût. La seule référence à *more valuable* compare la transparence des diamants (*clearer gems are more valuable*). La réponse B est correcte : l'auteur parle de l'origine de ces deux sortes de diamants (*two sources ; from the ground or… in a laboratory*). Il parle également de leur utilisation : *Gem-grade diamonds are used for decorative purposes, […] industrial-grade diamonds are used to create tools.* La réponse C est incorrecte. Même si l'article compare la beauté des deux types de diamant, la dureté est un point commun à ces deux types et ne sert donc pas à les comparer : *Diamonds are particularly valuable for their hardness.*

Construire un résumé synthétique

Présentation de l'exercice

Un résumé doit être bref et ne contenir que les informations importantes. Cet exercice vise à évaluer votre capacité à déterminer quelles sont les idées essentielles. On trouve toujours une question de ce type à la fin de la série. Dans cette partie du test, on vous fournira une phrase d'introduction qui indiquera le thème principal du passage. On vous proposera ensuite six réponses possibles et il vous faudra choisir les trois qui contiennent les idées principales qui viennent appuyer le thème central. Cet exercice sera noté comme suit :

- 3 réponses correctes = 2 points ;
- 2 réponses correctes = 1 point ;
- 0 ou 1 réponse correcte = pas de point.

Vous devez donc être capable de comprendre l'organisation du passage, les liens de cause à effet, les comparaisons et contrastes, ainsi que l'ordre chronologique.

Pour répondre à ce type de questions, vous devez :

- examiner le thème central qui vous est proposé ;
- ne choisir que les réponses qui soutiennent l'idée centrale. Éliminez les détails, ainsi que les affirmations fausses ou qui ne sont pas présentes dans le texte.

Ce type de questions se présente comme suit.

Directions : *An introductory sentence for a brief summary of the passage is provided below. Complete the summary by selecting THREE answer choices that express the most important ideas in the passage. Some sentences do not belong in the summary because they express ideas that are not presented in the passage or are minor ideas in the passage.*
This question is worth 2 points.

Consignes : Vous trouverez ci-dessous une phrase d'introduction qui résume brièvement le passage. Complétez le résumé en choisissant trois réponses qui expriment les idées les plus importantes du texte. Certaines phrases sont incorrectes soit parce qu'elles expriment des idées qui ne se trouvent pas dans le passage, soit parce qu'il s'agit d'idées mineures.
Cette question vaut 2 points.

Introductory sentence
Phrase d'introduction

•
•
•

Answer choices: *(choose 3)*
Propositions de réponse : (choisissez-en trois)

Xxxx xxxxx xx xxxxxx xxxxxxx xxxxxxxx xxxxxx xxx xxxx xxxx.

Xxxx xxxxx xx xxxxxx xxxxxxx xxxxxxxx xxxxxx xxx xxxx xxxx.

Xxxx xxxxx xx xxxxxx xxxxxxx xxxxxxxx xxxxxx xxx xxxx xxxx.

Xxxx xxxxx xx xxxxxx xxxxxxx xxxxxxxx xxxxxx xxx xxxx xxxx.

Xxxx xxxxx xx xxxxxx xxxxxxx xxxxxxxx xxxxxx xxx xxxx xxxx.

Xxxx xxxxx xx xxxxxx xxxxxxx xxxxxxxx xxxxxx xxx xxxx xxxx.

When you are ready to answer, click on the answer choices and drag them to the summary chart. It doesn't matter what order you put them in. Note that the reading passage is on a separate computer screen. However, you can click back and forth between the passage screen and the question screen.

Lorsque vous serez prêt à répondre, cliquez sur la proposition de réponse correcte et glissez-la dans le tableau de résumé synthétique. Vous pouvez répondre dans n'importe quel ordre. Le passage se trouve sur un écran séparé, mais vous pouvez passer d'un écran à l'autre en cliquant sur l'un ou l'autre.

Analyse d'un exemple

Diplomats

1. Diplomats play an important role in the process of building positive international relationships. Most countries employ diplomats and send them as representatives to foreign countries. These people, including high-level diplomats such as ambassadors, represent their government's policy and opinions during both formal negotiations and informal meetings. Diplomatic negotiations often require careful preparation because

issues of great international importance require lengthy discussions and solutions before agreements can be reached.

2. The ability to encourage peace and partnership among the nations of the world depends on good communication. Therefore, it is clear that diplomats need to have special job skills. In addition to speaking the language of the foreign country they are assigned to, they must fully understand its politics and culture. This means that when addressing sensitive issues, discussions should be handled with care and consideration, and any behaviors considered to be culturally impolite should be avoided. Diplomats are also required to be both focused and patient during long and complicated negotiations. Most importantly, they need to be flexible by responding quickly to changes and modifying their positions to fit the current situation. Diplomats often have the difficult task of convincing those who don't have the same opinion to come to some type of agreement or compromise. It is not always an easy job to get people on different sides of an issue to give something up in order to solve the problem.

Directions: *An introductory sentence for a brief summary of the passage is provided below. Complete the summary by selecting THREE answer choices that express the most important ideas in the passage. Some sentences do not belong in the summary because they express ideas that are not presented in the passage or are minor ideas in the passage.* **This question is worth 2 points.**

Diplomats must have specific skills in order to build successful international relationships.

•
•
•

Answer choices: (choose 3)

1. They should be familiar with the policies and customs of the country they are in.
2. They should not talk about sensitive issues and always be polite.
3. They are required to speak two foreign languages wherever they travel.

4. They need to be aware of others' feelings and tolerant throughout negotiations.
5. They must be open-minded and willing to change their viewpoints when necessary.
6. They should be prepared to compromise in order to reach an agreement quickly.

Astuce !

Pour les exercices de résumé, il est utile de prendre de courtes notes. Au fur et à mesure de votre lecture, écrivez le numéro du paragraphe et quelques mots clés, que vous comparerez ensuite aux propositions de réponse.

Réponses

Les propositions de réponse 1, 4 et 5 sont correctes. La proposition 1 résume une des idées principales du paragraphe 2 : *In addition to speaking the language of the foreign country they (diplomats) are assigned to, they must fully understand its politics and culture*. La proposition 4 résume deux des idées principales du paragraphe 2 : *This means that when addressing sensitive issues, discussions should be handled with care and consideration, and any behaviors considered to be impolite should be avoided. Diplomats are also required to be both focused and patient during long and complicated negotiations*. La proposition 5 résume une des idées principales du paragraphe 2 : *Most importantly, they need to be flexible by responding quickly to changes and modifying their positions to fit the current situation*. La proposition 2 est incorrecte parce que le passage énonce clairement que les sujets sensibles sont abordés. La proposition 3 est incorrecte parce qu'il n'est pas écrit que les diplomates doivent maîtriser deux langues étrangères. La proposition 6 est incorrecte car le passage n'indique à aucun moment que les diplomates doivent *compromise in order to reach an agreement quickly*, mais au contraire que le processus peut être long et difficile.

Exercice d'application

Product Development

1. Many companies try to expand their share of the market by creating new products.

   However, a large percentage of new products lose money and must be taken off the market. Some analysts estimate that 80 percent of the most recently introduced products no longer exist today. Others estimate that only one in three products ever succeeds in making it to market.

2. New product development is a difficult challenge for many reasons. At the very beginning of the process, some companies have trouble finding a completely new product that is useful and for which there is a real need. Even if a company decides to develop a new product by improving one that they already have, it may be difficult to come up with a unique way to make it better and, thereby, increase sales. It can cost as much as $50 million to design and get a new product to market. Many companies just don't have this kind of money for research, development, manufacturing, and marketing.

3. In addition, today's markets are fast-moving and require a company to get a product out as soon as possible. However, companies don't always have the time to do the necessary research. Without proper research, companies don't have enough information to predict whether or not the product will sell. When companies are in a hurry, mistakes can be made. Sometimes, in the rush to get a product to the buyers, it is badly designed. Further, a poorly advertised product or one that is priced too high might not sell. All of these mistakes can allow competing companies to offer a similar product with a better design or at a lower price. This means the company that originally introduced the product will not reach the goal of expanding its market share and increasing its profits.

Directions: *An introductory sentence for a brief summary of the passage is provided below. Complete the summary by selecting THREE answer choices that express the most important ideas in the passage. Some sentences do not belong in the summary because they express ideas that are not presented in the passage or are minor ideas in the passage.* **This question is worth 2 points.**

Companies face many problems when trying to develop a new product.

•
•
•

Answer choices: (choose 3)

1. Companies increase their market share by introducing a large number of products.

2. Creating a new product or improving an old one is problematic and expensive.
3. Developing a new product involves a long, detailed analysis of the market.
4. A company's lack of adequate research can lead to bad decisions.
5. Researchers need to find a new way to produce cheaper products.
6. Competitors can take advantage of poor product design and pricing errors.

Réponses

Les propositions de réponse 2, 4 et 6 sont correctes. La proposition 2 résume les idées principales du paragraphe 2 : la difficulté de mettre des nouveaux produits sur le marché, et le coût que cela entraîne. La proposition 4 résume une des idées principales du paragraphe 3 : *When a company is in a hurry, mistakes can be made.* La proposition 6 résume la dernière idée principale du paragraphe 3 : ce genre d'erreur profite à la concurrence. La proposition 1 n'est pas correcte parce que tout le passage explique que, justement, les produits nouveaux n'augmentent pas toujours la part de marché des entreprises. La proposition 3 n'est pas correcte parce que cette idée est sous-entendue, mais n'est pas exprimée dans le passage. Elle ne fait donc pas partie du résumé. La proposition 5 est incorrecte parce qu'il n'est pas écrit que les chercheurs doivent trouver une nouvelle manière de confectionner des produits moins chers.

Remplir un tableau schématique/ organisationnel

Présentation de l'exercice

Certaines questions du TOEFL iBT® vous demandent de compléter un tableau schématique. Vous devez choisir dans quelle catégorie les informations doivent entrer. On vous propose un tableau qui contient les idées principales du passage, puis on vous donne sept ou neuf propositions. Vous devez choisir cinq ou sept réponses en les plaçant dans la catégorie qui convient. Il restera donc toujours deux réponses inutilisées.

Cet exercice sera noté comme suit :

- Pour un tableau à 5 réponses (3 points maximum) :
  - 5 réponses correctes = 3 points
  - 4 réponses correctes = 2 points
  - 3 réponses correctes = 1 point
  - 0 ou 1 ou 2 réponses correctes = pas de point

- Pour un tableau à 7 réponses (4 points maximum) :
  - 7 réponses correctes = 4 points
  - 6 réponses correctes = 3 points
  - 5 réponses correctes = 2 points
  - 4 réponses correctes = 1 point
  - 0 ou 1, 2 ou 3 réponses correctes = pas de point

Comme pour le tableau précédent, vous devez être capable de comprendre l'organisation du passage. Pour répondre à ce type de questions, vous devez :

- examiner les éléments qui vous sont fournis, y compris les catégories que l'on vous propose ;
- identifier les mots clés dans les réponses et les rechercher dans le passage ;
- vérifier que les réponses que vous choisissez entrent dans la bonne catégorie ; attention, il ne suffit pas que les mots soient présents dans la proposition et dans le texte pour que la réponse soit correcte ;
- éliminer les détails ou idées secondaires, les idées qui ne se trouvent pas dans le passage, et celles qui ne sont pas correctes dans le passage.

Ce type de questions arrive presque toujours en dernier et se présente comme suit.

Directions: *Select the appropriate phrases from the answer choices, and match them to the type of xxxxx (category).* *TWO of the answers will not be used.* **This question is worth 3 points.**

Consignes : Choisissez les expressions qui conviennent parmi les propositions de réponse, et insérez-les dans la catégorie correcte. DEUX des réponses ne seront pas utilisées.
Cette question vaut 3 points.

xxxxxxx **(category 1)**	• • •
xxxxxxx **(category 2)**	• •

Answer choices: (choose 5)

Propositions de réponse : (choisissez-en cinq)

Xxxx xxxxx xx xxxxxx xxxxxxx xxxxxxxx xxxxxx xxx xxxx xxxx.

Xxxx xxxxx xx xxxxxx xxxxxxx xxxxxxxx xxxxxx xxx xxxx xxxx.

Xxxx xxxxx xx xxxxxx xxxxxxx xxxxxxxx xxxxxx xxx xxxx xxxx.

Xxxx xxxxx xx xxxxxx xxxxxxx xxxxxxxx xxxxxx xxx xxxx xxxx.

Xxxx xxxxx xx xxxxxx xxxxxxx xxxxxxxx xxxxxx xxx xxxx xxxx.

Xxxx xxxxx xx xxxxxx xxxxxxx xxxxxxxx xxxxxx xxx xxxx xxxx.

Xxxx xxxxx xx xxxxxx xxxxxxx xxxxxxxx xxxxxx xxx xxxx xxxx.

When you are ready to answer, click on the answer choices and drag them to the bulleted location next to the correct category in the table. Note that the reading passage is on a separate computer screen. However, you can click back and forth between the passage screen and the question screen.

Lorsque vous serez prêt à répondre, cliquez sur les propositions de réponse correctes et glissez-les dans la liste à puces dans la catégorie qui convient. Le passage se trouve sur un écran séparé, mais vous pouvez passer d'un écran à l'autre en cliquant sur l'un ou l'autre.

Analyse d'un exemple

All that glitters is not gold

1. Throughout the centuries, people have been fooled into thinking they've found a fortune in gold. However, the glittering mineral they've discovered has turned out in many cases to be pyrite, or what is appropriately known as "fool's gold." Geologically speaking, there are several distinct ways to tell the difference between real gold and the much less valuable pyrite.
2. While both are minerals and shine like metal, gold is a more truly golden color or a silvery yellow. Pyrite, on the other hand, is a lighter yellow, sometimes tarnishing and turning black. Geologists can also distinguish between the two minerals based on hardness, on how easily they can be shaped or bent without breaking, and on magnetic attraction. Gold is softer than pyrite and flattens out or changes its shape if hit with a steel hammer. On the other hand, pyrite will spark if you strike it with hammer. If a piece of this much harder mineral is used to scratch a metal object like copper or steel, it will leave a mark. Finally, a **magnet** can be used to test the difference. Pure gold does not have iron in it, while pyrite does. Therefore, gold will not be attracted to a magnet, but the fool's gold will be.

Glossary

magnet: A piece of iron or steel metal that can make other objects move toward it, and hold or move them.

Directions: *Select the appropriate phrases from the answer choices, and match them to the type of mineral to which they relate. TWO of the answers will not be used.* **This question is worth 3 points.**

gold	• •
pyrite	• • •

Answer choices: (choose 5)

1. Contains shiny, valuable minerals
2. Is lighter colored or tarnished
3. Has a silvery yellow color
4. Will scratch metal
5. Can be shaped without breaking
6. Burns steel when struck
7. Is magnetic

Réponses

Les propositions de réponse 3 et 5 sont correctes pour *gold* (l'or). Elles reprennent les idées suivantes du paragraphe 2 : *...gold is a more truly golden color or a silvery color* et *Gold is softer than pyrite and flattens out or changes its shape if hit with a steel hammer.* Les propositions 2, 4 et 7 sont correctes pour *pyrite*. Elles reprennent les idées suivantes du paragraphe 2 : *Pyrite, on the other hand, is a lighter yellow, sometimes tarnishing and turning black ; If a piece of this much harder mineral [pyrite] is used to scratch a metal object like copper* (le cuivre*) or steel* (l'acier*), it will leave a mark* ; et *Therefore, gold will not be attracted to a magnet* (un aimant)*, but the fool's gold will be.*

Exercice d'application

A Short History of Pens

1. As long ago as 4000 B.C., writing instruments were made from the hollow stems of reeds or other plants, cut at one end to form a sharp point. Some type of writing liquid or ink was then poured into the empty space inside, and the stem was squeezed to make the liquid come out of the sharp end. Next came the quill pen around 500 B.C. It was perhaps the most widely used pen for over a thousand years until new designs caused its decline in the nineteenth century. This type of pen was fashioned from a bird feather, or quill, also sharpened to a point at the end. Similar to previous writing instruments, ink had to be poured into the hollow shaft of the feather. However, sometimes these pens were also dipped in a container of ink because the shaft didn't hold much ink. The flow of ink was difficult to control, and the ink occasionally spilled out. In addition, quill pens wore out very quickly.
2. Other materials, such as wood and silver, were used for the body of pens, and stronger steel tips called nibs were added in the early 1800s. However, the metal nib-tipped pen still required the writer to dip it in an ink container, making it inconvenient to carry around. In the late 1800s, a completely new type of nib-tipped pen, the fountain pen, became widely available. The fountain pen was quite popular because it had its own interior ink container, or cartridge; there was no longer a need to bring along an extra supply of ink. At first, the cartridge had to be refilled, although later replaceable throw-away cartridges were used. Early versions sometimes leaked ink and left marks from the writer's hands on the paper.
3. The next major revolution came with the creation of the ballpoint pen. Two Hungarian brothers, Laszlo and George Biro, are usually credited with inventing the first one in 1938. They decided to use a thicker type of newspaper-print ink that couldn't be used in other pens. It dried very quickly and was nearly waterproof. Writers no longer had to wait to send documents, and the process was cleaner. However, this ink required a new type of pen design. The brothers fit the tip of the pen with a tiny ball to control the flow of ink. The ball rolled around smoothly, taking up a small amount of ink from the cartridge and leaving it on the paper. People could now write faster with more control, and the paper would be free from ink spots. Better yet, the cartridge didn't need to be constantly refilled; it would last for months. It was a cheaper, more reliable, and repair-free pen in every way. Today, the ballpoint pen is used worldwide as one of the most common writing instruments.

Directions: *Select the appropriate phrases from the answer choices, and match them to pens in the time period to which they relate. TWO of the answers will not be used.* **This question is worth 4 points.**

the earliest pens	• •
pens in the 1800s	• • •
pens in the 1900s	• • •

Answer choices: (choose 7)

1. The body and the nibs are shaped using wood and silver.
2. They are made from plants and pressed to force the ink out the sharpened end.
3. They have cartridges, but still need to be dipped in ink.
4. Quills don't last very long, are messy, and store limited amounts of ink.
5. Special tips are attached to the ends to keep them from wearing out.
6. The tip allows for the ink to be delivered in a controlled and clean way.
7. A separate source of ink is still necessary.
8. The cartridges of ballpoints contain fast-drying ink that eliminates stains.
9. Fountain pens have nibs and replaceable cartridges.

Réponses

1. Les propositions de réponse 2 et 4 sont correctes pour the *earliest pens*. Elles reprennent les idées suivantes du paragraphe 1 : *writing instruments were made from the hollow stems* (= tiges) *of reeds* (= roseaux) *or other plants; and the stem was squeezed* (= pressé, serré) *to make the liquid come out of the sharp end*; et *The flow of ink was difficult to control, and the ink occasionally spilled out* (= déborder, se renverser). *In addition, quill pens wore out* (= s'user) *very quickly*.
2. Les propositions 1, 5 et 9 sont correctes pour *pens in the 1800s*. Elles reprennent les idées suivantes du paragraphe 2 : *Other materials, such as wood and silver, were used for the body of pens and stronger steel tips called nibs* (*a nib* = la plume d'un stylo) *were added in the early 1800s; a completely new type of nib-tipped pen, the fountain pen* (= stylo à plume), *became widely available;* et *later replaceable throw-away cartridges were used.*
3. Les propositions 6 et 8 sont correctes pour *pens in the 1900s*. Elles reprennent les idées suivantes du paragraphe 3 : *The brothers fit the tip of the pen with a tiny ball to control the flow of ink* et *People could now write faster with more control, and the paper would be free from ink spots.*

Acquisition de vocabulaire

Le TOEFL iBT® utilise beaucoup de vocabulaire thématique que vous devez connaître parce qu'il est récurrent.

Apprenez ce vocabulaire avant de faire les exercices. Révisez-le ensuite plusieurs fois, jusqu'à ce qu'il soit parfaitement connu et maîtrisé.

L'invention, la science et la recherche

to achieve	réaliser, parvenir, atteindre, accomplir
to analyse	analyser
to attempt	tenter, essayer
to be at the forefront	être à l'avant-garde, être au premier rang
to carry out an experiment	effectuer, mener une expérience
to conduct a survey	mener une enquête, réaliser un sondage
to construct	construire, bâtir
to create	créer
to design	concevoir, créer, dessiner (pratiquement)
to develop	mettre au point
to devise	mettre au point, inventer, concevoir (intellectuellement)
to discover	découvrir, faire une découverte
to do (some) research	faire des recherches, de la recherche
to endeavor	s'efforcer, œuvrer
to excavate	creuser, fouiller, faire des fouilles, mettre au jour
to experience	ressentir, éprouver, vivre
to experiment	faire une (des) expérience(s)
to explore a new field	investir un nouveau domaine
to fashion	façonner
to handle	manipuler, gérer
to improve	améliorer
to invent	inventer
to join a team	rejoindre une équipe
to master	maîtriser
to operate	faire fonctionner
to perfect	améliorer, parfaire, perfectionner

to plan	préparer, planifier, organiser, prévoir
to prepare	préparer
to produce	fabriquer, confectionner, produire
to manage	gérer, diriger
to monitor	surveiller, suivre, contrôler
to observe	observer
to patent	faire breveter
to proclaim	proclamer
to receive a prize, an award	recevoir un prix, une récompense
to sponsor	parrainer, sponsoriser
to revolutionize	révolutionner
to strive	s'efforcer, aspirer
to study	étudier
to update	actualiser, mettre à jour
to upgrade	moderniser, améliorer, passer à la version supérieure
to work as	travailler comme, en tant que
an invention	une invention
an inventor	un inventeur
a pioneer	un pionnier, un précurseur
a doctor	un docteur
a professor	un professeur (d'université)
research	la recherche
a researcher	un chercheur
a scientist	un scientifique
a discovery	une découverte, une trouvaille
a process	un processus, une procédure
inventiveness	la créativité, l'inventivité
creativity	la créativité
inspiration	l'inspiration, la source d'inspiration
a challenge	un défi, un problème difficile
fame, reputation	la célébrité, la réputation
eminence	l'éminence, la distinction, une très haute position, personne d'une supériorité reconnue

progress	le progrès
growth, expansion	la croissance
an achievement	une réalisation, une réussite, un accomplissement
a feat	un exploit, un tour de force, une prouesse
fulfillment	l'accomplissement, la satisfaction
innovation	l'innovation
an advance, advance	une avancée, le progrès
cutting edge technology	la technologie de pointe
at the leading edge	à la pointe, avant-gardiste
acknowledgement	la reconnaissance
a breakthrough	une percée, une découverte révolutionnaire
findings	des résultats, des conclusions, des observations, des constatations
a field/a domain	un champ, un domaine, un sujet, une matière
statistics	(sing.) les statistiques, la statistique
a study	une étude, une enquête
an analysis	une analyse
a survey	une enquête
a poll	un sondage
data	(plur.) les données
a patent	un brevet
successful	à succès, prospère
outstanding	excellent, remarquable
acknowledged	reconnu
noteworthy	de marque, notable
prominent	éminent, important
leading	de premier plan, dominant, majeur, prépondérant
purpose	le but
bias	la partialité, le parti pris
source	la source
reliable	fiable
publication	ouvrage, publication, papier
on trial	à l'essai
brand new	tout neuf

up-to-date	à jour, moderne
trendy	à la mode
outdated	dépassé
sophisticated	sophistiqué
state-of-the-art	ce qu'il y a de mieux
an artifact	un artefact, un objet d'art
equipment	matériel, équipement
apparatus	appareil, dispositif
a tool	un outil
materials	des matériaux, du matériel
component	un composant
technology	la technologie
technological	technologique
information technology (IT)	la technologie de l'information, l'informatique
computer science	l'informatique
an upgrade	une actualisation
an update	une mise à jour

Pratiquez votre vocabulaire

I. Choisissez le mot qui convient (voir corrigés p. 300).

1. Thomas Edison was an American inventor and businessman. He ....

A. constructed
B. developed
C. carried out
D. endeavored

many .... such as the phonograph, the motion picture camera, and

A. components
B. tools
C. artifacts
D. devices

the light bulb.

2. Our firm holds 20 US and worldwide ....

A. upgrades
B. patents
C. updates
D. substances

It manufactures .... solar devices.

A. breakthrough
B. display
C. state-of-the-art
D. pattern

3. As the population became more literate in the mid-eighteenth century, the demand for printed material skyrocketed. There was a need for printers .... a technique to print the news faster.

A. to feature
B. to display
C. to devise
D. to patent

The first .... came in 1812 when Friedrich Koenig and

A. growth
B. expansion
C. publishing house
D. breakthrough

Friedrich Bauer .... the steam-powered press.

A. observed
B. monitored
C. managed
D. invented

4. Norm Abramson's claim to .... lies in his ....

A. fame	A. fame
B. publication	B. surveys
C. data	C. achievements
D. patent	D. fulfillment

with the ALOHAnet, the first wireless local area network.

.... and developed by Abramson at the University of Hawaii, the

A. Conducted

B. Endeavored

C. Achieved

D. Designed

ALOHAnet was the first network to transmit ....

A. tools

B. artifacts

C. data

D. findings

successfully using a radio signals—fundamental technological ....

A. inventiveness

B. expansion

C. breakthrough

D. fame

II. Complétez les passages suivants avec les mots de la liste qui conviennent (voir corrigés p. 300) :

cutting edge – leading – Award – researchers – advanced – research – field – fame – prize – inventor – success – patents – findings – reliable sources – outstanding – progress – developing – prominent

Thomas Ahearn (1855-1938) was a Canadian ________________ and businessman. He was instrumental in the ______________ of a vast streetcar system in Ottawa and held several ______________ related to electrical items.

Our company makes ______________________ digital cameras with ______________ software.

Academic articles are compositions published in academic journals discussing ________________ related to a particular academic ________________. These publications are usually informative, and ______________________ explain their methods and ________________, allowing them to be reviewed. This makes them ______________________ of information.

The European Inventor _____________ honors ________________ inventors from all technical fields and backgrounds for their contribution to social, economic and technological ________________. In 2015, it awarded a _____________ to late Chinese cervical cancer expert Zhou Jian and Australian immunologist Ian Frazer for ________________ the first cervical cancer vaccine.

Robert Hare (1781-1858), considered the ________________ American chemist of his time, was a productive inventor and writer. He was born in Philadelphia on Jan. 17, 1781, the son of a __________________ businessman and state senator. He was educated at home, then studied chemistry. While managing his father's brewery, he found time for chemical research and gained international ________________ in 1801 with his invention of the oxyhydrogen blowpipe.

Fonctions du langage

Expressions de temps

Pour parler des découvertes et des inventions, il est nécessaire d'évoquer les périodes où elles ont eu lieu. Il peut être également utile de se référer aux différentes étapes du processus et de la démarche scientifique. Vous allez par conséquent réviser les temps du passé dans la section Grammaire et revoir ici les connecteurs et expressions de temps. Ils pourront vous être très utiles lorsque vous devrez vous exprimer à l'écrit et à l'oral (épreuves 3 et 4 du test).

Apprenez-les dès maintenant, en faisant attention à leur construction.

Attention !

Soyez vigilant aux prépositions !!!

In *2014…* = En 2014 (***in*** + une année)

On *January 15th, On January 15, 2016…* = Le (***on*** + une date)

During the *15th century…* = Pendant le/Au cours du…

Yesterday... = hier…

Tomorrow... = demain…

Last week, month,... = la semaine dernière…, le mois dernier,…

Next week..., month,... = la semaine prochaine…, le mois prochain,…

Ten years ago... = il y a dix ans…

Ten years ago, *he designed his first camera.*

Il y a dix ans, il a conçu son premier appareil photo.

Ten years ago, *he used to work as a waiter in Australia.*

Il y a dix ans, il travaillait comme serveur en Australie.

Attention !

Soyez vigilant à cette expression.

Elle se trouve toujours dans une phrase au prétérit (*simple past*) ou avec *used to*.

Ago **signifie « il y a » seulement dans son sens temporel.**

Ten years before... = dix ans auparavant…

Ten years before *the 2015 earthquake,…*

Dix ans avant le tremblement de terre de 2015,…

Ten years before *he made his fortune.*

Dix ans avant qu'il ne s'enrichisse.

Before this/Previously... = avant…

Before this, *I used to play in the school orchestra.*

Avant (cela), je jouais dans l'orchestre de l'école.

A few years before... = quelques années auparavant…

This was ***a few years before*** *the radio was invented.*

C'était quelques années avant l'invention de la radio.

Previously, *he worked for Google.*

Avant (cela), il travaillait chez Google.

Before I... = avant que…

Before *he arrived, everything was quiet.*

Avant qu'il n'arrive (son arrivée), tout était calme.

Then, after that, later, later on, subsequently, afterwards... = après, ensuite…

Then/Subsequently/After that/Later on/Afterwards, *he decided to move to Los Angeles.*

Après/Ensuite, il décida de s'installer à Los Angeles.

After I... = après que…

After *I changed jobs…*

Après que j'ai/avoir changé d'emploi…

Attention !

Before et *after* ne peuvent pas s'employer tout seuls, contrairement au français.

For the previous ... years... = (pendant) les ... années précédentes...

For the following ... years... = (pendant) les ... années suivantes...

He had lived and worked in the United States ***for the previous 20 years.***

Il avait vécu et travaillé aux États-Unis (pendant) les 20 années précédentes.

For the following *four* ***years****, she lived in Montreal.*

Elle vécut à Montréal les quatre années qui suivirent.

When I... = quand..., lorsque...

When *he was a soldier in Napoleon's army...*

Lorsqu'il était soldat dans l'armée de Napoléon,...

As... = **lorsque**..., comme..., alors...

As *a soldier in Napoleon's army...*

Lorsqu'il était soldat dans l'armée de Napoléon,...

While... = **lorsque...**, comme..., alors que..., tandis que...

When *he was a soldier in Napoleon's army...*

Alors qu'il était soldat dans l'armée de Napoléon,...

As soon as he..., he... = dès que...

As soon as *they heard what had happened, they decided to leave the country.*

Dès qu'ils apprirent ce qui s'était passé, ils décidèrent de quitter le pays.

In those days.../At that time... = dans ce temps-là.../à cette époque-là...

In those days/At that time, *there was no internet.*

Dans ce temps-là/À cette époque-là, Internet n'existait pas.

Throughout this period.../ During this period... = pendant toute cette période.../pendant cette période...

Throughout this period, *a lot was done to make people aware of the situation.*

Pendant toute cette période, de grands efforts furent faits pour faire comprendre la situation aux gens.

Pratiquez ces expressions

La pratique de ces expressions se trouve après la révision des temps du passé, dans la section Grammaire.

Grammaire

Le prétérit simple et le prétérit continu (ou progressif)

Ce sont tous les deux des temps du passé. Le prétérit est le temps du récit.

Le prétérit simple

Formation

Le prétérit simple des verbes réguliers se forme en ajoutant *–ed* au verbe à toutes les personnes.

*I work**ed**, you enjoy**ed**, he studi**ed**, we liv**ed**, they want**ed**, she believ**ed***

Les verbes irréguliers ont tous une forme différente qu'il faut connaître. Dans les listes de verbes irréguliers (voir Annexe 2, p. 289), il s'agit de la deuxième colonne.

On utilise l'auxiliaire *did* au prétérit simple pour former les phrases négatives et interrogatives, sauf pour les verbes qui sont aussi des auxiliaires (*be* et les modaux) et qui, par conséquent n'ont pas besoin d'un auxiliaire supplémentaire. Lorsque l'on emploie *did*, le verbe ne se termine pas par –*ed*, puisque c'est l'auxiliaire *do* lui-même qui porte la marque du passé.

*I **didn't study** the vocabulary lists sufficiently.*

*When **did** she **explain** what you had to do?*

Utilisation

Le prétérit simple exprime **une action passée, qui s'est terminée dans le passé, et qui n'a pas de rapport avec le présent**. Elle est souvent datée, que ce soit dans la phrase, dans le paragraphe ou par le contexte lui-même. Le locuteur parle d'un événement révolu.

She explained it to him when he last visited her.

Elle le lui a expliqué lors de sa dernière visite.

Le prétérit continu

Formation

Le prétérit continu se forme avec *was/were* et le verbe + *–ing.*

*I **was studying** in China at that time.*

*We **were planning** to visit them.*

Utilisation

Le prétérit continu exprime **une action passée, en cours au moment du passé auquel on fait référence,** souvent en lien ou en opposition avec une autre action passée.

*I **was studying** in China at that time.* (référence à une période passée)

Je faisais mes études en Chine à cette époque-là.

*We **were planning** to visit them, when they phoned to say they were coming.*

Nous nous préparions à leur rendre visite quand ils ont téléphoné pour annoncer qu'ils arrivaient.

Dans l'exemple ci-dessus, l'action au prétérit continu (*We **were planning** to visit them*) était en cours, en train de se dérouler dans le passé, lorsqu'elle a été interrompue par une autre action passée (*they phoned us*). L'action qui interrompt est exprimée au prétérit simple.

On peut aussi employer le prétérit continu pour exprimer deux actions en cours en même temps dans le passé.

*While **I was studying in China**, my best friend **was studying** in the United States.*

Pendant que je faisais mes études en Chine, mon meilleur ami faisait ses études aux États-Unis.

Dans cet exemple, les deux actions sont au prétérit continu.

On ne peut utiliser la forme continue que pour les verbes d'action, puisqu'elle exprime une action en train de se dérouler.

Les modaux

Vous avez rencontré de nombreux modaux dans les passages de ce chapitre.

Caractéristiques des modaux

Les modaux sont des auxiliaires avec un sens et des caractéristiques très spécifiques :

1. Ils expriment la modalité, c'est-à-dire que le locuteur **apporte une modification** au sens du verbe qu'il utilise (voir ci-dessous).
2. Ils n'existent pas à tous les temps ou à toutes les formes. Ils n'ont pas d'infinitif, ni de forme en *–ing*, n'existent qu'au présent et au prétérit (sauf *must* qui n'existe qu'au présent), et ne prennent pas de *s* à la troisième personne du singulier. Il faut donc avoir recours à des locutions équivalentes aux temps qui n'existent pas.
3. Ils sont **toujours suivis d'une base verbale**, sauf *ought* (toujours suivi de *to*).
4. Ils ne peuvent pas être combinés à un autre modal, ni avec l'**auxiliaire** *do*. Ils peuvent bien sûr modifier le sens du **verbe** *do* comme des autres verbes.
5. En tant qu'auxiliaires, ils se mettent sans intermédiaire aux formes négative et interrogative.
6. Ils peuvent se combiner avec la voix passive, avec la forme *have* + participe passé et avec la forme *be* + *–ing* **dans leur sens second (voir ci-dessous)**.

Le sens propre des modaux : expression de la capacité, de la permission, de la recommandation et de l'obligation

Au sens propre, les auxiliaires modaux permettent d'exprimer notamment les notions de capacité, de permission, de recommandation et d'obligation :

1. L'expression de la capacité : *can* (prétérit *could*) et son équivalent *be able to*

- *Can* exprime la capacité physique ou intellectuelle. Souvent en français, on ne traduit pas le modal dans ce cas :

  ***I can see** you.*

  Je te vois.

  *He modified the cell of raised dots… so that a person's finger **could cover** an entire cell without moving.* (*Braille*)

Il modifia la cellule des points saillants pour que le doigt (d'une personne) puisse couvrir la cellule entière sans bouger.

*I'm sure she **will be able to understand** his English perfectly.*

Je suis sûr qu'elle comprendra parfaitement son anglais.

***Can you hear** the traffic?*

Tu entends les voitures ?

- Voici un exemple de phrase au passif avec ce sens :

  *They decided to use a thicker type of … ink that **couldn't be used** in other pens.* (*A Short History of Pens*)

  Ils décidèrent d'utiliser une sorte d'encre plus épaisse qui ne pouvait pas être utilisée avec d'autres stylos.

- *Can* exprime la compétence. Notez les différentes traductions françaises :

  *I bet she **can run** faster than you.*

  Je parie qu'elle court plus vite que toi.

  *She **could play** the piano when she was little.*

  Elle savait jouer du piano quand elle était petite.

  ***They weren't able** to overtake us.*

  Ils n'ont pas réussi à nous doubler.

  ***Could you explain** this math problem, do you think?*

  Tu penses que tu pourrais m'expliquer ce problème de maths ?

  *They **would be able to compete** if they advertised better.*

  Ils seraient tout à fait capables de rivaliser si leurs publicités étaient meilleures.

- *Can* exprime la faisabilité, la possibilité :

  *It **can cost** as much as $50 million to design and get a new product to market.*

  Cela peut coûter jusqu'à 50 millions de dollars pour concevoir un nouveau produit et le mettre sur le marché.

  *Perhaps **they could design** a new product which would be both beautiful and useful.*

  Ils pourraient peut-être concevoir un nouveau produit qui serait à la fois beau et utile.

  ***Can we change** lanes now?*

  Est-ce qu'on peut changer de voie, maintenant ?

- Voici un exemple de phrase au passif avec ce sens :

  *Mistakes **can be made**.* (*Product Development*)

  Il peut arriver que l'on fasse des erreurs.

2. L'expression de la permission, l'autorisation, le droit : *may* et son équivalent *be allowed to.* Le prétérit *might* s'emploie surtout pour exprimer la probabilité et non pour exprimer la permission (voir ci-dessous). Notez les différentes traductions en français :

   ***May I open** the window?*

   Est-ce que je peux ouvrir la fenêtre ?

   *You **may not smoke** in here.*

   Vous n'avez pas le droit de fumer ici.

   ***He wasn't allowed to** visit the prisoner.*

   Il n'a pas été autorisé à rendre visite au prisonnier.

   ***Will you be allowed to** borrow her cell phone?*

   Est-ce que tu seras autorisé à emprunter son téléphone ?

3. L'expression du devoir, de la recommandation, de la suggestion, du conseil : *should, ought to, should have* + participe passé, *ought to have* + participe passé :

   *You **should always scan** the article first.*

   Tu devrais toujours commencer par parcourir l'article rapidement.

   *You **ought to be** more careful.*

   Tu devrais faire plus attention.

   *You **shouldn't waste** time reading instructions.*

   Vous ne devriez pas perdre de temps à lire les consignes.

   *They **shouldn't have taken** such liberties.*

   Ils n'auraient pas dû prendre de telles libertés.

   *They **ought to have read** the passage twice.*

   Ils auraient dû lire le passage deux fois.

   ***Shouldn't you have told him** before?*

   Tu n'aurais pas dû lui dire avant ?

- Voici un exemple de phrase au passif :

   *...discussions **should be handled** with care and consideration. (Diplomats)*

   Les discussions doivent (devraient) être traitées avec prudence et réflexion.

4. L'expression de l'obligation, de l'absence d'obligation et de l'interdiction : *must* et son équivalent *have to.*

   *In addition to speaking the foreign language of the country they are assigned to, (diplomats) **must** fully understand its politics and culture. (Diplomats)*

Outre le fait qu'ils doivent parler la langue du pays dans lequel ils sont affectés, les diplomates doivent parfaitement en comprendre la politique et la culture.

Writers no longer ***had to wait*** *to send documents.* (*A Short History of Pens*)

Les écrivains n'étaient plus obligés d'attendre pour envoyer leurs documents.

You ***won't have to study*** *this topic again.*

Tu ne seras plus obligé d'étudier cette question./Tu n'auras plus besoin d'étudier cette question.

You ***must never contact me*** *again.*

Tu ne devras jamais plus me contacter.

They ***mustn't spend*** *too much time on one point.*

Il ne faut pas passer trop de temps sur un élément.

Voici un exemple de phrase au passif avec ce sens :

...a large percentage of new products ***must be taken*** *off the market.* (*Product Development*)

Un grand pourcentage de produits nouveaux doit être retiré du marché.

Ink ***had to be poured****...* (*A Short History of Pens*)

Il fallait verser de l'encre... (De l'encre devait être versée.)

Le sens second des modaux : certitude et probabilité

Les modaux *can*, *may*, *could*, *might*, *should* et *must* traduisent des degrés différents de probabilité. Dans le sens de la probabilité, leur forme passée n'exprime pas une valeur temporelle, mais un degré de probabilité moindre :

All of these mistakes ***can allow*** *competing companies to offer a similar product with a better design or at a lower price.* (*Product Development*)

Toutes ces erreurs peuvent permettre à des entreprises concurrentes de proposer un produit similaire avec un meilleur design ou à un prix inférieur.

It ***may be*** *difficult to come up with a unique way to make (an existing product) better.* (*Product Development*)

Il peut être difficile de trouver une manière unique d'améliorer un produit existant.

...a poorly-advertised product or one that is priced too high ***might not sell****.* *(Product Development)*

Un produit qui n'a pas bénéficié d'une bonne publicité ou qui est trop cher pourrait ne pas se vendre./Il pourrait arriver qu'un produit...

- Voici un exemple de phrase au passif avec ce sens :

  They ***may be taken*** *to court for breach of contract.*

  Il se peut qu'ils soient assignés en justice pour rupture de contrat.

- Voici une phrase qui combine *might* avec la forme *be* + *–ing* :

  They ***might be playing*** *tennis with the boss.*

  Il se pourrait qu'ils soient en train de jouer/qu'ils jouent au tennis avec le patron.

Voici un axe approximatif de la probabilité (du moins probable au plus probable) :

He can't be 20 already.	*He might/could be 20 (but I doubt it).*	*He may be 20.*	*He should be 20 by now.*	*He must be 20. He was born in 1992.*

Et en voici une traduction approximative :

C'est impossible qu'il ait déjà 20 ans.	Il pourrait avoir 20 ans.	Il se peut qu'il ait 20 ans.	Il doit bien avoir 20 ans.	C'est sûr qu'il a 20 ans.

Puisque les formes du passé n'expriment pas une valeur temporelle, il faut avoir recours à une autre forme pour exprimer la probabilité dans le passé : *have* + participe passé.

He can't have been happy in those days	*He might have been happy*	*He may have been happy*	*He must have been happy.*
Il ne pouvait pas être heureux à cette époque-là. (C'est impossible.)	Peut-être qu'il était heureux. (Mais je n'y crois pas.)	Il était peut-être heureux.	Il devait être heureux. (J'en suis sûr.)

La forme *should have been happy* ne peut pas s'employer dans ce sens. La phrase *He should have been happy* signifie «Il aurait dû être heureux» (voir plus haut).

Pratiquez votre grammaire

I. Écrivez la biographie de quelqu'un pour qui vous avez de l'admiration en utilisant les temps du passé. Arrêtez-la dans le passé puisque nous n'avons pas encore revu le temps du rapport passé/présent. Complétez-la en utilisant les expressions de temps suivantes que vous avez révisées dans la section Fonctions du langage :

in* + année – *on* + date – *X years ago* – *then* – *when* + subordonnée – *throughout this period

II. Traduisez les phrases suivantes (voir corrigés p. 300).

1. Pendant que je faisais des recherches sur l'affaire, j'ai reçu une lettre de l'un des témoins.
2. Ta sœur m'a appelée hier pour me parler de tes problèmes financiers.
3. Pendant que je travaillais, il faisait la fête avec ses copains.
4. Est-ce que tu as regardé le film hier soir ?
5. Nous ne faisions rien de mal.
6. À quelle heure avez-vous terminé ?
7. Que faisiez-vous pendant la tempête ?
8. Son premier livre a été publié il y a dix ans.

III. Choisissez le modal qui convient ou un équivalent (voir corrigés p. 300).

1. My father is feeling better now; he (may/might not/can't/must) walk again.
2. The shop assistant came up to us and said, "How (can/oughtn't to/can't/must) I help you, ladies?"
3. When he was younger, he (could/can't/should/was allowed to) spend hours designing objects and inventing new devices.
4. How long have you spent on this exercise? You (may/should have/mustn't have/might not have) timed yourself.
5. Tomorrow, they (should have/are allowed/couldn't/have to) contact a new advertising agency.
6. It (have to/must/should have/ought to) be difficult to put a new product on the market.
7. One (ought to/can't/is allowed to/mustn't) be an effective and productive communicator to be a good diplomat.

IV. Traduisez les phrases suivantes en français (voir corrigés p. 301).

1. I guess in some way, she must have understood how important it was for me.
2. He shouldn't have been standing there doing nothing.
3. I can't have explained myself clearly.

V. Traduisez en anglais, avec un modal (voir corrigés p. 301).

1. J'aurais pu devenir champion d'échecs dans ma région.
2. Nous n'aurions pas dû parler de ce sujet délicat.
3. J'aurais peut-être pu arriver plus tôt.
4. Elle se sent prête. Est-ce qu'elle pourrait commencer demain ?
5. Pouvez-vous vous efforcer de nous expliquer pourquoi vous voulez fabriquer un tel objet ?
6. Puis-je commencer l'enregistrement maintenant ?
7. Tu dois travailler plusieurs heures par semaine si tu veux obtenir un bon score au TOEFL iBT®.
8. Tu ne devrais pas les appeler à cette heure-ci. Tu pourrais essayer ce soir.
9. C'est impossible qu'il ait insulté le policier. Il est toujours si poli.
10. Elle pourrait avoir raison. On ne sait jamais.

Prononciation

Les passages que vous venez de lire contiennent des mots dont la prononciation est difficile. Il est utile de connaître la prononciation et l'accentuation de ces mots afin de pouvoir les reconnaître lorsqu'ils apparaissent dans un passage à écouter (extrait de cours par exemple). Vous aurez peut-être aussi besoin de les utiliser vous-mêmes dans la partie expression orale.

Problème d'accentuation

Les mots qui suivent sont compliqués à prononcer pour les francophones, dont la langue ne comporte pas véritablement d'accent tonique. Ils sont d'autant plus difficiles que l'accent tonique ne se trouve pas toujours à l'endroit attendu.

L'accent tonique est ici marqué en gras. Répétez ces mots de nombreuses fois, afin que leur accentuation vous vienne naturellement dans l'expression orale :

***tem**perature – im**por**tant – **go**vernment – incon**ve**nient – de**ve**lop – de**ve**lopment – compe**ti**tion – **pro**duct*

Quelques mots difficiles

Certains des mots que vous avez rencontrés dans les textes de cette partie sont difficiles à prononcer :

- ***sol**dier* : le mot *soldier* se prononce comme s'il était écrit avec un son [dʒ] au milieu [s**əʊ**ldʒə] ;

- ***col****umn :* dans le mot *column*, on ne prononce pas le [n] –[**kɑː**.ləm] ;
- *je****w****elry :* la première syllabe se prononce [**dʒu**ɚl] ;
- *to* ***ad****ver****tise****/* ***ad****ver****ti****sement* : ces mots ont deux accents en anglais américain, un sur la première syllabe et un autre sur la troisième. La prononciation de *advertisement* est très différente en anglais britannique et en anglais américain. En effet, le son « i » se prononce [ɑɪ] en anglais américain, et le « se » se prononce [z].

Homographes non homophones

Certains mots s'écrivent de la même façon, mais ne se prononcent pas à l'identique, comme par exemple *to separate* (v.) et *separate* (adj.), ou encore *to estimate* (v.) et *estimate* (nom) :

- Le verbe *sepa****rat****e* a l'accent sur la troisième syllabe. Le deuxième « a » se prononce [eɪ] comme dans *face*.
- L'adjectif ***se****parate* a l'accent sur la première syllabe, ce qui change la prononciation du deuxième « a » qui ne s'entend presque plus. Il se prononce [ɚ], comme dans *an*.
- Le verbe *esti****mat****e* a l'accent sur la troisième syllabe. Le « a » se prononce [eɪ] comme dans *face*.

Le nom ***es****timate* a l'accent sur la première syllabe, ce qui change la prononciation du « a », qui ne s'entend presque plus. Il se prononce [ə], comme dans *an*.

Vérifiez la prononciation américaine de tous ces mots en ligne, par exemple sur le site http://www.howjsay.com/.

Travail complémentaire

Vous avez étudié toutes les compétences et effectué l'ensemble des exercices et des activités du chapitre. Il vous faut maintenant passer un peu de temps à réviser ce que vous avez appris dans ce chapitre, que ce soit le vocabulaire, la grammaire ou les techniques des exercices du TOEFL iBT®.

Relisez plusieurs fois les différentes sections du chapitre, révisez le vocabulaire, refaites les phrases qui vous ont posé des problèmes.

Dans le programme de travail de la semaine, il ne faut pas oublier la pratique quotidienne des autres compétences langagières, afin de ne pas se concentrer uniquement sur la compréhension écrite.

Compréhension écrite et du vocabulaire des inventions

Lisez l'article suivant : http://www.geniusstuff.com/blog/list/10-inventions-changed-world/

Lisez la biographie de trois inventeurs de votre choix sur ce site :

http://www.biography.com/people/groups/famous-inventors

Compréhension orale

Sur le même site, écoutez la biographie de Steve Jobs : http://www.biography.com/people/groups/famous-inventors

Pratique de l'expression écrite, de la grammaire et des fonctions étudiées

Faites un bref résumé écrit de deux des biographies ci-dessus (50 à 80 mots) en vous efforçant d'utiliser les deux prétérits et les expressions de temps revues dans ce chapitre.

Pratique de l'expression orale

Lisez à voix haute les textes courts étudiés dans ce chapitre (p. 66, 68, 70, 71, 74, 76, 80 et 82).

Vérifiez la prononciation américaine de tous ces mots en ligne, par exemple sur le site http://www.howjsay.com/.

Lorsque ce chapitre sera parfaitement assimilé, vous pourrez passer au chapitre suivant.

Retrouvez sur le site en ligne **http://compagnons.pearson.fr/toeflpratique** le test d'application qui vous servira d'entraînement.

Partie 2

Compréhension orale

Semaine 4

Avec cette partie de l'ouvrage, vous entamerez l'étude de la deuxième épreuve du TOEFL iBT® : la compréhension orale (*Listening*). Après le travail de préparation à proprement parler, vous allez étudier le vocabulaire de l'histoire, de la politique et du gouvernement, pratiquer d'autres fonctions du langage (dont vous aurez besoin aussi bien dans les textes à lire que lorsque vous voudrez vous exprimer à l'écrit ou à l'oral), et revoir le *present perfect* et le *past perfect*, ainsi que quelques règles de prononciation.

La compréhension orale évalue votre capacité à comprendre de l'anglais en situation normale de communication aux États-Unis, notamment à l'université. Elle dure 60 à 90 minutes. Vous allez entendre deux sortes de documents : des cours et des conversations. On vous fournit du papier et un crayon, et vous pouvez prendre des notes. Personne ne les lira, mais vous devez les restituer en partant.

Les cours mettent en scène soit un professeur tout seul, soit un professeur et quelques étudiants. Vous allez entendre des documents portant sur des questions générales à propos de différentes disciplines étudiées à l'université : littérature, art, sciences, sciences sociales, etc. Il n'est pas nécessaire de disposer de connaissances particulières dans ces domaines pour comprendre les enregistrements.

Les conversations, quant à elles, mettent en scène un étudiant et une autre personne. Ces enregistrements sont de deux sortes : soit un étudiant rend visite à un professeur dans son bureau pour lui poser des questions générales sur son parcours, le contenu du cours, les devoirs; soit il s'agit d'une rencontre entre un étudiant et un membre de l'administration, des services sociaux, ou de la sécurité.

Vous allez entendre six à neuf enregistrements : entre quatre et six extraits de cours, et deux ou trois conversations. Les cours durent cinq minutes environ et les conversations de deux à trois minutes. Chaque extrait de cours est suivi de six questions et chaque conversation de cinq questions. Il s'agit essentiellement de questions à choix multiples, mais certaines vous demandent également de mettre dans l'ordre des événements ou les étapes d'un processus. D'autres nécessitent de placer du texte dans l'une des catégories proposées. Certaines questions (*replay questions*) impliquent de réécouter une partie de l'enregistrement sur laquelle vous devez vous concentrer.

Il existe différents types de questions. Elles concernent :

- la compréhension générale ;
- la compréhension des détails ;
- la fonction du dialogue ou du passage (pourquoi ?) ;
- l'opinion ou les sentiments d'un locuteur ;
- l'organisation des idées ;
- la déduction.

Vous n'entendez chaque enregistrement qu'une fois. Il vous faut rester concentré et prendre des notes de manière efficace. Vous devez répondre à toutes les questions et n'avez pas la possibilité de faire un retour en arrière une fois que vous avez répondu. Ne perdez pas trop de temps à essayer de répondre à une question que vous n'avez pas comprise. Choisissez la réponse la plus plausible, essayez de deviner et, si vous ne savez vraiment pas, répondez au hasard. On ne vous enlèvera pas de points pour les mauvaises réponses.

Voici le menu qui apparaîtra à l'écran :

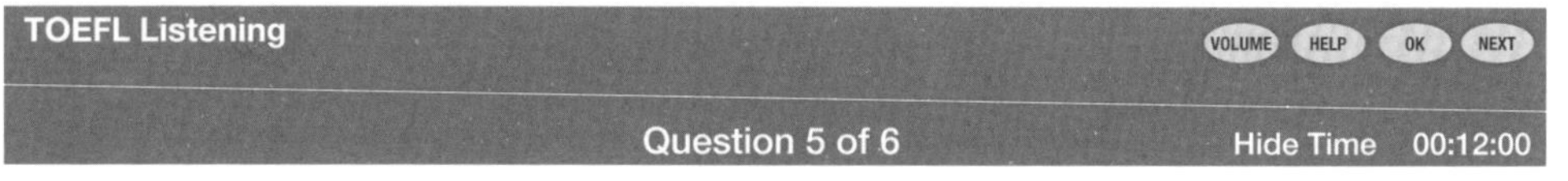

Vous pouvez ajuster le son, cacher le temps restant (non recommandé) et avoir accès à la fonction Aide (*Help*). Nous vous conseillons cependant de connaître les exercices avant le jour J afin de ne pas perdre de temps.

Voici comment se déroule cette épreuve :

1. Vous pouvez tout d'abord ajuster le son et votre casque.
2. Vous voyez à l'écran les consignes générales de toute l'épreuve de compréhension orale. Vous les connaissez déjà. Ne perdez donc pas de temps à les relire. Cliquez sur *Next* pour passer à la première question.
3. Vous lisez et entendez alors les consignes pour la première question.
4. Vous entendez (mais vous ne voyez pas) le premier cours ou la première conversation. Vous voyez cependant une photo illustrant le cours ou la rencontre. Parfois, vous pouvez également lire des noms propres ou des termes spécifiques sur un tableau blanc.
5. Lorsque l'enregistrement est terminé, vous entendez les questions. Vous les voyez également, ainsi que les propositions de réponse.
6. Après avoir répondu à la question, vous cliquez pour confirmer votre réponse et passer à la question suivante.

Voici ce que vous pouvez faire pour améliorer votre niveau de compréhension orale :

- Écoutez des podcasts en langue anglaise. Soyez attentif. Ne vous laissez pas distraire.
- Écoutez des radios de langue anglaise (BBC 4 par exemple). Petit à petit, votre oreille s'habituera à cette écoute et vous comprendrez de plus en plus d'informations.
- Regardez des DVD de films, de documentaires et de séries en langue anglaise. Essayez de varier les contenus afin de vous habituer à toutes sortes d'enregistrements et d'accents.
- Regardez la télévision en langue anglaise (BBC, CNN, NPR, etc.).
- Rendez-vous sur les sites suivants :
  - http://www.bbc.co.uk/worldservice/learningenglish/language/wordsinthenews/ ;
  - http://www.cambridgeenglish.org/learning-english/ ;
  - http://esl.about.com/library/media/audio/ ; http://www.esl-lab.com/ ;
  - http://learningenglish.voanews.com/ ; http://www.npr.org/.
- Écoutez des chansons en langue anglaise.
- Rencontrez les étudiants Erasmus de votre université et parlez avec eux en anglais.
- Dans cet ouvrage, le pictogramme  vous indique quand vous rendre sur le site compagnon pour écouter la piste audio dont le numéro est indiqué.

Pratique des exercices de compréhension orale

Questions de compréhension générale

Présentation de l'exercice

Les questions de compréhension générale traitent du sujet principal ou de la situation dans son ensemble. Il s'agit de l'idée centrale. Elle peut être exprimée directement par l'un des locuteurs, ou déduite de la situation et de différents éléments. Dès que l'enregistrement commence, posez-vous l'une des questions suivantes, selon la situation : Pourquoi cette conversation a-t-elle lieu ? Pourquoi ce cours est-il dispensé ?

Ces questions peuvent prendre les formes suivantes :

What is the topic of this lecture?

Why is the student talking to the professor?

What is the purpose of the meeting?

What does the student want to do?

What is the talk mainly about?

La plupart des réponses non correctes contiendront des informations erronées ou absentes de l'enregistrement. Il peut également y avoir des réponses qui donnent des informations justes, mais qui ne correspondent pas à l'idée principale.

Analyse d'un exemple

Astuce !

Une idée principale est souvent annoncée au début d'un cours : le professeur fait part du sujet dont il va parler. Ce n'est bien entendu pas le cas pour une conversation.

TOEFL Listening

VOLUME HELP OK NEXT

Question 1 of 6 Hide Time 00:12:00

You see:

You hear:

Narrator: Listen to part of a lecture from an agriculture class.

Male (professor): Now our discussion on agricultural diseases on Friday leads us nicely into today's topic of heirlooms, uh, that is, heirloom plants and specifically heirloom seeds. What is an heirloom seed? You may be wondering. Well, I'll give you a definition, but first, let me give you a little background information. One reason crops are so prone to diseases these days is that farmers tend to plant just one or two varieties of something—not surprisingly, they pick the kind of corn, or tomato, or wheat, or whatever, that grows the most quickly and produces the most food. Or sometimes even tastes the best.

Parfois, pour vous aider, on vous fournira quelques mots sur un tableau blanc **pendant une brève période seulement**. Il s'agit de noms propres ou de mots difficiles.

TOEFL Listening

VOLUME HELP OK NEXT

Hide Time 0:00:00

Heirloom Seeds

TOEFL Listening

VOLUME HELP OK NEXT

Question 1 of 6

Hide Time 00:12:00

You see:

1. What is the purpose of the lecture?
   - ◯ To give examples of different types of crops
   - ◯ To define heirloom seeds and explain their role
   - ◯ To explain why some people save seeds
   - ◯ To highlight the dangers of insects and diseases

You hear:

Narrator: What is the purpose of the lecture?

Vous devez ici identifier l'idée principale. Attention ! L'exercice du TOEFL iBT® ne se présentera pas sous cette forme : vous n'aurez en effet pas le script, mais seulement l'enregistrement. Vous verrez en revanche les photos, qui servent à vous indiquer quel type d'enregistrement vous allez entendre.

Regardez de nouveau les photos. Lisez le passage ci-dessous et identifiez les idées principales.

Narrator: Listen to part of a lecture from an agriculture class.

Male (professor): Now our discussion on agricultural diseases on Friday leads us nicely into today's topic of heirlooms, uh, that is, heirloom plants and specifically heirloom seeds. What is an heirloom seed? You may be wondering. Well, I'll give you a definition, but first, let me give you a little background information. One reason crops are so prone to diseases these days is that farmers tend to plant just one or two varieties of something—not surprisingly, they pick the kind of corn, or tomato, or wheat, or whatever, that grows the most quickly and produces the most food. Or sometimes even tastes the best. But, insects that feed on crops, as well as plant diseases—I'm talking funguses, root rot, that sort of thing—develop more quickly and they're stronger when they have just one type of plant to feed on. So the long-term health of crops depends on having a variety of tomatoes, or corn, and so on. Does that make sense? You need a lot of different types all at once because they're more disease-resistant. That's where heirloom seeds come in. You already know the word *heirloom*, of course—something valuable that's passed down from generation to generation. But an heirloom doesn't have to be a piece of jewelry or furniture. Seeds are valuable, too, for the reasons I just mentioned. And there are people, hobby gardeners or in farming communities, who save seeds from different varieties of plants, and whose parents and even grandparents also saved these seeds and passed them down—like heirlooms. And now we're finding that these people, I mean, these seeds, they have the very real potential to help our agricultural industry. Now let's take a look at some specific examples.

1

Now listen to the lecture and mark the correct answers.
Écoutez maintenant le cours et choisissez les réponses correctes.

1. What is the purpose of the lecture?
   A. To give examples of different types of crops
   B. To define heirloom seeds and explain their role
   C. To explain why some people save seeds
   D. To highlight the dangers of insects and diseases
2. What is the lecture's main point about heirloom seeds?
   A. They are not as common today as they were in the past.
   B. They can help protect crops from damage.
   C. They are passed down in certain families.
   D. Insects and diseases don't affect them.

Réponses

1. La réponse A n'est pas correcte car même si le professeur énumère différentes sortes de cultures, celles-ci ne sont pas le sujet principal du cours. La réponse B est correcte. Au début du passage, le professeur dit : « *What is an heirloom seed* (semence du patrimoine traditionnel)*? You may be wondering. Well, I'll give you a definition.* » Il explique ensuite à quoi servent ces graines. Il s'agit de les

garder de génération en génération pour la santé de l'industrie alimentaire. La réponse C est incorrecte car elle traite d'un détail. La réponse D est incorrecte car l'explication des dangers qui guettent les plantes n'est pas le but premier du cours.

2. La réponse A n'est pas correcte car le professeur ne donne aucun renseignement sur la raréfaction de ces semences. La réponse B est correcte. Ces semences sont importantes parce qu'elles protègent les cultures : « *You need a lot of different types [of crops]all at once because they are more disease-resistant. That's where heirloom seeds come in.* » (*come in* = intervenir ici) La réponse C est incorrecte car elle traite d'un détail. La réponse D est incorrecte car l'affirmation est fausse. Le professeur ne dit pas que les insectes et les maladies ne s'attaquent pas à ces plantes, mais qu'ils se développent plus vite et sont plus robustes s'il n'existe qu'une ou deux variétés de plantes.

Astuce !

Dès que vous pensez entendre l'idée principale, notez-la. On ne vous posera pas forcément une question à ce sujet, mais vous serez prêt dans cette éventualité. De plus, lorsque l'on a déterminé quelle est l'idée principale, on comprend mieux le document dans son ensemble.

Exercice d'application

Directions: Listen to the passages and the main idea questions that follow them. Then mark the correct answers to the questions.

2

Now get ready to listen. You may take notes.

Listen to a conversation between a student and the registrar.

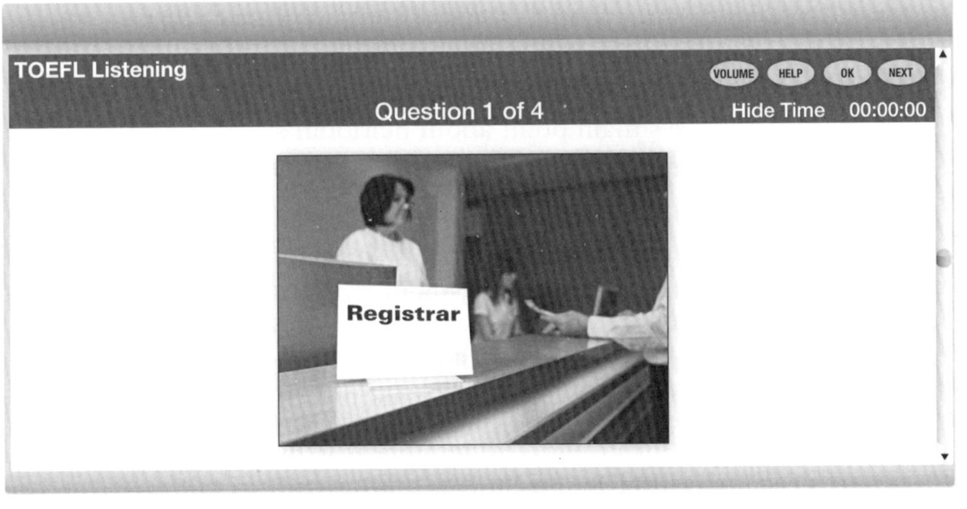

Now get ready to answer the questions. You may use your notes to help you answer the questions.

1. Why does the man go to talk to the registrar?
   A. He made a mistake with his class registration.
   B. He needs help registering online.
   C. He can't register for a class he wants.
   D. He can't decide which class to choose.
2. What is the problem with the Business Writing class?
   A. It isn't offered on Mondays and Wednesdays.
   B. There isn't a waiting list.
   C. It's not available until spring.
   D. It is currently full.

Réponses

1. La réponse A est incorrecte car il ne s'est pas trompé en s'inscrivant. La réponse B est incorrecte car il n'a pas besoin d'aide pour s'inscrire en ligne, il sait parfaitement ce qu'il faut faire. La réponse C est correcte. L'étudiant ne réussit pas à s'inscrire dans le cours de *Business Writing.* Il dit « *I can't get in* » et « *I tried to register online but the computer wouldn't let me.* » La réponse D est incorrecte car il sait dans quel cours il veut s'inscrire.
2. La réponse A est n'est pas correcte. Le cours a bien lieu le lundi et le mercredi. C'est d'ailleurs à ces deux plages horaires que l'étudiant souhaite s'inscrire. La réponse B n'est pas correcte car la femme dit « *You should have gotten a screen that puts you on a waiting list.* », ce qui signifie qu'il y a bien une liste d'attente. La réponse C n'est pas correcte. Le cours a bien lieu ce semestre et il sera répété au second semestre. La réponse D est correcte. L'étudiant dit « *There was a message saying the class was full.* » Il n'y a donc plus de place dans ce cours.

Questions de compréhension des détails

Présentation de l'exercice

Les questions portant sur les détails vous invitent à fournir des informations spécifiques : des dates, des horaires, des noms de personnes ou d'endroits, des termes spécifiques, des statistiques, des nombres, etc. Il est très important, encore une fois, de prendre des notes efficaces et précises.

Les questions de détail se trouvent dans le même ordre que les informations données dans l'enregistrement. Ces questions se présentent sous deux formes :

- Certaines n'appellent qu'une réponse et sont formulées comme suit :

  How many species of … are there?

  What colour are…?

- D'autres appellent deux réponses et se présentent comme suit :

  What do … eat?

  Click on 2 answers.

Tout comme dans l'épreuve de compréhension écrite, vous pourrez rencontrer des questions de détail négatives. Dans ces questions, vous trouverez le mot NOT ou EXCEPT :

The … is found in all countries EXCEPT…

Which of these factor is NOT a cause of… ?

Astuce !

Si vous entendez des chiffres et des nombres, assurez-vous de les noter immédiatement car il est difficile de se souvenir de ce genre de détail plus tard. Indiquez également à quoi cette information correspond.

Analyse d'un exemple

TOEFL Listening VOLUME HELP OK NEXT

Question 1 of 5 Hide Time 00:12:00

You see:

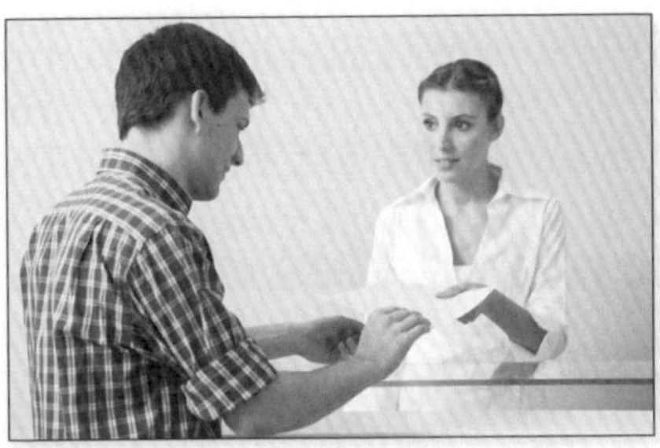

You hear:

Narrator: Listen to a conversation between a student and an office worker.

Man (office worker): What can I do for you today?

Woman (student): I want to talk to somebody about this parking ticket.

Man: Oh, yes, I can take care of that. Will that be cash or charge?

Woman: Well, the thing is, I don't think it's right. I mean, I parked for 15 minutes, on Sunday, just to run down to the computer lab to return a disk. And when I got back, this ticket was on my windshield. For $180! That can't be right.

Man: Well, that's a parking ticket. So you must have parked in the wrong place.

Then you will see the question and answer choices, and you will hear the question.

Vous verrez ensuite la question et les propositions de réponse, et vous entendrez la question.

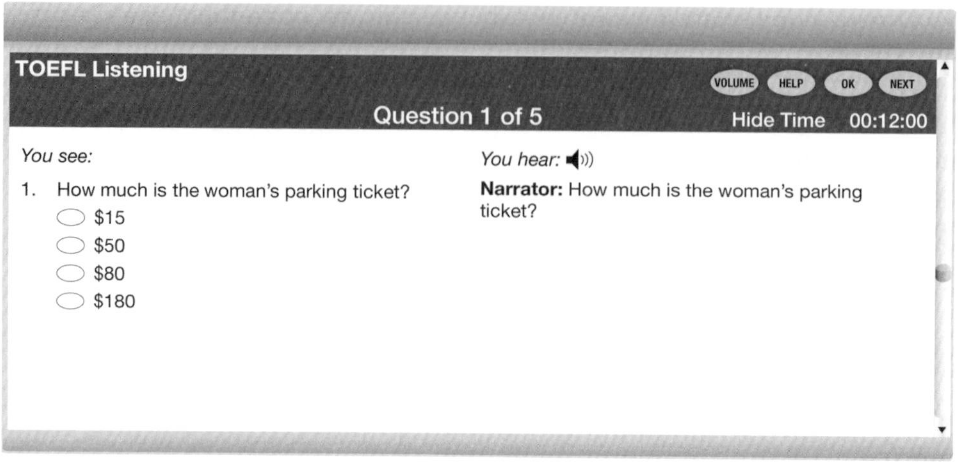

Il s'agit ici de répondre à des questions portant sur la compréhension des détails. Attention ! L'exercice du TOEFL iBT® ne se présentera pas sous cette forme. Vous n'aurez en effet pas le script, mais seulement l'enregistrement. Vous verrez en revanche les photos.

Narrator: Listen to a conversation between a student and an office worker.

Man (office worker): What can I do for you today?

Woman (student): I want to talk to somebody about this parking ticket.

Man: Oh, yes, I can take care of that. Will that be cash or charge?

Woman: Well, the thing is, I don't think it's right. I mean, I parked for 15 minutes, on Sunday, just to run down to the computer lab to return a disk. And when I got back, this ticket was on my windshield. For $180! That can't be right.

Man: Well, that's a parking ticket. So you must have parked in the wrong place.

Woman: But it was Sunday! Parking is free on Sundays!

Man: Let me see the ticket. Oh . . . see, this is for parking in a handicapped space. Do you have a handicapped sticker on your vehicle?

Woman: What? No, I don't, but it was Sunday. Classes aren't even in session! There weren't any other cars there! And I was only there for 15 minutes.

Man: That doesn't make any difference. Those spots are reserved all day, every day for people with the appropriate permit.

Woman: But how was I supposed to know that? It doesn't say so anywhere.

Man: All of the handicapped places are marked both on the pavement and with a sign.

Woman: But the rule about not being able to park there isn't written anywhere.

Man: Well, actually, it's on our website and also in the student handbook. I also have a brochure here I can give you with all of our parking policies.

Woman: No, that's OK. I get it now. So I have to pay the whole thing?

Man: Yes, I'm afraid you do. Will that be cash or charge?

3

Now listen to the conversation and mark the correct answers.

Écoutez maintenant la conversation et choisissez les réponses correctes.

1. How much is the woman's parking ticket?

A. $15

B. $50

C. $80

D. $180

2. The rules for parking in a handicapped place are published in all of the following places EXCEPT

A. on the university website

B. on a sign near the parking places

C. in a brochure

D. in the student handbook

Réponses

1. La réponse A n'est pas correcte car la femme dit qu'elle est stationnée depuis 15 minutes; 15 n'est donc pas le prix de l'amende. La réponse B n'est pas correcte : *fifty* (qui ressemble à *fifteen*) ne se trouve pas dans l'enregistrement. La réponse C est incorrecte : le prix de l'amende n'est pas de 80 $. La réponse D est correcte : le prix de l'amende est de 180 $.

2. La réponse B est correcte car il n'est jamais dit que les règles concernant le stationnement sur les places réservées aux handicapés sont affichées sur un panneau près des places de parking. Les réponses A, C et D ne sont pas correctes. Il est clairement indiqué que ces règles se trouvent à tous ces emplacements : … *on our website and also in the student handbook. I also have a brochure here…*

Astuce !

Comme nous venons de le voir, de nombreuses questions portant sur les détails commencent par *where? when?* et *how?*

Soyez vigilant lorsque vous écoutez le passage et habituez-vous à prendre en note, et en abrégé, ce genre de détail, comme par exemple :

Where? *on the parking lot*
When? *on January 10th at night*
How? *by candlelight*

Exercice d'application

Directions: Listen to the passages and the **detail** questions that follow them. Then mark the correct answers to the questions.

Now get ready to listen. You may take notes.
Listen to part of a lecture from an economics class.

Now get ready to answer the questions. You may use your notes to help you answer the questions.

1. When was the term *supply-side economics* first used?
  A. 1970
  B. 1975
  C. 1981
  D. 1989

2. How can producers be encouraged to increase supplies?
  Choose 2 answers
  A. Increase taxes for consumers
  B. Increase business regulations
  C. Lower taxes for investors
  D. Decrease tariffs on raw materials

Réponses

1. La réponse A n'est pas correcte parce que le professeur dit que cette théorie «*had been around since the 1970s*», mais que le mot «*itself was first used in 1975.*» La réponse B est correcte. Le professeur dit, «*the term itself was first used in 1975.*» La réponse C est incorrecte parce que l'année 1981 correspond au début du premier mandat de Ronald Reagan. Le mot *term* dans ce cas signifie une période de temps fixe (un trimestre, un mandat, la durée d'une peine, une période, un délai) et non «un mot, un terme». La réponse D n'est pas correcte car 1989 correspond à la fin du second mandat de Ronald Reagan.
2. La réponse A n'est pas correcte car le professeur ne parle pas d'augmenter les impôts. La réponse B n'est pas correcte car il dit exactement le contraire : «*you can ease* (= atténuer) *regulations*» et non «*increase* (= augmenter) *regulations*». Les réponses C et D sont correctes. Le professeur dit, «*Now, how do we encourage producers to increase supplies? Several ways:You can lower … taxes on investors* (…on peut diminuer les impôts pour les investisseurs), *or you … could decrease tariffs on imported raw materials* (on … peut diminuer les frais de douane sur les matières premières d'importation)».

Questions de fonctions du discours

Présentation de l'exercice

Pour ces questions, on vous fera réécouter une partie de l'enregistrement, et l'on vous demandera ensuite quelle était la fonction du discours exprimé ou le but précis de la partie que vous venez de réentendre. Pour ce type de question, vous ne devez pas restituer l'idée principale ou le sujet de l'enregistrement, ou du passage, mais dire **pourquoi** le locuteur a tenu ces propos.

Voici des exemples de fonctions du langage que le locuteur peut exprimer dans les parties que vous entendez :

- présenter des excuses ;
- demander ou ajouter des informations ;
- changer de sujet ;
- préciser ou clarifier ce qui a été dit auparavant ;
- exprimer une réclamation ou se plaindre ;
- interrompre ;
- proposer ou recommander quelque chose.

Certaines questions vous demanderont également ce qui était sous-entendu lorsque le locuteur a utilisé une expression spécifique ou a répondu à une question d'une certaine manière. Autrement dit, il vous faudra comprendre les intentions du locuteur même lorsqu'il ne les exprime pas clairement.

Ces questions peuvent être formulées comme suit :

Why does the speaker say this?

What does the speaker mean?

What does the speaker imply when he says this?

What is the purpose of the speaker's response?

Cette icône signifie que vous allez réentendre une partie de l'enregistrement. Celle-ci n'apparaîtra pas à l'écran.

Pour répondre à ce type de questions, vous devez :

- être très attentif, et identifier qui sont les interlocuteurs, où ils se trouvent, et ce qui est en train de se passer dans le contexte de la conversation ou du cours ;
- en vous fondant sur le contexte, comprendre le but du locuteur ou la raison pour laquelle il prononce ces mots.

Analyse d'un exemple

Attention ! Dans cet exemple, ce que vous entendez est également écrit pour que vous compreniez clairement de quoi il s'agit. Ce ne sera pas le cas lors du test. Vous verrez l'image, les consignes et les questions, mais le script de la conversation n'apparaîtra pas.

TOEFL Listening

VOLUME HELP OK NEXT

Question 1 of 5 Hide Time 00:12:00

You see:

You hear:

Narrator: Listen to a conversation between a student and his advisor.

Woman (advisor): You canceled our last appointment, David, so I've been wondering what's been going on with you . . . uh, you sure look like you could use some sleep.

Man (student): Yes, I'm sorry about not making the appointment, Mrs. Taylor, but I had to study really hard for my big biology test.

Woman: Oh, right, now I remember . . . you were really worried about it because the professor always gives tough exams. Have you taken it yet?

Man: Actually, I just finished it about ten minutes ago. It was an hour and a half long with some really complicated essay questions.

Woman: Wow! That is a long test. So, how did it go?

Man: Don't ask! I'll be lucky if I don't fail the whole course.

Then you will see a picture and hear part of the conversation replayed.

Vous verrez ensuite une photo et vous entendrez de nouveau une partie de la conversation.

TOEFL Listening

VOLUME HELP OK NEXT

Question 1 of 5 Hide Time 00:12:00

You see:

1. Listen again to part of the conversation. Then answer the question.

You hear:

Narrator: 1. Listen again to part of the conversation. Then answer the question.

Woman: Wow! That *is* a long test. So, how did it go?

Man: Don't ask! I'll be lucky if I don't fail the whole course.

Then you will see and hear the questions.

Vous verrez et entendrez ensuite les questions.

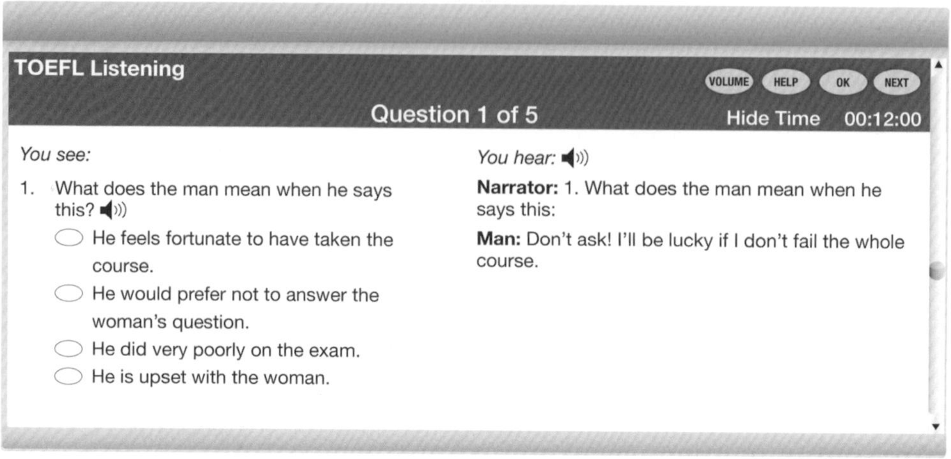

Maintenant, regardez de nouveau la photo. Lisez la conversation ci-dessous à voix haute. Souvenez-vous que le jour du test, vous ne la verrez pas écrite, vous l'entendrez seulement.

Narrator: Listen to a conversation between a student and his advisor.

Woman (advisor): You canceled our last appointment, David, so I've been wondering what's been going on with you … uh, you sure look like you could use some sleep.

Man (student): Yes, I'm sorry about not making the appointment, Mrs. Taylor, but I had to study really hard for my big biology test.

Woman: Oh, right, now I remember … you were really worried about it because the professor always gives tough exams. Have you taken it yet?

Man: Actually, I just finished it about ten minutes ago. It was an hour and a half long with some really complicated essay questions.

Woman: Wow! That *is* a long test. So, how did it go?

Man: Don't ask! I'll be lucky if I don't fail the whole course.

Woman: Oh, come on. You're probably just tired right now. I'm sure you did better than you think you did.

Man: Well, I guess I'll just have to wait and see. I missed a few lectures because I spent too much time practicing for the tennis championship matches.

Woman: That probably wasn't such a great idea. You need to keep on top of your academic studies.

Man: That's true, but it's the tennis scholarship that's paying my way through school, so what I am supposed to do?

Woman: I think you need to find a better way to balance both your coursework and your sports.

Avant de répondre aux questions de type TOEFL iBT® qui suivent, posez-vous les questions suivantes. Il s'agit en effet tout d'abord de comprendre les faits, le contexte, les réactions et les raisons qui poussent les locuteurs à tenir ces propos.

1. Why has the woman been wondering about the man?
2. What has the man just finished doing?
3. What is the man's reaction to what he has just finished doing?
4. How does the woman react to what the man says about this?
5. How well does the man think he did?
6. What does the woman say to him about his feelings?
7. Why does the man think he performed the way he did?
8. What does the woman say to him about his studies and his other activities?

Now listen to the conversation and mark the correct answers.

Écoutez maintenant la conversation et choisissez les réponses correctes.

1. Listen again to part of the conversation. Then answer the question.

What does the man mean when he says this?

A. He feels fortunate to have taken the course.

B. He would prefer not to answer the woman's question.

C. He did very poorly on the exam.

D. He is upset with the woman.

2. Listen again to part of the conversation. Then answer the question.

Why does the woman say this?

A. To explain how to play tennis better

B. To disagree with the man's alternative plan

C. To encourage the man to stop playing sports

D. To advise the man about his coursework

Réponses

1. La réponse A n'est pas correcte car l'homme ne se sent pas du tout chanceux de s'être inscrit à ce cours. Le ton de sa voix indique au contraire qu'il est contrarié et mécontent de ce choix. La réponse B n'est pas correcte. Les mots *Don't ask* et le ton employé indiquent encore une fois qu'il est contrarié et que la réponse à la question serait négative et désagréable. Il ne faut pas prendre les mots au premier degré ici. La réponse C est correcte. Il dit : « *I'll be lucky if I don't fail the whole course.* » Ces propos signifient qu'il a raté l'examen et que, par conséquent, il risque de ne pas réussir dans cette discipline. La réponse D est incorrecte car ce n'est pas de la faute de la femme s'il est contrarié ; c'est à lui-même qu'il en veut parce qu'il sent qu'il a raté l'examen.
2. La réponse A n'est pas correcte car le professeur n'est pas en train d'expliquer comment être un meilleur joueur de tennis, mais comment être un meilleur étudiant. La réponse B n'est pas correcte parce que rien dans la conversation n'indique une autre solution, un plan alternatif. La réponse C n'est pas correcte car le professeur ne lui recommande pas d'arrêter de faire du sport, mais de trouver le juste équilibre entre le sport et les études. La réponse D est correcte. Le professeur lui donne des conseils. Elle l'invite à *find a better way to balance both your coursework and your sports.*

Exercice d'application

Directions: Listen to the passages and the **function** (replay) questions that follow them. Then mark the correct answers to the questions.

Now get ready to listen. You may take notes.

8 *Listen to part of a discussion between some students and a university official during a new-student orientation.*

Now get ready to answer the questions. You may use your notes to help you answer the questions.

9 **1.** Listen again to part of the discussion. Then answer the question.

What is the purpose of the female student's response?

A. To ask for clarifi cation

B. To apologize for interrupting

C. To indicate that she disagrees

D. To complain about the policy

10 2. Listen again to part of the discussion. Then answer the question.

Why does the male student say this?

A. He doesn't believe the university offi cial.

B. He is surprised by the information.

C. He is impressed by the student.

D. He doesn't understand what was said.

11 3. Listen again to part of the discussion. Then answer the question.

What does the university official imply when he says this?

A. The students are likely to have similar problems.

B. The students have not given him the correct response.

C. The students have never had anything like this happen to them.

D. The students should take what he is saying seriously.

Réponses

1. La réponse A est correcte. L'expression *I didn't quite catch that* signifie « Je n'ai pas bien compris » ou « Je n'ai pas bien entendu ce que vous avez dit. » L'étudiante demande ensuite des précisions, des éclaircissements, une explication (*to clarify*). Les réponses B et D ne sont pas correctes car rien n'indique qu'elle s'excuse ou qu'elle fait une réclamation. La réponse C n'est pas correcte car rien n'indique qu'elle est en désaccord : elle souhaite simplement plus d'explications.
2. La réponse A n'est pas correcte car rien dans l'intonation ou dans le contexte n'indique que l'étudiant ne croit pas son interlocuteur. La réponse B est correcte.

C'est le ton de la voix qui nous l'indique. L'intonation monte lorsque l'étudiant prononce le mot *really* ce qui indique la surprise. De plus, l'expression *how in the world* indique également la surprise. La réponse C n'est pas correcte car on ne peut pas dire que l'étudiant soit favorablement impressionné. En effet, il montre au contraire son désaccord avec ce genre de pratique en utilisant l'expression *get away with* qui signifie « s'en tirer, s'en sortir impunément ». La réponse D n'est pas correcte car, dans ce contexte, le fait que l'étudiant pose une question ne signifie pas qu'il n'a pas compris.

3. La réponse A est incorrecte car rien n'indique que l'homme pense que les étudiants devront faire face à ce problème. La réponse B est incorrecte car les étudiants n'ont pas fourni de réponse incorrecte ; en fait, on ne leur a même pas véritablement posé de question. Le genre de question qui leur a été posé est une question rhétorique, qui n'appelle pas de réponse mais sert à attirer l'attention sur un point particulier. La réponse C est incorrecte car rien n'indique si les étudiants ont déjà été confrontés à ce genre de situation. La réponse D est correcte. L'agent administratif déclare « *None of you would like anything like this to happen to you, right?* » c'est-à-dire qu'aucun étudiant ne peut souhaiter que ceci lui arrive, les conséquences étant trop graves.

Questions portant sur la position, l'opinion ou les sentiments de l'un des locuteurs

Présentation de l'exercice

Pour ces questions, on vous fera réécouter une partie de l'enregistrement, et l'on vous demandera ensuite quelle est la position ou l'attitude du locuteur, son opinion ou les sentiments qu'il éprouve dans la partie que vous venez de réentendre.

Voici quelques exemples de sentiments, d'attitudes, de points de vue ou encore de ressentis sur lesquels porteront ces questions :

- accord ou désaccord ;
- joie ou amusement ;
- enthousiasme ou indifférence ;
- excitation ou ennui ;
- joie ou tristesse ;
- satisfaction ou déception ;
- inquiétude ;
- anxiété ;
- plaisir ou déplaisir.

Certaines questions vous demanderont également de décider si le locuteur est certain ou non de ce qu'il avance. Il vous faudra aussi comprendre si ce qu'il exprime est son opinion ou s'il s'agit de faits avérés.

Voici des exemples de ce type de questions :

- *How does the speaker feel about X?*
- *Which of the following best expresses the speaker's attitude toward X?*
- *What is the speaker's opinion of X?*
- *What can be inferred about the speaker when she says this?*
- *What does the speaker imply when he says this?*
- *What does the speaker mean when she says this?*

Cette icône signifie que vous allez réentendre une partie de l'enregistrement. Le script n'apparaîtra pas à l'écran.

Pour répondre à ce type de questions, vous devez :

- être très attentif et comprendre les sentiments du locuteur, et s'il est certain de ce qu'il avance ;
- déduire les sentiments et le degré de certitude du locuteur en fonction du contexte, car ils ne sont sans doute pas exprimés de manière claire, ainsi que du ton employé.

Analyse d'un exemple

Attention ! Dans cet exemple, ce que vous entendez est également écrit pour que vous compreniez clairement de quoi il s'agit. Ce ne sera pas le cas lors du test. Vous verrez l'image, les consignes et les questions, mais pas le script de la conversation.

Astuce !

Prêtez bien attention à la manière dont parlent les locuteurs. Le ton de la voix, les mots accentués et l'intonation seront de précieuses indications des sentiments du locuteur.

TOEFL Listening

VOLUME HELP OK NEXT

Question 1 of 5

Hide Time 00:12:00

You see:

You hear:

Narrator: Listen to a discussion between a student and her tutor.

Woman (student): Hello, Mike. Can I come in?

Man (tutor): Sure, come in. You're a little late. I wasn't sure you were going to make our session today.

Woman: Um . . . well, I couldn't help it. Professor Spencer asked me to stay after class to discuss my paper with him. You know . . . the one we worked on?

Man: Hmm . . . I hope he thought it was an improvement over the first one you turned in before you started your tutorial. Can I see it?

Woman: Yes, here you go. Actually, he thought the writing was better, but that it should be a little bit longer. He said he'd raise my grade if I revised it.

Then you will see a picture and hear part of the conversation replayed.

Vous verrez ensuite une photo et vous entendrez à nouveau une partie de la conversation.

TOEFL Listening

VOLUME HELP OK NEXT

Question 1 of 5

Hide Time 00:12:00

You see:

1. Listen again to part of the conversation. Then answer the question.

You hear:

Narrator: 1. Listen again to part of the conversation. Then answer the question.

Woman: Professor Spencer asked me to stay after class to discuss my paper with him. You know . . . the one we worked on?

Man: Hmm . . . I hope he thought it was an improvement over the first one you turned in before you started your tutorial. Can I see it?

Then you will see and hear the questions.

Vous verrez et entendrez ensuite les questions.

TOEFL Listening VOLUME HELP OK NEXT

Question 1 of 5 Hide Time 00:12:00

You see:

1. Which of the following best expresses Mike's attitude toward Megan's first paper?
   - ◯ It showed signs of progress.
   - ◯ It demonstrated how the tutorial helped.
   - ◯ It was not too bad for the first one.
   - ◯ It was not as good as it should have been.

You hear:

Narrator: 1. Which of the following best expresses Mike's attitude toward Megan's first paper?

Maintenant, regardez de nouveau la photo. Lisez la conversation ci-dessous à voix haute. Souvenez-vous que le jour du test, vous ne la verrez pas écrite, vous l'entendrez seulement.

Narrator: Listen to a discussion between a student and her tutor.

Woman (student): Hello, Mike. Can I come in?

Man (tutor): Sure, come in. You're a little late. I wasn't sure you were going to make our session today.

Woman: Um ... well, I couldn't help it. Professor Spencer asked me to stay after class to discuss my paper with him. You know ... the one we worked on?

Man: Hmm ... I hope he thought it was an improvement over the first one you turned in before you started your tutorial. Can I see it?

Woman: Yes, here you go. Actually, he thought the writing was better, but that it should be a little bit longer. He said he'd raise my grade if I revised it.

Man: I see what Professor Spencer means; it is a little short. I wish I'd seen your final draft before you turned it in. Anyway, have you thought about how you might expand the topic?

Woman: A little. Still, I just don't quite see how. Maybe it's possible, but what else can I include? Oh, this is so hard for me.

Man: Oh, Megan, cheer up! Let's take a look at your topic again ... "The Invention of the Telegraph." Hmm ... I see that you discussed who invented it and how it was developed, but you didn't include how it affected certain industries? Like newspapers, for example.

Woman: Uh, I know what you're getting at … newspapers could get news faster because of the telegraph and so … so they had to invent faster printing presses.

Man: You're exactly right! The telegraph forced the newspaper industry to come up with its own technological inventions.

Woman: Thank you so much. I feel like a big weight just got lifted off my shoulders. Now I can start revising the paper right away!

Avant de répondre aux questions de type TOEFL iBT® qui suivent, posez-vous les questions suivantes. Il s'agit en effet tout d'abord de comprendre les faits, le contexte, les réactions et les sentiments ressentis.

1. How does Mike, Megan's tutor, respond when she shows up? What does he say that reveals what he is feeling?

2. What was Megan doing before she came to see Mike? Can you guess how she felt?

3. What is Mike's opinion of Megan's writing skills before he started tutoring her?

4. What is Mike's attitude about Megan's final draft? What does he say to her about it?

5. Does Mike agree or disagree with Professor Spencer's recommendation? What phrase tells you he agreed or disagreed?

6. How does Megan feel about what Professor Spencer asked her to do? What does she say that helps you to understand her emotions?

7. Why does Mike say "Cheer up!" to Megan?

8. How does Megan feel at the end of the conversation? Do you understand the phrase she uses to express her feelings? Does the context help you?

12 *Now listen to the conversation and mark the correct answers.*

Écoutez maintenant la conversation et choisissez les réponses correctes.

13 **1.** Listen again to part of the conversation. Then answer the question.

Which of the following best expresses Mike's attitude toward Megan's first paper?

A. It showed signs of progress.

B. It demonstrated how the tutorial helped.

C. It was not too bad for the first one.

D. It was not as good as it should have been.

14 **2.** Listen again to part of the conversation. Then answer the question.

How does Megan feel about what Professor Spencer has recommended?

A. She is sure that it cannot be done.

B. She is uncertain about how difficult it will be.

C. She is unsure about being able to do it.

D. She is certain that she included everything.

15 3. Listen again to part of the conversation. Then answer the question.

What does Megan mean when she says this?

A. Mike's suggestion has made her feel relieved.

B. She is grateful to Mike for his help, but is still worried.

C. She will feel better after she does some exercises.

D. Mike doesn't understand how much stress she is experiencing.

Réponses

1. La réponse A n'est pas correcte car elle exprime exactement le contraire de ce que ressent Mike, le chargé de TD. La réponse B n'est pas correcte car Megan a rendu son devoir avant d'avoir assisté aux TD ; par conséquent, les TD ne lui sont pas venus en aide. La réponse C est incorrecte parce que son devoir n'est pas de grande qualité (*not so bad* = pas trop mauvais, moyen). Une autre raison est que Mike compare le devoir dont ils sont en train de parler avec un autre devoir, ce n'est donc pas son premier devoir. La réponse D est correcte. Mike dit «*I hope he thought it was an improvement over the first one you turned in…*», ce qui signifie que, à son avis, le premier devoir n'était pas très bon (*it was not as good as it shoud have been*).

2. La réponse A est incorrecte car Megan ne dit jamais qu'elle est sûre qu'elle n'y arrivera pas, mais qu'elle ne sait pas très bien comment s'y prendre. La réponse B n'est pas correcte car Megan est sûre que ce sera difficile («*Oh, this is hard for me*»). La réponse C est correcte car Megan dit : «*Still, I just don't quite see how. Maybe it's possible, but what else can I include? Oh, this is so hard for me.*» La réponse D n'est pas correcte car rien dans la conversation n'indique que Megan est sûre d'avoir tout mis.

3. La réponse A est correcte. L'expression *a big weight lifted off someone' shoulders* indique que quelqu'un est reconnaissant et soulagé. Mike a aidé Megan à résoudre son problème. La réponse B n'est pas correcte car rien n'indique que Megan est encore inquiète. La réponse C n'est pas correcte car l'expression *a big weight lifted off someone's shoulders* ne signifie pas que Megan va faire de l'haltérophilie (*weightlifting*). La réponse D n'est pas correcte car il est clair que Megan est moins stressée maintenant. Mike le comprend au ton de sa voix.

Exercice d'application

Directions: Listen to the passages and the **stance** (replay) questions that follow them. Then mark the correct answers to the questions.

Now get ready to listen. You may take notes.

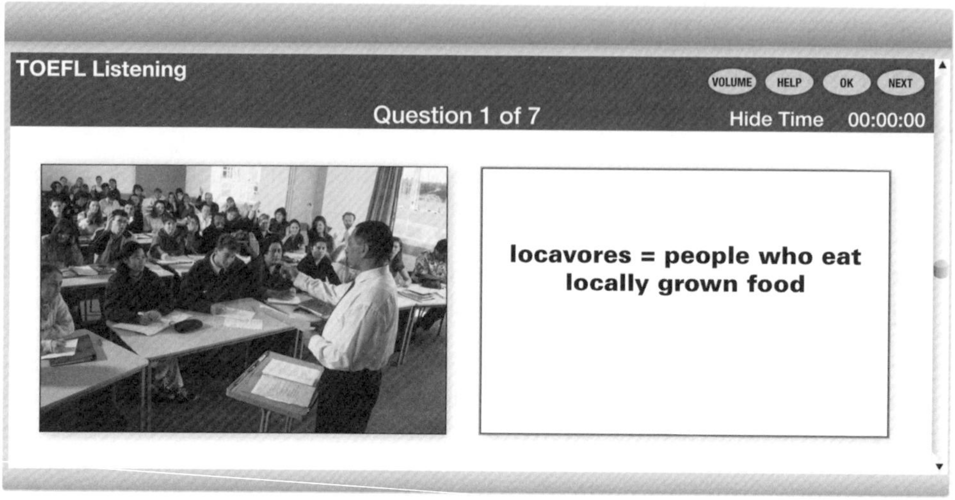

16 *Listen to part of a lecture in an environmental studies class.*

Now get ready to answer the questions. You may use your notes to help you answer the questions.

17 **1.** Listen again to part of the lecture. Then answer the question.

What is the professor's attitude about the "eat locally" food movement?

A. He doesn't support it.

B. He doesn't care about its goals.

C. He has mixed feelings about it.

D. He feels it offers great benefits.

18 **2.** Listen again to part of the lecture. Then answer the question.

How does the professor feel about serious "locavores"?

A. They should be admired for their dedication.

B. They provide truly innovative suggestions.

C. They are practical about what can be done.

D. They are extreme in some of their ideas.

19 **3.** Listen again to part of the lecture. Then answer the question.

What is the professor's opinion of shipping food?

A. It is not the best solution, but it is sometimes necessary.

B. It is the only way to avoid dangerous crop failures.

C. It is not essential because there is enough food.

D. It should be done, but not by the current means of transportation.

Réponses

1. La réponse A n'est pas correcte car le professeur ne dit à aucun moment qu'il ne soutient absolument pas le mouvement ; en fait, il fait même partie d'une coopérative qui le soutient. La réponse B n'est pas correcte car le professeur partage les objectifs du mouvement puisqu'il énumère ses aspects positifs. La réponse C est correcte. Le professeur dit qu'il a des «*questions about the larger goals of the movement*», ce qui signifie qu'il y a peut-être des aspects dérangeants à ce mouvement. Il ajoute cependant que «*there are things he thinks aren't so bad*», donc le mouvement a également des aspects positifs. C'est pour cela qu'il éprouve des *mixed feelings*, un avis non tranché, des sentiments partagés, une opinion mitigée. La réponse D n'est pas correcte car il ne dit à aucun moment que le mouvement offre de grands avantages, puisqu'il émet quelques réserves à son sujet.
2. La réponse A est incorrecte car rien n'indique dans la partie que vous avez réécoutée qu'il admire la ferveur des locavores ; on peut même penser, d'après le ton qu'il emploie, que c'est plutôt le contraire. Les réponses B et C sont toutes les deux incorrectes car il n'y a aucune référence à des *innovative suggestions* ou au caractère pratique et raisonnable des locavores. En fait, les réponses B et C disent pratiquement l'inverse de ce que pense le professeur. La réponse D est correcte. Le professeur dit que «*they… even go so far as to suggest*», ce qui signifie, qu'à son avis, les locavores vont parfois trop loin. Le ton qu'il emploie pour dire «*However, can you imagine trying to find everything locally?*» indique également que, à son avis, les locavores les plus convaincus auront bien du mal à respecter complètement leurs principes.
3. La réponse A est correcte. Le professeur déclare que «*food must be distributed, … unfortunately, by pollution-producing means of transportation.*» Ceci signifie que la nourriture doit être transportée, mais que, malheureusement, ce n'est pas une solution idéale car les moyens de transports utilisés sont polluants. La réponse B est incorrecte car, même si le professeur parle de *crop failures*, il ne dit à aucun moment que le transport permet d'éviter ce problème. La réussite ou l'échec des cultures n'a rien à voir avec leur mode de transport. La réponse C est incorrecte car le professeur parle de «*serious food shortages*» à certains endroits, ce qui signifie qu'il y a parfois insuffisamment de nourriture. La réponse D est incorrecte car le professeur dit que, pour l'instant, on n'a pas d'autre solution pour distribuer la nourriture que celle utilisée actuellement.

Questions d'organisation des idées

Présentation de l'exercice

Ces questions portent sur la structure du passage, l'organisation des idées, et les liens qui existent entre elles. Les réponses à ces questions ne sont donc pas exprimées directement dans le passage.

Il existe deux sortes de questions d'organisation.

1. Vous trouverez des questions à choix multiples qui pourront être formulées comme suit :

How is the lecture organized?

How is the information in the presentation organized?

Les propositions de réponse vous indiqueront une forme d'organisation possible : *In chronological order; As a definition with examples; As a narrative.*

Vous pourrez également trouver des questions à choix multiples de ce type :

Why does the professor list types of...?

Why does the professor tell a story about...?

Les propositions de réponse vous indiqueront une forme d'organisation générale possible : *To provide an example;To explain the second stage.*

Voici des exemples fréquents d'organisation pour les cours (liste non exhaustive). Les mots entre parenthèses vous indiquent de quel type d'organisation il s'agit :

- ordre chronologique (dates, horaires) ;
- suite logique, processus suivi (*first*, *next*, *then*, *finally*) ;
- ordre d'importance, de hiérarchie, de popularité (*the most*, *the next most*, *the least*) ;
- cause/conséquence et problème/solution (*because of*, *due to*, *therefore*, *as a consequence*) ;
- idée principale suivie d'exemples (*another aspect of*, *is also an example of*) ;
- comparaison ou/et contraste (*similar to*, *like*, *in the same way*, *on the other hand*, *in contrast*, *unlike*).

2. Les autres questions d'organisation vous interrogent sur un détail spécifiquement mentionné dans l'enregistrement. Cette information, contrairement aux questions de détail étudiées plus haut, peut se trouver dans des phrases différentes et à divers endroits du document. Il vous faudra vous référer à vos notes et penser à l'ensemble du document.

Pour ces questions, on vous proposera parfois de remplir un tableau YES/NO, avec quatre lignes. Pour chacune d'entre elles, vous devrez choisir YES ou NO :

Is each of these points about XXXX included in the lecture?

This question is worth 2 points. (2 points for 4 correct answers, 1 point for 3 correct answers, and 0 for 2, 1 or 0 correct answers).

*For each answer, click in the **YES** or **NO** column.*

	YES	**NO**
XXXX's habitat		
XXXX's diet		
XXXX's predators		
XXXX's behavior		

Analyse d'un exemple

Astuce !

Dès que vous entendez des mots qui signalent l'organisation du passage, notez-les : *first*, *next*, *will cover three main points*, etc. Vous serez alors prêt à répondre à une question portant sur l'organisation des idées.

Si vous entendez une phrase comme « *Three examples of two types of…* », notez :

1st type:

-
-
-

2nd type:

-
-
-

Attention ! Dans l'exemple suivant, ce que vous entendez est également écrit pour que vous compreniez clairement de quoi il s'agit. Ce ne sera pas le cas lors du test. Vous verrez l'image, les consignes et les questions, mais pas le script de la conversation.

Example: *Organization Question*

Exemple : Question d'organisation des idées

TOEFL Listening

Question 1 of 6 — Hide Time 00:12:00

You see:

Parkesine
Bakelite
PVC
Leo Hendrik Baekeland

You hear:

Narrator: Listen to part of a lecture from a materials science class.

Man (professor): Now, your textbook goes into more detail on all of this—maybe even too much detail—you'll read the entire unit for tonight's assignment, but for today's lecture, I want to make sure we all have the history, the basic history of the development of plastic in mind before we move on to discuss the economic impact these developments had. So let me hit just the highlights here of the major developments.

. . .

The next major development was that of Bakelite—that's important because it was the first plastic created with a synthetic polymer. In fact, some people insist that it's the first true plastic, the first entirely man-made plastic, in any case. A guy by the name of Leo Hendrik Baekeland invented that in 1907 and began selling it from about 1912. It enjoyed a lot of popularity for industrial uses at first, especially in the automotive and electrical industries, and then from about the 1920s for consumer goods as well, for things like telephones and radios. In the late 20s, Bakelite jewelry became popular and, in fact, is highly collectible today. Some of those old pieces sell for quite a lot in antique stores.

Then you will see and hear the question.

Vous verrez et entendrez ensuite les questions.

TOEFL Listening

Question 1 of 6 — Hide Time 00:12:00

You see:

1. How is the lecture's information organized?
   - ◯ From most important to least important
   - ◯ In chronological order
   - ◯ By different types of plastic and their uses
   - ◯ By definition and example

3. Is each of these uses for Bakelite included in the lecture?

For each answer, click in the **YES** or **NO** column.		
	YES	**NO**
Pieces of furniture		
Parts of cars		
Small appliances		
Clothing		

You hear:

Narrator: 1. How is the lecture's information organized?

Narrator: 3. Is each of these uses for Bakelite included in the lecture?

Maintenant, regardez de nouveau la photo. Lisez la conversation ci-dessous et soulignez les mots qui indiquent la structure du cours. Souvenez-vous que, le jour du test, vous ne la verrez pas écrite, vous l'entendrez seulement.

Narrator: Listen to part of a lecture from a materials science class.

Man (professor): Now, your textbook goes into more detail on all of this—maybe even too much detail—you'll read the entire unit for tonight's assignment, but for today's lecture, I want to make sure we all have the history, the basic history of the development of plastic in mind before we move on to discuss the economic impact these developments had. So let me hit just the highlights here of the major developments.

The first substance that meets our definition of the word *plastic*—you remember that from last week—was a substance called Parkesine, developed in 1856. Earlier than we often associate with plastic, I know. Now, the fellow who invented it, Alexander Parkes, didn't get anywhere with it commercially, and his company was out of business by 1868. But it was the first, and that's important.

The next major development was that of Bakelite—that's important because it was the first plastic created with a synthetic polymer. In fact, some people insist that it's the first true plastic, the first entirely man-made plastic, in any case. A guy by the name of Leo Hendrik Baekeland invented that in 1907 and began selling it from about 1912. It enjoyed a lot of popularity for industrial uses at first, especially in the automotive and electrical industries, and then from about the 1920s for consumer goods as well, for things like telephones and radios. In the late 20s, Bakelite jewelry became popular and, in fact, is highly collectible today. Some of those old pieces sell for quite a lot in antique stores.

The next significant development was polyvinyl chloride, or PVC—never mind about writing down the full names now, they're in your book—which was refined in 1926. Earlier versions did exist, but they had flaws that made the product unsuitable for widespread use. So it was really in the 1930s and after that it took off. It's cheap, strong, and easy to work with—its flexibility is a key attribute.

But the most important development of the 1930s, and we're going to spend some time on this today, was nylon. That's right, nylon is a plastic, even though, as you know, it's often used for clothing. Stockings, for example, used to be called "nylons" because they were made from, of course, nylon.

Now listen to the lecture and mark the correct answers.

Écoutez maintenant le cours et choisissez les réponses correctes.

1. How is the lecture's information organized?
   A. From most important to least important
   B. In chronological order
   C. By different types of plastic and their uses
   D. By definition and example
2. Why does the professor mention PVC?
   A. As an example of a type of plastic students are familiar with
   B. Because it was an important type of plastic
   C. To illustrate an unusual type of plastic
   D. As a contrast with traditional types of plastic
3. Is each of these uses for Bakelite included in the lecture?

For each answer, click in the **YES** or **NO** column.		
	YES	**NO**
Pieces of furniture		
Parts of cars		
Small appliances		
Clothing		

Réponses

1. La réponse A n'est pas correcte car tous les événements mentionnés sont qualifiés d'importants, pour des raisons différentes. La réponse B est correcte. Le passage mentionne d'abord la première date (1856) et continue dans l'ordre chronologique jusqu'aux années 1930. La réponse C n'est pas correcte car le passage n'énumère pas toutes les catégories de plastique, seulement quelques-unes. Il les énumère par ordre chronologique, et non d'après leur utilisation. La réponse D est incorrecte car le professeur se réfère à une définition du plastique qu'il a donnée par le passé, mais il n'en donne pas ici.
2. La réponse A n'est pas correcte car le professeur explique ce qu'est le PVC, ce qui sous-entend que les étudiants ne le connaissent pas encore très bien. La réponse B est correcte. Le professeur dit : « *The next significant development was polyinyl chloride, or PVC…* » *Significant* est un synonyme de *important*. La réponse C n'est pas correcte car le professeur ne dit pas qu'il s'agit d'une matière *unusual*. Au contraire, il dit « *it took off* », ce qui signifie qu'il est devenu populaire. La réponse D n'est pas correcte car le professeur ne sépare pas les plastiques en plastiques traditionnels et plastiques modernes.

3. Le professeur parle des pièces de voitures (*parts of cars*) ; les plastiques étaient utilisés *in the automotive and electrical industries* et pour la construction de petits appareils (*small appliances*). Ils étaient utilisés également *for consumer good…, for things like telephones and radios.* Il ne parle donc pas de vêtements (*clothing*) ni de meubles (*furniture*).

Exercice d'application

Directions: Listen to the passages and the **organization** questions that follow them. Then mark the correct answers to the questions.

Now get ready to listen. You may take notes.

Listen to a discussion among students in an ophthalmology class.

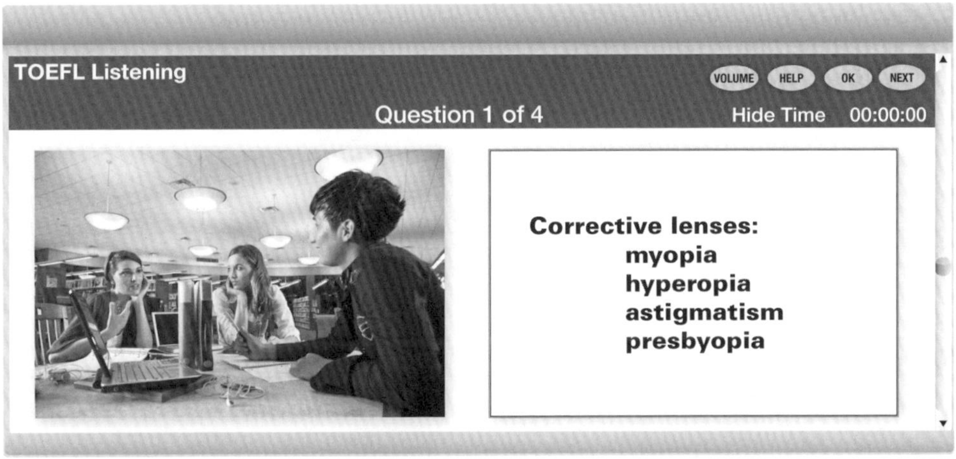

Now get ready to answer the questions. You may use your notes to help you answer the questions.

1. How did the professor classify the types of glasses?

   A. By how much they cost

   B. By how common they are

   C. By when they were invented

   D. By their purpose

2. Is each of these types of eyeglasses mentioned in the discussion?

This question is worth 2 points (2 points for 4 correct answers, 1 point for 3 correct answers, and 0 points for 2, 1, or 0 correct answers).

For each answer, click in the **YES** or **NO** column.		
	YES	**NO**
Safety goggles		
Sunglasses		
Swimming goggles		
Bifocals		

Réponses

1. La réponse A est incorrecte parce que le professeur n'a pas parlé du coût. La réponse B est incorrecte parce que le professeur ne dit pas quels types de lunettes sont les plus communs. La réponse C est incorrecte parce qu'aucune date n'est mentionnée. La réponse D est correcte. Le professeur a regroupé les types de lunettes d'après leur fonction, d'après leur objectif : celles qui protègent, celles qui agrandissent, celles qui corrigent.

2.

	YES	**NO**
Safety goggles	√	
Sunglasses	√	
Swimming goggles		√
Bifocals	√	

[Note : Les mots et phrases en italique expliquent les réponses de la colonne YES, et les mots soulignés expliquent celles de la colonne NO.] *Safety goggles* (les lunettes de sécurité) et *sunglasses* (les lunettes de soleil) sont des lunettes qui protègent. Kyle dit que les « *safety goggles protect, like, factory workers or people using tools* », et Lisa répond: « *Oh, right, and then sunglasses protect people's eyes from the sun.* » Aucune référence n'a été faite aux *swimming goggles* (les lunettes de natation) dans la discussion.

Questions de déduction

Présentation de l'exercice

Ce type de questions vise à évaluer votre capacité à comprendre les liens entre les informations données. Vous tirez une conclusion ou vous faites une prédiction.

Pour répondre à ce type de questions, vous devez :

- écouter attentivement les informations importantes ;
- établir des liens entre deux ou plusieurs informations importantes ;
- en tirer la conclusion qui s'impose ;
- prendre des notes très précises concernant les informations les plus importantes liées à la thématique parce que vous devrez tirer des conclusions à partir d'éléments éparpillés dans la conversation ;
- utiliser vos capacités de raisonnement pour établir des liens logiques et raisonnables entre différents éléments ;
- éliminer tout ce qui n'est pas parfaitement logique.

Voici comment fonctionne une déduction :

- Jupiter est une planète.
- Toutes les planètes tournent autour du soleil.
- Vous pouvez donc en conclure que Jupiter tourne autour du soleil.

Voici quelques exemples de ce type de questions :

What does the speaker imply about X?

What can be inferred about X?

What will the speaker probably do next?

What is most likely going to happen next?

Analyse d'un exemple

Attention ! Dans cet exemple, ce que vous entendez est également écrit pour que vous compreniez clairement de quoi il s'agit. Ce ne sera pas le cas lors du test. Vous verrez l'image, les consignes et les questions, mais pas le script de la conversation.

First, you will see some images and hear a lecture, discussion, or conversation.

D'abord, vous verrez des photos et vous entendrez un cours, une discussion ou une conversation.

TOEFL Listening	VOLUME HELP OK NEXT
Question 1 of 5	Hide Time 00:12:00

You see:

You hear:

Narrator: Listen to a conversation between a student and her advisor.

Man (advisor): Hello, Lisa. I haven't seen you for a while. How are your classes going so far this term?

Woman (student): Well, that's actually what I needed to talk to you about, Mr. Nelson. My second-year French class is . . . um, kind of easy for me.

Man: That makes sense because you did spend the winter and spring quarters in Paris. So . . . I'm thinking that you could probably test out of the second year if you took a CLEP exam. You know, the College-Level Exam Program offered by the College Board organization?

Woman: Is that a special program for all departments, or is it something that's only offered in the French department?

Man: No, it's open to anybody in a variety of different subject areas. Taking this exam is a great way to receive college credits.

Then you will see and hear the questions.

Vous verrez et vous entendrez ensuite les questions.

TOEFL Listening	VOLUME HELP OK NEXT
Question 1 of 5	Hide Time 00:12:00

You see:

1. What can be inferred about Lisa?
   - ◯ She doesn't speak French well enough to pass the CLEP exam.
   - ◯ She thinks that the CLEP exam is too expensive.
   - ◯ She doesn't know much about the CLEP exam.
   - ◯ She will take the CLEP exam in France.

You hear:

Narrator: 1. What can be inferred about Lisa?

Maintenant, regardez de nouveau la photo. Lisez la conversation ci-dessous à voix haute. Souvenez-vous que, le jour du test, vous ne la verrez pas écrite, vous l'entendrez seulement.

Narrator: Listen to a conversation between a student and her advisor.

Man (advisor): Hello, Lisa. I haven't seen you for a while. How are your classes going so far this term?

Woman (student): Well, that's actually what I needed to talk to you about, Mr. Nelson. My second-year French class is … um, kind of easy for me.

Man: That makes sense because you did spend the winter and spring quarters in Paris. So … I'm thinking that you could probably test out of the second year if you took a CLEP exam. You know, the College-Level Exam Program offered by the College Board organization?

Woman: Is that a special program for all departments, or is it something that's only offered in the French department?

Man: No, it's open to anybody in a variety of different subject areas. Taking this exam is a great way to receive college credits.

Woman: Hmm … so students can get full credit for a class?

Man: That's right. If you pass, you'll get four full credits for second-year French.

Woman: Ah … I'm a little worried. I *did* take language classes in Paris, but I'm not sure my French is good enough … I didn't use it that much over the summer after I got home.

Man: Oh, come on, you got excellent grades in your first-year French class. And the exam would take care of your last Arts and Languages requirement.

Woman: I can't say that wouldn't be a relief, and there are so many other classes I'd like to take.

Man: And, since it only costs around $60, compared to what you pay in tuition for the class, if you pass it … which I'm betting you will, then it will be worth every penny.

Woman: So, you really think I should take it?

Man: Well, it can't hurt to try. Why not go to the College Board website and see the sample questions? And you can even get practice materials.

Now listen to the conversation.

Circle True or False after the statements. Then mark the correct answers to the questions.

A. Lisa has signed up to take an exam for her French class.	**TRUE**	**FALSE**
B. The advisor understands Lisa's problem.	**TRUE**	**FALSE**
C. The CLEP exam is available to all students.	**TRUE**	**FALSE**

D. Lisa has lived and studied overseas.	**TRUE**	**FALSE**
E. Lisa did not do well in her first year of French class.	**TRUE**	**FALSE**
F. The advisor explains that the CLEP exam is expensive.	**TRUE**	**FALSE**

1. What can be inferred about Lisa?
   A. She doesn't speak French well enough to pass the CLEP exam.
   B. She thinks that the CLEP exam is too expensive.
   C. She doesn't know much about the CLEP exam.
   D. She will take the CLEP exam in France.
2. What does the advisor imply about the CLEP (College-Level Exam Program)?
   A. It is only available to students in Lisa's department.
   B. It is a good value for the price.
   C. It will provide Lisa with enough credits to graduate.
   D. It is difficult and so it is a big risk for Lisa.

Réponses

A. False. B. True. C. True. D. True. E. False. F. False.

1. La réponse A n'est pas correcte car nous ne savons pas si le niveau de français de Liza est bon ou non. Elle est inquiète, mais son conseiller est confiant (*If you pass it… which I'm betting you will…*). La réponse B n'est pas correcte car Liza n'indique à aucun moment qu'elle pense le coût du CLEP trop élevé. De plus, son conseiller dit « *Only costs around $60* », ce qui signifie que le coût n'est pas excessif. La réponse C est correcte. D'après toutes les questions que Liza pose au conseiller, on peut déduire qu'elle ne sait pas grand-chose de la certification CEP. La réponse D est incorrecte car rien n'indique qu'elle passera ce test en France.
2. La réponse A n'est pas correcte car le professeur indique clairement que le CLEP « *… is open to anybody in a variety of different subject areas* ». La réponse B est correcte car le conseiller dit à Liza que si elle réussit, *…it will be worth every penny*, ce qui signifie que cela vaut vraiment la peine de le passer, que les 60 dollars seront bien dépensés (*It is a good value for the price*). La réponse C n'est pas correcte : réussir le CLEP donnera quatre crédits à Liza, mais nous ne savons pas si cela suffira pour qu'elle acquière tous les crédits nécessaires à l'obtention du diplôme. Cela lui permettrait seulement de réussir l'épreuve de *Arts and Language*. La réponse D n'est pas correcte car le conseiller pense qu'elle a toutes les chances de réussir (*If you pass it… which I'm betting you will…*) et que cela en vaudra la peine (*…it will be worth every penny*). Il ne s'agit donc pas d'un grand risque pour Liza.

Astuce !

Les réponses à ce type de questions ne reprennent pas exactement les mots ou expressions que vous avez entendus. On vous proposera plutôt des synonymes ou des périphrases.

Exercice d'application

Directions: Listen to the passages and **inference** questions that follow them. Then mark the answers to the questions.

Now get ready to listen. You may take notes.

Listen to part of a conversation between a student and a doctor at a university health center.

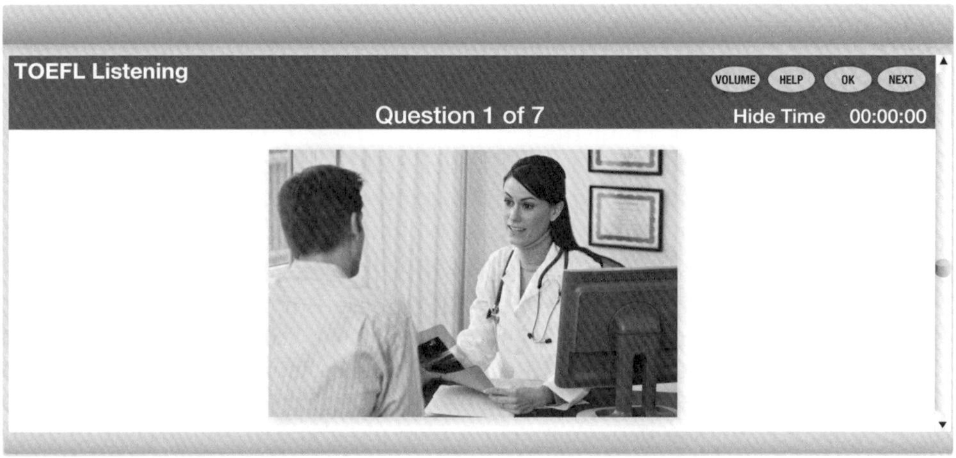

Now get ready to answer the questions. You may use your notes to help you answer the questions.

1. What does Doctor Cline imply about Brian's problems?
   A. They are typical among the students on campus.
   B. They can be avoided if he uses a locker.
   C. They can't be treated if he continues to carry books.
   D. They are unusual for the members in his group.
2. What can be inferred about Brian?
   A. He spends too much time using his computer in the library.
   B. He doesn't like the idea of using a backpack with wheels.
   C. He can't make a decision about which backpack to buy.
   D. He is using the wrong shoulder for carrying his backpack.

3. What is most likely going to happen next?
   A. The doctor will demonstrate how to carry a backpack.
   B. They will end the appointment.
   C. Brian will start doing some exercises.
   D. They will review some solutions to the problem.

Réponses

1. La réponse A est correcte. Le docteur dit au début de la conversation que «*I'm seeing a lot of similar symptoms*» et elle explique ensuite qu'elle a déjà donné des conseils de ce type à d'autres patients. Cela signifie que d'autres étudiants du campus ont consulté pour ce même problème. La réponse B est incorrecte car Brian dit clairement que «*there are no lockers* (casiers) *available on campus*». La réponse C est incorrecte car le docteur n'y fait aucune référence; au contraire, elle propose des solutions pour traiter ce problème. La réponse D est incorrecte car elle exprime le contraire de ce que dit le docteur.
2. La réponse A est incorrecte car rien dans la conversation ne nous l'indique. La réponse B est correcte. Au ton de Brian, on peut déduire qu'il n'a pas envie d'utiliser un sac à dos à roulettes lorsqu'il dit : «*I mean, it's all right to have rolling luggage at the airport, but ... um, on campus?*» La réponse C est incorrecte car Brian n'aura pas à choisir un sac à dos à roulettes puisqu'il n'en veut pas. La réponse D est incorrecte car le docteur explique clairement qu'il n'est pas bon de porter un sac à dos sur une seule épaule : « *Well, carrying it that way puts way too much stress on your neck and back.* »
3. La réponse A n'est pas correcte car rien n'indique ce qui va se passer ensuite. La réponse B n'est pas correcte car ils vont maintenant passer les exercices en revue, et non mettre un terme au rendez-vous. La réponse C n'est pas correcte car le docteur dit à Brian : «*you can try them at home later.*» Brian fera donc les exercices plus tard. La réponse D est correcte. Le docteur dit qu'elle possède un livret contenant des exercices qui permettront à Brian de rendre le transport de son sac à dos moins douloureux; autrement dit, elle va lui proposer *some solutions*. Elle dit également qu'elle va «*go over them quickly*», c'est-à-dire qu'elle va passer en revue ces solutions (*review the solutions*).

Acquisition de vocabulaire

Le TOEFL iBT® utilise beaucoup de vocabulaire thématique que vous devez connaître parce qu'il est récurrent.

Apprenez ce vocabulaire avant de faire les exercices. Révisez-le ensuite plusieurs fois, jusqu'à ce qu'il soit parfaitement connu et maîtrisé.

L'histoire, la politique et le gouvernement

Prehistory	la préhistoire
History	l'histoire
historical	historique
The Paleolithic Age	le Paléolithique
The Neolithic age	le Néolithique
Ancient Greece	la Grèce antique
Ancient Rome	la Rome antique
The Middle Ages	le Moyen Âge
the feudal system	le système féodal
The age of Discovery	l'époque des grandes découvertes
The Renaissance	la Renaissance
The Elizabethan Era	l'époque élisabéthaine
The Reformation	la Réforme
The Pilgrim fathers	les Pères Pèlerins
The Age of Enlightenment	le Siècle des lumières
The American Civil War	la guerre civile américaine, la guerre de Sécession
The Declaration of Independence	la déclaration d'Indépendance
The industrial revolution	la révolution industrielle
The First World War (WW1)	la Première Guerre mondiale
The Second World War (WWII)	la Seconde Guerre mondiale
The Cold War	la guerre froide
a century	un siècle
an era	une époque
the Crown	la Couronne
the throne	le trône
an heir	un héritier
the reign	le règne
a kingdom	un royaume
a king, a queen	un roi, une reine
an emperor, an empress	un empereur, une impératrice

a dictator	un dictateur
a tyrant	un tyran
tyranny	la tyrannie
authoritarian	autoritaire
totalitarian	totalitaire
to abdicate	abdiquer
to usurp	usurper
a battle	une bataille
to overthrow (overthrew, overthrown)	renverser par la force
a slave	un esclave
slavery	l'esclavage, l'esclavagisme
abolitionism	l'abolitionnisme
a civil war	une guerre civile
the Constitution	la Constitution
the amendments to the Constitution	les amendements à la Constitution
federalism	le fédéralisme
a federal state	un État fédéral
the separation of powers	la séparation des pouvoirs
checks and balances	le système des poids et contrepoids
the legislative (branch)	le pouvoir législatif
a Department (the Justice Department)	un ministère (le ministère de la Justice)
Congress	le Congrès
House of Representatives	la Chambre des représentants
Senate	le Sénat
the executive (branch)	le pouvoir exécutif
Government	le gouvernement
The President	le président
the Presidency	la présidence
the Judiciary	le pouvoir judiciaire
the Supreme Court	la Cour suprême
a ballot	un vote, un scrutin
a census	un recensement
a citizen	un citoyen

citizenship	la citoyenneté
civil disobedience	la désobéissance civile
civil rights	les droits civiques
electorate	l'électorat
to vote	voter
to cast a ballot	voter
a term	un mandat, une période
an envoy	un envoyé officiel
politics	la politique
a policy	une politique
a politician	un politicien
a (political) party	un parti politique
the right	la droite
the left	la gauche
the Republicans	les Républicains
the Democrats	les Démocrates
a liberal	un libéral ; une personne de gauche
a communist	un communiste
communism	le communisme
a socialist	un socialiste
socialism	le socialisme
the greens	les verts
an environmentalist	un écologiste
ecology	l'écologie
to advocate	prôner, défendre
an advocate	un défenseur
an anarchist	un anarchiste
anarchism	l'anarchisme
anarchy	l'anarchie
a royalist	un royaliste
a monarchy	une monarchie
a pacifist	un pacifiste
democracy	la démocratie
a revolutionary	un révolutionnaire
the revolution	la révolution
a lobby	un lobby, un groupe de pression

a lobbyist	un lobbyiste
discrimination	discrimination
affirmative action	l'action affirmative ; la discrimination positive
domestic	national, interne
to nominate	nommer à une fonction
to appoint	nommer
to resign	démissionner
to run for office	se porter candidat
a political campaign	une campagne électorale
impeachment	la destitution
to be committed to	être engagé, s'engager
a trade union	un syndicat
a veto	un véto
propaganda	la propagande

an ambassador	un ambassadeur
an embassy	une ambassade
a consul	un consul
a consulate	un consulat
a diplomat	un diplomate
diplomacy	la diplomacie
foreign policy	la politique extérieure

Pratiquez votre vocabulaire

I. Complétez la grille avec les mots qui correspondent aux définitions ci-dessous (voir corrigés p. 302).

Across:

1. The science that deals with the relationships between groups of living things and their environments.

2. A political movement which advocates global environmental protection.

3. If somebody has this power, (s)he can forbid the actions or decisions of another entity.

4. Relating to a country's internal affairs.

5. A person who inherits a title or the assets of another.

6. To appoint to an office.

7. The status, rights and duties of a legally recognized subject of a State.

8. A State which has a Monarch at its head.

9. A representative of a government sent on a special mission abroad.

10. Oppressive government.

11. The act of voting.

12. To speak in favor of something.

13. A person engaged in a group trying to influence public policies in favor of their interests.

14. The science of governing.

15. Combined with 11 across, this verb means to vote.

16. To cause the downfall (of a government for example), usually by force.

Down:

A person who is concerned with the conservation of the environment.

II. Complétez les passages suivants avec les mots de la liste qui conviennent (voir corrigés p. 302) :

1. policy – abroad – diplomats – embassy – ambassador – ambassador

An American .... usually houses different types of Foreign Service Officers. These Officers are professional, trained .... who represent American interests .... under the direction of the .... They listen to and observe what is going on in the host country, analyze it, and report to the .... and Washington. This makes U.S. .... more sensitive to the needs of other countries and their people.

2. appointed – presidential campaign – diplomat – Ambassador – Senator – resigned – committed to – adviser

Samantha Power (born September 21, 1970) is an Irish American academic, author and .... who currently serves as the United States .... to the United Nations.

She was a senior .... to .... Barack Obama until March 2008, when she .... from his .... In January 2009 President Obama .... Power to the National Security Council Staff. She is believed to be strongly .... Israel's long-term security. (adapted from Wikipedia)

Fonctions du langage

Vous avez remarqué que cette épreuve du TOEFL iBT® vous demande de répondre à des questions de fonctions du discours et à d'autres portant sur la position du locuteur. Vous devez donc connaître et reconnaître les expressions des fonctions du langage évaluées dans cette épreuve.

Apprenez-les dès maintenant, en faisant attention à leur construction.

S'excuser (*Apologizing*)

To apologize for = s'excuser, présenter ses excuses

Attention à la préposition. Ce verbe est toujours suivi de la préposition *for* + d'un nom ou de la forme en *–ing*.

I'd like ***to apologize for*** *my behavior last night.*

J'aimerais m'excuser/présenter mes excuses pour mon comportement d'hier soir.

To be sorry = s'excuser, être désolé

Cette expression est suivie de *for* + nom, de la forme en *–ing* ou d'une proposition.

(I am) sorry *for interrupting.*

(Je suis) désolé de vous interrompre.

I'm *terribly* ***sorry*** *I couldn't make it to the party.*

Je suis désolé de n'avoir pas pu venir à la fête.

An apology = une excuse

Please, accept my ***apologies*** *for not returning your call.*

Je vous prie de m'excuser de ne pas vous avoir rappelé.

To forgive = pardonner

Utilisé à l'impératif, il peut servir à présenter des excuses. Il est suivi d'un complément + *for* + une forme en *–ing*, ou d'un nom.

Please ***forgive*** *us for taking your book away with us. It was a genuine mistake.*

Excusez-nous d'avoir emporté votre livre avec nous. C'était vraiment une erreur.

Please, ***forgive*** *him for his behavior.*

Pardonne son attitude, je t'en prie.

To excuse = pardonner, excuser

Excuse *me. Can I go through?*

Pardon/Excusez-moi. Est-ce que je peux passer ?

Attention !

Ces verbes ne sont pas parfaitement synonymes. Si vous utilisez *excuse me*, vous demandez une faveur, que l'on vous laisse passer, que l'on répète quelque chose, etc.

Si vous utilisez *apologize*, vous demandez à ce que l'on vous excuse parce que vous avez fait quelque chose que vous n'auriez pas du faire.

Pardon est plus formel que *excuse* et *apologize*, mais peut s'employer dans les deux cas.

Se plaindre (*Complaining*)

To complain = se plaindre, réclamer, faire une réclamation.

Il est suivi de la préposition *about* + d'un nom ou d'une forme en *–ing*.

I want ***to complain*** *about your company's delivery service.*

Je souhaite faire une réclamation au sujet du service de livraison de votre entreprise.

A complaint = une réclamation, une plainte

I have ***a complaint*** *to make. Can I speak to the manager?*

Je voudrais faire une réclamation. Puis-je parler au responsable ?

I have ***a complaint*** *to make about your Baltimore subsidiary.*

J'ai une réclamation à faire à propos de votre filiale de Baltimore.

I'm afraid I have ***a complaint*** *about your son's behavior.*

J'ai bien peur de devoir me plaindre du comportement de votre fils.

Sorry to bother you, but I would like to file ***a complaint.***

Désolé de vous déranger. Je voudrais faire une réclamation officielle.

Attention !

Cette expression ***to file a complaint*** signifie également, porter plainte, déposer plainte.

Exprimer son opinion (*Opinion*)

To think (thought, thought), to believe, to feel = penser, croire, être d'avis que

I ***believe****/I* ***think*** *this new rule is ridiculous.*

Je pense que cette nouvelle réglementation est ridicule.

*He **thought** the writing was better.*

Il a pensé que la rédaction était de meilleure qualité.

*I **feel** this is just right.*

Je pense que c'est parfait.

To seem, it seems to me = sembler, il me semble

***It seems to me** that moving to Kansas would be a silly idea.*

Il me semble que partir vivre au Kansas serait une mauvaise idée.

To be convinced, to be sure = être convaincu, être persuadé

***I am convinced** that changing this part of your essay would improve its quality.*

Je suis convaincu que changer cette partie de votre dissertation améliorerait sa qualité.

***I wasn't sure** you were going to make our session today.*

Je n'étais pas sûr que vous réussiriez à venir à notre séance d'aujourd'hui.

To bear in mind = garder/avoir présent à l'esprit, ne pas oublier

*We must **bear in mind** that this is not his first conviction.*

N'oublions pas que ce n'est pas sa première condamnation.

To point out = souligner, faire remarquer

*I would like **to point out** that this is a dedicated student.*

J'aimerais souligner qu'il s'agit d'un étudiant sérieux.

To agree ; to disagree, not to agree = s'accorder, trouver un accord, être d'accord, concorder ; ne pas être d'accord

Attention ! Spécial étudiant francophone !!!

Les verbes *agree* et *disagree* posent beaucoup de problèmes aux étudiants français. Ces mots sont des verbes à part entière, ils n'ont pas besoin d'être introduits par l'auxiliaire *be*. Ils se conjuguent comme des verbes ordinaires.

S + agree ; S + agrees ; sujet + don't/doesn't + agree ; do/does + S + agree?...

I agree ; he disagrees ; they don't agree

Ces verbes sont en outre suivis de la préposition *with* pour introduire le complément.

*I couldn't **agree** more.*

Je suis tout à fait d'accord.

*I can't **agree** with you on this point.*

Je ne suis pas d'accord avec vous sur ce point.

*I **agree** that this situation is really unfortunate.*

Je suis d'accord pour dire que cette situation est vraiment regrettable.

To be right ; to be wrong = avoir raison ; avoir tort

Dans ces expressions, le complément des adjectifs *right* et *wrong* est introduit par la préposition *about* + nom ou forme en *–ing.*

You're *exactly* ***right.***

Tu as tout à fait raison.

I believe ***they are wrong*** *about arguing it in court.*

Je pense qu'ils ont tort de plaider cette cause au tribunal.

To be in favor of, to be all for ; to be against = être pour, être tout à fait pour, tout à fait d'accord ; être contre.

Ces expressions sont suivies d'un nom ou d'une forme en *–ing.*

I am in favor of *abolishing the death penalty.*

Je suis pour l'abolition de la peine de mort.

I am all for *calling them immediately.*

Je suis tout à fait d'accord pour leur téléphoner immédiatement.

I am against *the construction of yet another useless airport.*

Je suis contre la construction d'un nouvel aéroport inutile.

Pratiquez ces expressions

I. Traduisez les phrases suivantes en anglais (voir corrigés p. 302).

1. Je suis d'accord, il s'agit d'un problème difficile.
2. Remerciez les écologistes, même s'ils ne sont pas d'accord avec nous.
3. Plusieurs participants seraient d'accord sur ce point.
4. Est-ce qu'on peut au moins se mettre d'accord pour faire une déclaration commune ?
5. Ils étaient d'accord sur le principe, mais ils ont refusé de le consigner par écrit.

II. Reformulez les phrases suivantes avec des expressions de sens proche (voir corrigés p. 303).

1. He was in favor of the proposition.
2. They were sure there were some factual mistakes in the passage.
3. I would like to complain about the state of the university parking lot.
4. Please accept my apologies for coming in late.
5. I don't think anyone could disagree with this solution.

Grammaire

Le *present perfect* : le temps du rapport passé/présent

Present perfect simple

Attention ! Spécial étudiant francophone !!!

Le *present perfect* est un temps très difficile à assimiler pour les locuteurs francophones parce qu'il témoigne d'une manière d'appréhender le temps différente de la nôtre et qu'il n'a pas d'équivalent en français. Soyez vigilant.

Formation

Le *present perfect* simple se construit comme suit : *have* + participe passé

He has finished writing his essay.

Utilisation

Ce n'est pas un temps du passé. C'est le temps du lien entre le passé et le présent. **Il n'a donc pas d'équivalent en français.**

Il permet d'effectuer un **bilan au présent** d'un événement qui a eu lieu antérieurement.

En anglais américain, on l'emploie moins fréquemment qu'en anglais britannique parce que le passé récent y est déjà considéré comme un passé. On ne l'emploie pas non plus très souvent avec *already*, *just* ou *yet*.

Les autres emplois sont les mêmes :

1. On l'emploie pour exprimer une action terminée qui a des conséquences dans le présent (traduction française → le passé composé) :

   Look! He has handed in his exam paper.

   Regarde, il a rendu ses feuilles d' examen.

2. On l'emploie pour exprimer une action terminée mais non datée, pour laquelle on effectue un bilan présent, une constatation présente (traduction française : le passé composé) :

   The number of women joining the teaching profession has dropped, a new development which ***shows****...*

   Le nombre de femmes qui entrent dans l'enseignement est en chute, un élément nouveau qui montre...

3. Pour exprimer un état de fait/une situation qui a débuté dans le passé et se poursuit jusqu'au moment présent (traduction française → le présent) :

I've known Joe for 10 years.

Je **connais** Joe depuis 10 ans.

I haven't seen you for a while.

Ça fait un moment que je ne t'ai pas vu.

Present perfect continuous

Formation

Le *present perfect continuous* se construit comme suit : *have/has + been + V–ing*

I have been wondering what is going on with you.

(Cela fait un moment que) je me demande ce que tu deviens.

Utilisation

Il permet de décrire une action en cours en indiquant qu'elle a débuté dans le passé. On insiste sur la continuité de l'action au moment présent (traduction française → le présent) :

The number of male applicants has been falling for some time.

Le nombre de postulants masculins **chute** depuis déjà quelque temps.

Le *past perfect* ou *pluperfect*

Past perfect simple

Formation

Le *past perfect* simple se construit comme suit : *had* + participe passé

They had already left when Mike arrived.

Utilisation

On peut employer le *past perfect* simple dans différents contextes.

1. Il indique une action antérieure à (qui s'est passée avant) une autre action passée (traduction française → le plus-que-parfait) :

I bought the book you had recommended.

J'ai acheté le livre que tu m'avais conseillé.

Tu avais conseillé ce livre dans le passé, je l'ai acheté ensuite, également dans le passé. L'action de *recommend* s'est passée avant l'action d'acheter.

Parfois l'action passée la plus proche est sous-entendue par le contexte.

He had always wanted to be introduced to her.

Il avait toujours souhaité lui être présenté.

Parfois, elle est clairement indiquée. Elle peut être introduite par *when* ou signalée par d'autres expressions de temps :

They had already left when Mike arrived.

Ils étaient déjà partis quand Mike est arrivé.

They had already left by then.

Ils étaient déjà partis à ce moment-là.

They had left before then.

Ils étaient partis avant.

2. On l'emploie au style indirect pour rapporter des propos au passé (traduction française → le plus-que-parfait) :

   She said she had never been to Paris.

   Elle a dit qu'elle n'était jamais allée à Paris.

3. On l'emploie dans les subordonnées avec *if* pour exprimer une condition non réalisée dans le passé (traduction française → le plus-que-parfait) :

   If he had known that before, he would have acted differently.

   S'il avait su cela avant, il aurait agi différemment.

Past perfect continuous

Attention ! Spécial étudiant francophone !!!

Le *past perfect continuous* est encore plus difficile. Il s'agit d'une transposition dans le passé du *present perfect continuous.*

Formation

Le *past perfect continuous* se construit comme suit : *had + been + V–ing*

He had been playing for a long time.

Utilisation

On l'utilise pour décrire une action en cours dans le passé qui a continué jusqu'à un autre moment du passé plus proche. On insiste sur la continuité de l'action au moment passé auquel on se réfère **(attention : traduction française la plus courante → l'imparfait)** :

I had been wondering about you.

Je me posais des questions à ton sujet.

She had been waiting for a long time when he finally arrived. Ça faisait longtemps qu'elle attendait quand il est arrivé.

She had been teaching at the University of Toronto for two years when she decided it was time for a change.

Elle enseignait à l'université de Toronto depuis deux ans quand elle décida qu'il était temps de changer.

Pratiquez votre grammaire

I. Dites à quel temps sont les verbes en gras dans les phrases suivantes. Attention aux passifs (voir corrigés p. 303).

1. They **have been working** on their project for a few weeks.
2. They **had been playing** for some time before the lights went out.
3. He **had totally disregarded** his father's views on that topic.
4. The runway **had been designed** to service large aircraft.
5. From 2010 to 2014, her brother **had studied** medicine and worked as an intern in several hospitals.
6. Numerous artists **have been associated** with this movement.
7. He **hadn't even thought** of asking her.
8. She told a female detective that the two boys **had been bullying** her for a long time.
9. He explained he **hadn't done** anything wrong.
10. If he **had wanted** to rob her, he could easily have done so.

II. Reliez les verbes avec leur traduction française (voir corrigés p. 303) :

avaient travaillé – ont travaillé – travaillaient – travaillent

1. They **have been working** on their project for a few weeks.
2. They **had been working** on their project for a few weeks when they were told to stop.
3. They **had already worked** on this project.
4. They said **they had worked** on the same kind of project before.
5. **Have they worked** on this project?
6. If they **had worked** on this project a little more, they wouldn't have had so many problems.
7. They **worked** on this project last year.
8. They **were working** on the project when a fire started in their lab.

III. Complétez avec la forme correcte du verbe entre parenthèses (voir corrigés p. 303).

Hillary Clinton (was/is/has been) born on October 26, 1947, in Chicago, Illinois. She (is raised/raised/raises/was raised/has been raised) in a United Methodist family. She (studied/has studied/had studied) Law at Yale, then (followed/has followed/had followed) her boyfriend Bill to Arkansas, where he (has begun/had been beginning/had begun) his political career.

They (have married/had married/married) in 1975. By that time, Hillary (has been teaching/had been teaching) law at the University of Arkansas for a while and (has been/had been active) in the campaign against capital punishment.

Because of the priority that Hillary (has placed/placed) on her husband's political career, and on her pro-bono activities, (she earned/did not earn/had not earned/has earned) as much money as she could have if she (has devoted/devoted/had devoted/would have devoted) herself to her law practice full time.

Her husband (elected/had elected/had been elected/was elected) president in 1992. In early 2007, Hillary (announces/has announced/announced) her plans to run for the presidency. During the 2008 Democratic primaries, she (conceded/has conceded/had been conceding/had been conceded) her nomination when it became apparent that Barack Obama (was held/held/had held) a majority of the delegate votes. After winning the national election, Obama (appointed/was appointed/had appointed/had been appointed) Hillary Clinton as Secretary of State. She (had sworn/swore/was sworn) in January 2009 and served in that position until 2013. In the spring of 2015, she (has announced/announced/has been announcing) her plans to run again for the U.S. presidency. She (was/is/has been) in politics for a very long time and (has featured/features/has been featured) in the media and popular culture for ages. Although her career (had/has/has had/is having/was having) its ups and downs, she (was now viewed/has now been viewed/had now been viewed/is now viewed) as the most influential woman in the world.

Prononciation

Le vocabulaire à étudier de cette semaine, ainsi que certains mots que vous avez entendus dans les conversations sont difficiles à prononcer à cause de leur accentuation ou d'une consonne qui se prononce différemment du français.

Les phonèmes [ð], [θ] (comme dans *the* et *think*)

Tout d'abord, il serait utile que vous vous entraîniez encore et encore à prononcer ces deux phonèmes qui posent tant de problèmes aux locuteurs français. Allez sur le site http://pronuncian.com/Lessons/Default.aspx?Lesson=10 et faites les exercices de prononciation. Le son [θ] de *think* est encore plus difficile à prononcer lorsqu'il est suivi d'un [r], comme dans *throne* ou *overthrow*.

Accentuation

Nous avons déjà vu des mots difficiles à prononcer pour les francophones à cause de l'accent tonique. Nous avons même déjà travaillé sur certains d'entre eux.

L'accent tonique est ici marqué en gras.

*Poli**ti**cian* – *environ**men**talist* – ***go**vernment* – ***di**plomat* – *am**ba**ssador* – *ju**di**ciary* – ***ve**to* (le « e » se prononce [i:], i long, comme dans *feel*)

Autres mots difficiles

Pour *heir*, ainsi que pour les mots *heirloom* et *heiress*, contrairement à la prononciation habituelle des autres mots anglais, le [h] ne s'entend pas. Ce mot se prononce donc comme *air* et non comme *hair*. Il existe trois autres mots dans le même cas : *hour* qui se prononce comme *our*, *honor* (et les mots de sa famille) et *honest* (et les mots de sa famille).

Pour *anarchy* et *monarchy*, « ch » se prononce « k ». Pour *reign* et *foreign*, le « g » ne se prononce pas. La prononciation de ces deux mots est quand même très différente. Il y a bien sûr un accent tonique sur *reign*. Les voyelles « ei » sont donc fortes et se prononcent comme dans *face*. Dans ***fo**reign* en revanche, l'accent porte sur la première syllabe. Les lettres « ei » sont donc faibles et se prononcent comme dans *an*.

Vérifiez la prononciation américaine de tous ces mots en ligne, par exemple sur le site http://www.howjsay.com/.

Travail complémentaire

Vous avez étudié toutes les compétences et effectué l'ensemble des exercices et des activités du chapitre. Il vous faut maintenant passer un peu de temps à réviser ce que vous avez appris dans ce chapitre, que ce soit le vocabulaire, la grammaire ou les techniques des exercices du TOEFL iBT®.

Relisez plusieurs fois les différentes sections du chapitre, révisez le vocabulaire, et refaites les phrases qui vous ont posé des problèmes.

Dans le programme de travail de la semaine, il ne faut pas oublier la pratique quotidienne des autres compétences langagières, afin de ne pas vous concentrer uniquement sur la compréhension orale.

Compréhension écrite et du vocabulaire de l'histoire, de la politique et du gouvernement

Vous devez continuer à lire régulièrement des articles universitaires d'environ 700 mots.

Lisez sur Wikipedia l'introduction de l'article *History of the United States* : https://simple.wikipedia.org/wiki/History_of_the_United_States

Lisez également la section *Executive branch* de l'article *Federal Government of the United States* : https://en.wikipedia.org/wiki/Federal_government_of_the_United_States

Compréhension orale

En allant sur http://www.learnoutloud.com/, vous pouvez écouter gratuitement des cours en ligne, par exemple sur l'histoire ou la politique américaine. Sur la page d'accueil, tapez *American-Democracy-and-Citizenship* dans la barre de recherche en haut de la page. Cliquez sur le lien qui vous intéresse, puis sur iTunes à droite, et le cours se lancera. Si iTunes n'est pas installé sur votre ordinateur, on vous proposera de le télécharger gratuitement. Vous pouvez également avoir accès à d'autres contenus gratuitement, sans aller dans iTunes. Sur la page d'accueil de http://www.learnoutloud.com/, vous pouvez aussi taper *Politics and Government* dans la barre de recherche, puis cliquer sur *US Government Free Audio and Video*. Vous pouvez choisir *The Constitution* ou d'autres sujets. Suivez ensuite les instructions. Vous pouvez également choisir *Politics* dans la barre de recherche, puis *Politics Free Audio and Video,* et *Contemporary Issues*, par exemple.

Sur le site http://www.openculture.com/history_free_courses, vous avez accès à de nombreux cours d'histoire gratuits.

Pratique de l'expression écrite, de la grammaire et des fonctions étudiées

Écrivez une courte biographie (50 mots) d'un homme ou d'une femme politique français en vous efforçant d'utiliser le *past perfect* au moins une fois.

Pratique de l'expression orale

Lisez à voix haute les scripts des cours et les conversations de ce chapitre (p. 111, 116, 122, 129, 137, et 143). Si vous avez des doutes sur l'accentuation ou la prononciation, réécoutez les documents audio.

Lorsque ce chapitre sera parfaitement assimilé, vous pourrez passer au suivant.

Retrouvez sur le site en ligne **http://compagnons.pearson.fr/toeflpratique** le test d'application qui vous servira d'entraînement.

Partie 3

Expression orale

Semaine 5

Cette semaine, vous entamerez l'étude de la troisième épreuve du TOEFL iBT® : l'expression orale (*Speaking*). Après le travail de préparation à proprement parler, vous allez étudier le vocabulaire de l'université, pratiquer d'autres fonctions du langage (dont vous aurez besoin spécifiquement pour cette épreuve, mais aussi lorsque vous voudrez vous exprimer à l'écrit), et revoir le futur dans les subordonnées de temps, le style indirect, ainsi que quelques règles de prononciation.

Cette épreuve du test évalue votre capacité à vous exprimer sur un grand nombre de sujets dans un anglais fluide et correct en situation normale de communication. Faites un effort particulier pour vous entraîner pour cette épreuve car l'expression orale est souvent le parent pauvre des compétences linguistiques pratiquées en cours.

Cette épreuve comprend six questions et deux types d'exercices :

- des exercices d'expression libre (*independent tasks*), c'est-à-dire des questions auxquelles vous devez répondre selon votre expérience, vos connaissances ou vos opinions;
- des exercices d'expression dirigée (*integrated tasks*). On attend ici une réponse fondée soit sur la lecture d'un passage écrit et l'écoute d'un cours ou d'une conversation, soit uniquement sur l'écoute d'un cours ou d'une conversation.

Vous devez répondre à deux questions d'expression libre et quatre questions d'expression dirigée.

Cette épreuve dure environ 20 minutes.

Pour obtenir un bon score en expression orale, vous devez :

- vous exprimer dans un anglais compréhensible, fluide et clair, sans trop d'hésitations ou de pauses;
- avoir une prononciation correcte;
- utiliser une intonation et un rythme naturels;
- utiliser un vocabulaire approprié;
- vous exprimer dans un anglais correct grammaticalement;
- utiliser des structures variées et des phrases complexes;
- répondre à la question directement, fidèlement et entièrement;

- développer la réponse clairement, en reliant les phrases et les idées de manière logique et progressive ;
- utiliser le temps imparti.

Voici le menu qui apparaîtra à l'écran :

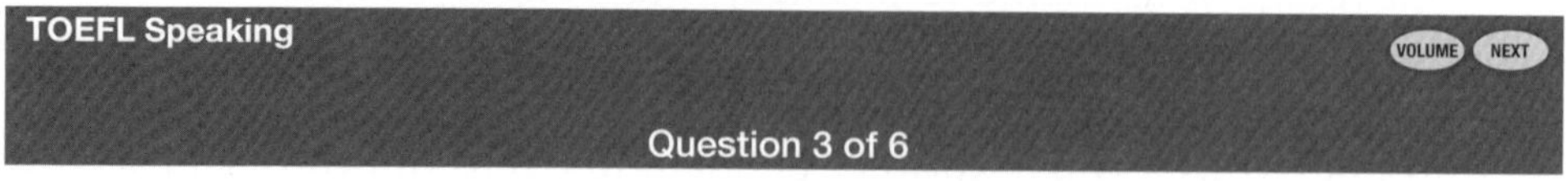

Vous pouvez améliorer vos compétences en expression orale de différentes façons :

- Enregistrez-vous et réécoutez-vous en faisant attention au rythme, à l'accentuation, à la fluidité et à la clarté de l'expression, ainsi qu'en essayant d'éviter d'avoir trop d'hésitations. Il faut vous habituer à vous enregistrer, à parler clairement dans le micro et à entendre le son de votre voix dans le casque.
- Pour parler correctement, il faut déjà commencer par écouter beaucoup de contenus en anglais. Continuez donc à procéder de la même façon que pour les parties précédentes, en prêtant une attention particulière à l'intonation et à l'accentuation. Ces deux éléments constituent le problème principal des étudiants francophones : ils ont tendance à utiliser une intonation montante dans les questions, comme en français, ce qui n'est pas correct en anglais. Ils rencontrent également de nombreuses difficultés à placer l'accent tonique au bon endroit, notamment sur des mots très courants et qui peuvent être très utiles dans les épreuves du TOEFL iBT® comme *__go__vernment*, *de__ve__lopmen*t, *eco__no__mics*, *the e__co__nomy*, *con__si__der*, *__dif__ficulty*, *__dif__ference*, *__cri__ticism*, *__con__sequence*, *e__vent__*, *poli__ti__cian*, *__po__litics*, *be__gin__ning*, *com__pu__ter*, *tech__no__logy*, *ef__fect__*, *phe__no__menon*, *im__por__tant*, *suc__cess__*, *__rea__sonable*, *ex__am__ple*, *ad__van__tage*, etc.
- Prêtez également attention à l'accent tonique de phrase. Les phrases contiennent en effet des alternances de mots accentués et de mots qui ne le sont pas : les mots qui transmettent le sens de la phrase (noms, adjectifs, verbes, adverbes) sont accentués, alors que les mots grammaticaux (pronoms, prépositions, auxiliaires, etc.) ne le sont pas.
- Prêtez attention à l'accent tonique dans les mots composés (voir semaine 1, p. 30). Entraînez-vous à bien prononcer les phonèmes qui n'existent pas en français, notamment [h] (voir la section Prononciation à la fin de ce chapitre, p. 162), ainsi que [ð] et [θ] (voir semaine 4, p. 227).
- Écoutez et répétez. Reprenez les sites mentionnés dans le chapitre précédent et répétez le texte phrase après phrase en faisant très attention aux éléments du point précédent.

- Lisez à voix haute des passages en anglais trouvés dans les magazines et journaux en ligne.
- Rédigez de brefs résumés d'articles que vous avez lus et lisez-les à voix haute. Cet exercice est encore plus utile que le précédent parce que, ayant rédigé vous-même le passage, vous vous le serez approprié, vous le comprendrez mieux et vous pourrez plus facilement utiliser une intonation correcte, et mettre les pauses au bon endroit.
- Entraînez-vous à vous exprimer pendant le temps qui vous sera accordé lors du test. Il est essentiel que vous puissiez utiliser correctement le temps imparti pour donner les informations importantes sans vous précipiter, afin de garder un rythme naturel et d'être facilement compréhensible.
- Allez à la rencontre des étudiants Erasmus de votre université et conversez régulièrement avec eux en anglais.

Pratique des questions d'expression libre (*Independent questions*)

Astuce !

Pensez à bien ajuster vos écouteurs, le micro et le volume avant de commencer cette épreuve.

Voici comment se déroule cette partie de l'épreuve (questions d'expression libre 1 et 2) :

1. Vous voyez tout d'abord à l'écran les consignes générales de toute l'épreuve d'expression orale. Vous les connaissez déjà. Ne perdez donc pas de temps à les relire. Cliquez sur *Next* pour passer à la première question.
2. Vous lisez et entendez ensuite les consignes pour la première question.
3. Vous lisez et entendez la première question. Un compteur apparaît à l'écran pour vous indiquer combien de temps il vous reste pour préparer votre réponse, puis pour vous exprimer.
4. Vous entendez «*Begin to prepare your response after the beep*», suivi d'un bip sonore. Le compteur vous laisse 15 secondes pour préparer votre réponse.
5. Vous entendez ensuite «*Begin speaking after the beep*», suivi d'un bip sonore. Le compteur vous laisse 45 secondes pour répondre.
6. À la fin des 45 secondes, vous entendez un bip sonore suivi de «*Now, stop speaking*». Votre réponse est enregistrée pour être corrigée.

Première question d'expression libre

Présentation de l'exercice (question ouverte)

Dans cet exercice, vous devez vous exprimer pendant 45 secondes sur un sujet que vous connaissez bien. On vous demande souvent de parler de vous, de votre vie, de vos opinions. Le thème est toujours assez vaste pour que vous ayez des choses à dire. Vous êtes évalué sur votre capacité à vous exprimer dans un anglais fluide et compréhensible, la richesse de votre vocabulaire, l'organisation de votre discours, ainsi que la correction de la grammaire et de la syntaxe. Vous disposez de 15 secondes pour préparer votre réponse et prendre des notes avant de commencer à parler.

Attention ! Spécial étudiant francophone !!!

On vous donne peu l'occasion d'exprimer votre opinion personnelle au cours de vos études en France. Vous avez souvent l'impression qu'il vaut mieux éviter de donner votre avis et que vous devez donner une réponse évasive après avoir étudié les deux propositions. **Il ne faut absolument pas procéder ainsi ici. Vous devez donner votre avis clairement et sans ambiguïté.**

Voici des exemples de questions d'expression libre :

- *What do you like doing on rainy days? Use details in your response.*
- *What was the most useful class that you took in high school? Give reasons for your response.*
- *Talk about the type of transportation you prefer to take while traveling and why.*

Vous entendrez la question et vous la verrez à l'écran.

Voici quelques conseils pour répondre à ce type de sujet :

- Lisez la question attentivement afin de ne pas oublier une partie des consignes et de fournir une réponse complète.
- Prenez des notes très brèves sous forme de plan. Vous y indiquerez les informations que vous souhaitez développer. Utilisez des abréviations car vous ne disposez que de 15 secondes.
- Essayez de fournir au moins deux raisons, deux détails ou deux explications, et/ou racontez une petite anecdote ou une petite histoire. **Encore une fois, n'ayez pas peur de parler de vous et de dire « je »**
- Organisez bien votre discours en utilisant des mots de liaison clairs (*for instance*, *for example*, *another reason*, *furthermore*, etc.).

- Utilisez un ton et un rythme naturels. Ne parlez pas trop vite pour en dire le plus possible. Parlez assez fort. Le but de l'exercice est de montrer que vous vous exprimez clairement et naturellement.

Astuce !

Vous n'aurez peut-être pas le temps de dire tout ce que vous aviez préparé. Ce n'est pas une catastrophe. Organisez bien votre réponse. La qualité de ce que vous dites a au moins autant d'importance que la quantité. Si vous vous entraînez régulièrement à respecter le temps imparti, vous aurez moins de chances de ne pas pouvoir finir. Mais, surtout, ne vous mettez pas à parler trop vite si vous voyez que vous n'aurez pas le temps de tout dire.

Analyse d'un exemple

You hear and see:

Narrator: *You will now be asked a question about a familiar topic. After you hear the question, you have 15 seconds to prepare your response and 45 seconds to answer.*

(Question number) **1.** What was the most useful class that you took in high school?

Give reasons for your response.

Preparation Time: 15 Seconds
Response Time: 45 Seconds

You then hear:

Begin preparing your response after the beep. [*beep sound*]

Preparation Time
00:00:00

After 15 seconds, you hear:

Begin speaking after the beep. [*beep sound*]

Response Time
00:00:00

After 45 seconds, you hear:

[*beep sound*] Now, stop speaking.

Élaborer le plan

Votre plan doit inclure les points suivants :

- votre réponse à la question ;
- deux ou trois détails ou exemples pour étayer votre réponse ;
- une phrase de conclusion.

Vous pouvez également ajouter à vos notes quelques mots de vocabulaire que vous ne voulez pas oublier. Rédigez votre plan en anglais.

Lisez le sujet ci-dessous :

What was the most useful class that you took in high school? Give reasons for your response.

Voici un exemple de plan possible :

- *Typing class:*
  - *skills useful for other classes (speed, accuracy)*
  - *taught how to lay out letters, reports*
  - *Concl: class helped with other classes and future job*

Fournir une réponse détaillée

De nombreuses questions vous demandent d'étayer votre réponse. Pour donner des détails, vous pouvez utiliser des adjectifs et/ou des adverbes précis. Évitez les adjectifs vagues et ordinaires comme *good, bad, interesting, well, important, nice.*

Montrez que vous connaissez du vocabulaire et que vous êtes capable de précision. Voici des exemples d'adjectifs plus précis et plus recherchés :

- *Good: valuable, talented, practical, convenient, useful, pleasant, etc.*
- *Bad: frightening, ludicrous, ridiculous, depressing, unpleasant, useless, nasty, etc.*
- *Nice (for a person): kind, helpful, generous, encouraging, generous, warm, cheerful, etc.*
- *Nice (for an object): lovely, delightful, pleasant, well-designed, pleasing, etc.*
- *Interesting: unusual, thought-provoking, striking, fascinating, etc.*
- *Important: significant, essential, far-reaching, meaningful, relevant, etc.*
- *Well (adv.): skillfully, quickly, efficiently, accurately, etc.*

Pour donner des détails, vous pouvez également utiliser des locutions prépositionnelles circonstancielles qui indiquent le lieu, la manière, le temps, la cause, etc.

Voici des exemples de locutions prépositionnelles de circonstance :

- *Time: at night, during the summer, on weekends, during class, etc.*
- *Place: in the mountains, at home, by the sea, under the bridge, along the river, round the corner, etc.*
- *Reason/purpose: for money, by law, against orders, etc.*
- *Manner: by bicycle, with a lever, with a friend, without thinking, etc.*

Entraînement

Regardez les sujets suivants et les trames de réponses. Ajoutez des détails (adverbes, adjectifs, locutions, compléments, etc.) Le premier exemple vous montre comment faire :

Sujet 1 : What was the most useful class that you took in high school? Give reasons for your response.

Trame : *Typing was a good class because I learned a lot. It was hard, but I'm glad that I worked hard and made progress. Now I can type without looking at my hands.*

Phrases complétées et améliorées : Typing was a ~~good~~ **practical** class because I learned a lot **of word-processing skills**. It was ~~hard~~ **a challenging class, with a lot of homework**, but I'm glad that I worked hard and made **significant** progress. Now I can type **quickly, easily and accurately** without looking at my hands.

À vous maintenant !

Sujet 2 : What is your favourite activity to do by yourself? Give reasons to explain your answer.

Trame : I like surfing the internet when I'm alone. I can find a lot of news stories and other good websites. It doesn't cost much. It isn't difficult.

Sujet 3 : Talk about a relative who taught you something important. Explain what you learned.

Trame : With my uncle, I learned how to be patient. He is a patient man. He doesn't get angry. He rarely feels stressed.

Sujet 4 : Talk about an interesting place that you have visited. Use details in your response.

Trame : I went to Paris. It was nice. It was large. I saw a lot of things. I ate some good food, and I met some nice people.

Exemples de réponses possibles

Sujet 2 : I like surfing the internet **for hours** when I'm alone. I can find a lot of **international and local** news stories and other ~~good~~ **fascinating** websites **about my hobbies and interests**. It doesn't cost much**, which is convenient,** and **i**t isn't difficult **or demanding**.

Sujet 3 : With my uncle, I learned how to be patient. He is **an excellent example of** a patient man. He doesn't get **upset or** angry **when things go wrong or people irritate him**. He rarely feels stressed.

Sujet 4 : I went to Paris **for two weeks when I was in high school**. It was ~~nice~~ **a wonderful experience**. It was ~~large~~ **the largest city I had ever visited**. I saw a lot of ~~things~~ **famous monuments and museums**. I ate some ~~good~~ **typical French** food, and I met some ~~nice~~ **friendly** people.

Raconter une petite histoire ou une anecdote

Pour certaines questions, la manière la plus simple et la plus appropriée de répondre au sujet est de faire un bref récit. Si l'on vous demande par exemple de parler d'une personne qui exerce une grande influence, vous pouvez raconter une anecdote ou un événement qui (dé)montre ces qualités. Pour produire ce récit, il est plus simple de raconter les événements dans l'ordre chronologique. Il est donc nécessaire d'inclure des marqueurs temporels. Au début de votre récit, vous pouvez utiliser des expressions du type *when I was…*, *at the beginning of the…*, *during the last…* Ensuite, utilisez des expressions de temps pour marquer les transitions et organiser les différentes phases de l'histoire : *first, then, next, while, during, after…, later, finally, eventually* (voir semaine 3, p. 90).

Pour ce type de sujet, vous devez utiliser les temps du passé : *simple past*, (*He gave me some advice*) *past continuous* (*As I was walking down the road,…*), *past perfect* (*After I had handed in my paper,…*) (voir semaine 3, p. 93).

Entraînement

Lisez les sujets suivants et préparez un plan de réponse pour chacun d'eux, qui contienne un récit pour illustrer votre réponse :

Sujet 1 : Talk about a skill that you taught yourself. What was it and how did you learn it?

Sujet 2 : Describe a vacation that you enjoyed.

Sujet 3 : Describe a time when you were pleasantly surprised. Use details in your response.

Exemples de plans possibles

Sujet 1 : *How to juggle* (jongler)

- Bought set of juggling balls
- Watched YouTube videos
- Became a good juggler

Sujet 2 : *Camping trip with friends*

- Camped in woods
- Had trouble erecting tent
- Rained all night
- Slept in car.
- Invaluable experience with good friends.

Sujet 3 : *History test*

- Thought I did badly.
- Got special award.
- Decided to study History at uni.

Maintenant, entraînez-vous à haute voix à apporter une réponse aux questions à partir de vos notes, en pensant bien aux marqueurs temporels et en vous concentrant sur la correction des temps du passé.

Fournir des exemples

De nombreux sujets vous demandent de fournir des exemples, de donner des raisons ou des détails. Ces derniers peuvent être, comme nous l'avons vu ci-dessus, des mots qui décrivent. Mais il peut également s'agir d'idées, de faits ou d'incidents.

Lorsque le sujet vous indique de donner des détails ou et des exemples, vous devez les signaler clairement par des mots ou expressions comme *for example*, *for instance*, *another example of…*, *there are two reasons why…*, *I learned three important things…*

Vous ne disposez que de 15 secondes pour établir le plan. Ne cherchez pas à fournir trop de détails ou d'exemples. Deux exemples bien développés valent mieux que quatre qui seraient incomplets.

Entraînement

Lisez les sujets suivants et préparez un plan de réponse pour chacun d'eux, qui contienne deux ou trois exemples :

Sujet 1 : What qualities do you have that make you a good friend? Give examples to explain your answer.

Sujet 2 : What do you do to keep yourself healthy? Give examples to support your answer.

Sujet 3 : What animal do you think best represents your personality? Give reasons to explain your answer.

Exemples de notes possibles

Sujet 1 : patient (ex: when people do not understand sthg), loyal (stick to friends), kind (help people in trouble)

Sujet 2 : eat breakfast/exercise (ex: go jogging)/don't eat too much sugar.

Sujet 3 : fox. Smart and clever (ex)/strong (ex)/family connections (ex)

Astuce !

Avant de vous lancer dans ces exercices, revoyez les mots de liaison appris dans le chapitre 1 (p. 24), ainsi que les temps du passé révisés dans le chapitre 3 (p. 93).

Exercice d'application

Directions: Record your responses to the following prompts.

Enregistrez vos réponses aux situations proposées ci-dessous.

24

1. You will now be asked a question about a familiar topic. After you hear the question, you have 15 seconds to prepare your response and 45 seconds to answer.

Talk about a time that you did something you were proud of. What did you do, and why did you feel proud? Use reasons to support your response.

Preparation Time: 15 Seconds
Response Time: 45 Seconds

25

2. You will now be asked a question about a familiar topic. After you hear the question, you have 15 seconds to prepare your response and 45 seconds to answer.

What skill or ability that you don't currently have would you like to develop, and why?

Preparation Time: 15 Seconds
Response Time: 45 Seconds

Exemple de réponse possible

When I was a member of my school newspaper club, there was one boy who was not liked bythe other classmates. He was very shy and not very good-looking. Sometimes he said strange things, and he had a quick temper. The other club members used to tease him about, lots of things, especially his clothes. He didn't wear popular brands. When they teased him, he losthis temper, and it got worse. I felt sorry for him, but I was afraid to say anything to my friends. I didn't want them to tease me instead. But one day, I don't know, I changed my mind. "Leave him alone," I told them. "He's a member of this club just like you. Everyone is important." They were so surprised! Some kids laughed, but everybody stopped teasing him, I mean, mostly. To tell the truth, I still didn't like that boy very much. But teasing him was wrong; I believe that very strongly.

Astuce !

Ne reprenez pas exactement les termes de la question. Reformulez avec vos propres mots.

À l'aide du tableau suivant, évaluez vos réponses en vous attribuant de 1 à 5 points pour chacune des compétences ci-dessous.

Compétence évaluée	1 pt = niv. faible 5 pts = niv. élevé
J'ai compris l'énoncé.	
J'ai pris des notes claires.	
J'ai répondu à l'ensemble de la question dans le temps imparti.	
J'ai utilisé des adjectifs et des adverbes appropriés.	
J'ai utilisé des locutions prépositionnelles appropriées.	
J'ai raconté une petite histoire avec des marqueurs de temps.	
J'ai correctement utilisé les temps du passé.	
J'ai fourni deux ou trois exemples.	
J'ai utilisé un anglais fluide et correct, ainsi que du vocabulaire adapté.	

Réfléchissez maintenant à la manière dont vous pouvez améliorer les compétences qui ne sont pas encore parfaites.

Astuce !

S'il vous reste quelques secondes avant la fin du temps imparti, ne répétez pas ce que vous venez de dire. Essayez plutôt de trouver un exemple supplémentaire.

Seconde question d'expression libre

Présentation de l'exercice (choix entre deux options)

Pour cet exercice, vous devez vous exprimer pendant 45 secondes en réponse à une question portant sur vos idées, expériences ou opinions **personnelles**. On vous proposera un énoncé ou une question qui vous demandera de choisir entre deux actions, deux situations, deux opinions possibles. Vous disposerez de 15 secondes pour préparer votre réponse et prendre des notes avant de commencer à parler. Ces questions portent sur des sujets que vous connaissez bien : certains sont de type scolaire ou universitaire, d'autres sont plus généraux.

Voici des exemples de ce type de question :

- *Some college students prefer to take night classes. Others prefer to take classes only in the daytime. Which class schedule do you think is best for students and why?*
- *Some people believe that employees should be rewarded according to their ability. Others believe rewards and promotions should be given according to age and experience. Which opinion do you agree with and why?*

Vous entendrez la question et vous la verrez à l'écran.

Pour répondre à ce type de questions :

- Lisez et écoutez la question attentivement et assurez-vous que vous avez compris parfaitement.
- Décidez quel sera votre choix de réponse et prenez des notes très brèves sous forme de plan. Vous y indiquerez les raisons qui étayent votre choix. Utilisez des abréviations car vous ne disposez que de 15 secondes.
- Puisque la question porte sur votre expérience personnelle, pensez à ajouter des exemples vécus.
- Commencez par exprimer votre choix en tout début d'enregistrement. Fournissez au moins deux raisons pour expliquer ce choix.
- Structurez bien votre discours et utilisez des transitions (*the first reason, the second reason, in addition, besides, for instance, for example, on the other hand*, etc.).
- Utilisez un ton et un rythme naturels. Parlez assez fort.
- Concluez en réitérant votre choix.

Attention ! Spécial étudiant francophone !!!

Vous devez répondre à la question directement et non pas suivre les schémas imposés pour les dissertations françaises : pas d'introduction générale, pas de thèse/antithèse/synthèse. Il ne s'agit pas de donner la réponse dans la synthèse ou dans la conclusion. **Vous donnez la réponse immédiatement, dans votre première phrase.**

Analyse d'un exemple

You hear and see:

Narrator: *You will now be asked to give your opinion about a familiar topic. After you hear the question, you have 15 seconds to prepare your response and 45 seconds to answer.*

You hear and see:

(Question number) 2. Some people feel that the most important part of a job is earning money. Others think that enjoying a job is more important. Which opinion do you agree with and why? Use specific reasons and examples to support your answer.

Preparation Time: 15 Seconds
Response Time: 45 Seconds

You then hear:

(Begin to prepare your response after the beep. [*beep sound*]

Preparation Time:
00:00:00

After 15 seconds, you hear:

Begin speaking after the beep. [*beep sound*]

Preparation Time:
00:00:00

After 45 seconds, you hear:

[*beep sound*] Now, stop speaking.

Voici l'intitulé du sujet:

Some people feel that the most important part of a job is earning money. Others think that enjoying a job is more important. Which opinion do you agree with? Use specific reasons and examples to support your answer.

Prendre des notes

Vos notes doivent inclure les points suivants : votre opinion, deux ou trois raisons pour expliquer ce choix, et des exemples pertinents pour l'illustrer.

Voici un exemple de notes :

- <u>Votre opinion :</u> *Enjoy job*
- *Reason 1: No interest → No good work → not much money*
- *Reason 2: Less stress→ better health → fewer medical expenses*
- *Reason 3: unhappy → bad for relations with friends and family*
- *Concl: money ≠happiness and good health*

Exprimer votre opinion

Pour exprimer votre opinion, vous pouvez utiliser des expressions de ce type :

- *In my opinion…* ;
- *I agree/I disagree with…* ;
- *I believe…* ;
- *Personally, I prefer…* ;
- *I feel that…*

Astuce !

Révisez la fonction Opinion étudiée au chapitre 4, p. 154.

Fournir des raisons

Vous devez maintenant fournir des raisons pour expliquer votre opinion ou votre choix. Pour ce faire, vous pouvez utiliser des expressions comme :

- *That's why I think…* ;
- *The reason I feel this way is…* ;
- *One reason I prefer… is…* ;
- *Another reason is…*

Utiliser le contraste et la comparaison

Il peut parfois être utile de comparer ou contraster les deux propositions qui vous sont faites. Vous pouvez alors utiliser des expressions comme :

- *Compared to X, Y is…, Unlike X, Y is…* ;
- *On the one hand, … on the other hand,*

Vous pouvez également utiliser les comparatifs.

Astuce !

Dans ce chapitre, dans la section Fonctions du langage, nous allons réviser le contraste. Vous pouvez également revoir la fonction Comparaison étudiée au chapitre 2, p. 52.

Exemple de réponse possible à partir des notes

I definitely agree with the opinion that it is better to enjoy your job. If I'm not interested in my job, I won't work well, my job performance will get worse, and probably that means less money too. In addition, if I like my job, I won't feel stressed and my health will be better. If you feel stressed, you may get sick and lose working days and have to pay for expensive medicines. Finally, if my job makes me unhappy, I believe it could affect my friends and family and make them unhappy too. So, from my point of view, money does not equal happiness and health, but enjoying your job can give you both.

Cette réponse obtiendrait une note de 4 parce que l'étudiant n'a pas eu trop d'hésitations et n'a pas fait trop de fautes grammaticales ou lexicales. La structure des phrases est variée et la syntaxe est complexe. La réponse n'est pas parfaite, mais elle est assez fluide et contient des transitions logiques. Le candidat a fourni plusieurs raisons pour son opinion, **qu'il avait énoncée clairement dès le début**. La conclusion résume le point de vue du locuteur et ses raisons. Celui-ci a bien géré son temps.

Entraînement

Regardez maintenant les sujets suivants. Prenez rapidement quelques notes qui incluent votre choix, deux ou trois raisons pour expliquer ce choix, et un ou deux exemples pertinents. À partir de vos notes, donnez une réponse à voix haute qui inclue des expressions d'opinion (voir ci-dessus) et des expressions pour expliquer vos raisons (voir ci-dessus). Vous pouvez également utiliser des expressions de contraste ou de comparaison pour exprimer les raisons de votre choix (voir ci-dessus) :

Sujet 1 : Many high schools require students to take art classes. Do you think this is a good idea or not? Why?

Sujet 2 : Which do you think is better for students, attending large classes with fifty to a hundred students or attending small classes with ten to fifteen students? Why?

Sujet 3 : Is watching television helpful or harmful for children?

Sujet 4 : Which do you think is better, living in a rural area (the countryside) or living in an urban area (a city)? Why?

Astuce !

Si vous vous apercevez que vous avez fait une faute de grammaire en parlant, n'ayez pas peur de vous corriger. Reprenez la phrase et corrigez l'erreur. Les examinateurs sont sensibles à cette attitude, qui témoigne de réflexion, confiance en soi et capacité à se corriger.

Exercice d'application

Directions: Record your responses to the following prompts.

26

1. You will now be asked a question about a familiar topic. After you hear the question, you have 15 seconds to prepare your response and 45 seconds to answer.

Most universities offer a note-taking service for specific classes. Students can buy the notes for a reasonable fee. Some students feel this is a good service. Others think students should take their own notes in class. Which do you think is best for students and why?

Preparation Time: 15 Seconds
Response Time: 45 Seconds

27

2. You will now be asked a question about a familiar topic. After you hear the question, you have 15 seconds to prepare your response and 45 seconds to answer.

Many movies use books as the basis for their stories. Some people think it is better to read the book before going to such a movie. Others believe that it is better to see the movie first and read the book after. Which opinion do you agree with and why?

Preparation Time: 15 Seconds
Response Time: 45 Seconds

Exemples de réponses possibles

1. Personally, I think students should take their own notes in class.

   If they don't take their own notes, they don't concentrate as much, and they don't understand the lecture perfectly.

   In addition, the notes you can buy have been written by somebody who thinks in a way which is different from your own, and which may be difficult for you to grasp.

   Finally, if you make the effort of attending all classes, and of taking your own notes, you will remember the lectures much better.

   So, as far as I am concerned, I feel it is much more efficient for students to make their own notes.

2. I personally think it is better to read the book first. As you read the book, you imagine the characters, landscapes and events, and make them yours. This is very pleasurable.

   If you see the film first, what you see is what somebody else imagined. And this may ruin the book for you.

   Besides, it is always better to read the original work, as it is the true version of what the author wanted to convey, whereas the film is only an adaptation of the story, and sometimes can be different from the original story.

So, I definitely agree with the view that reading the book first is more appropriate, both for personal gratification and authenticity.

À l'aide du tableau suivant, évaluez vos réponses en vous attribuant de 1 à 5 points pour chacune des compétences ci-dessous.

Compétence évaluée	1 pt = niv. faible 5 pts = niv. élevé
J'ai compris l'énoncé.	
J'ai pris des notes rapides et efficaces.	
J'ai répondu à l'ensemble de la question dans le temps imparti.	
J'ai commencé ma réponse en utilisant une expression d'opinion.	
J'ai fourni deux raisons ou plus ainsi que des exemples en utilisant les expressions qui conviennent.	
J'ai comparé et contrasté, en utilisant des expressions appropriées.	
J'ai parlé de manière fluide, sans trop d'hésitations ni de répétitions.	
J'ai utilisé un anglais correct et du vocabulaire adapté.	

Réfléchissez maintenant à la manière dont vous pouvez améliorer les compétences qui ne sont pas encore parfaites.

Astuce !

Vous n'êtes pas obligé de dire la vérité. Bien sûr, il faut que votre réponse soit plausible et semble naturelle, mais vous pouvez inventer un exemple ou une histoire. On ne vous juge pas sur votre sincérité, mais sur la qualité de votre anglais et sur votre capacité à répondre à des consignes. Par ailleurs, ce genre de question n'attend pas une seule réponse. On vous demande d'exprimer une opinion et de donner des éléments pour étayer ce choix. C'est sur ces critères que vous serez évalué.

Pratique des questions d'expression dirigée (*Integrated questions*)

Voici comment se déroulera cette partie de l'épreuve (questions d'expression dirigée 3, 4, 5 et 6).

Pour les questions d'expression dirigée 3 et 4 :

1. Vous lirez et entendrez les consignes pour la première question.
2. Vous lirez et entendrez ensuite la question. Un compteur apparaîtra à l'écran pour vous indiquer combien de temps il vous reste pour préparer votre réponse, puis pour vous exprimer.
3. Vous entendrez « *You will now have 45 seconds to read the passage. Begin reading now.* » suivi d'un bip sonore. Le compteur vous laissera 45 secondes pour lire le passage.
4. Vous entendrez un bip sonore après 45 secondes, suivi de « *Now, stop reading.* »
5. À l'écran, une photo remplacera le document écrit. Vous entendrez « *Now listen to a conversation on this topic between two students.* » ou « *Now listen to part of a lecture on this topic in a* [matière étudiée] *class.* »
6. Après l'enregistrement, la photo sera remplacée par ces mots à l'écran : « *Now get ready to answer the question.* » Vous lirez et entendrez la question.
7. Vous entendrez « *Begin to prepare your response after the beep* » suivi d'un bip sonore. Le compteur vous laissera 30 secondes pour préparer votre réponse.
8. Vous entendrez ensuite « *Begin speaking after the beep.* » suivi d'un bip sonore. Le compteur vous laissera 60 secondes pour répondre.
9. À la fin des 60 secondes, vous entendrez un bip sonore suivi de « *Now, stop speaking.* » Votre réponse sera enregistrée pour être corrigée.

Pour les questions d'expression dirigée 5 et 6, la procédure est exactement la même que pour les questions 3 et 4, sans les étapes 3 et 4. Le temps de préparation est par ailleurs de 20 secondes.

Première question d'expression dirigée

Présentation de l'exercice (lecture + conversation)

Pour cette question, vous devrez lire une annonce ou une note d'information ayant trait à la vie sur un campus américain. Vous écouterez ensuite deux étudiants qui parleront de cette annonce ou de cette note. Vous devrez alors répondre à une question en utilisant les informations des deux documents (écrit et oral). Vous aurez 45 secondes pour lire le passage (75 à 100 mots). Celui-ci sera suivi d'une conversation de 60 à 80 secondes qui n'apparaîtra pas à l'écran. Vous disposerez ensuite de 30 secondes pour prendre des notes et préparer un plan de réponse, et de 60 secondes pour répondre.

Votre prestation sera évaluée en fonction du contenu, de l'organisation logique et de la qualité de l'anglais.

Les questions apparaîtront à l'écran. Voici des exemples de ce type de questions intégrées :

- *The man expresses his opinion about the information in the professor's syllabus. State his opinion and explain the reasons for that opinion.*
- *The professor expresses her opinion about the policy described in the university's e-mail. State her opinion and explain the reasons she gives for holding that opinion.*

Pour répondre à ce type de questions :

- Prenez des notes pour planifier votre réponse. Notez les idées principales des deux documents, ainsi que celles qui expliquent les opinions des locuteurs.
- Résumez brièvement l'idée centrale du document écrit. Ajoutez-y les opinions du locuteur et les raisons qui l'étayent.
- Répondez directement à la question en utilisant des mots qui reprennent l'information requise dans la question.
- Parlez clairement et assez fort, en utilisant un ton et un rythme naturels.

Analyse d'un exemple

You hear and see:

In this question you will read a short passage about a campus situation and then listen to a talk on the same topic. You will then answer a question using information from both the reading passage and the talk. After you hear the question, you will have 30 seconds to prepare your response and 60 seconds to speak.

You see:

Read the announcement about construction on the City University campus.

You will have 45 seconds to read the announcement. Begin reading now.

Reading Time: 45 Seconds

Notice of Construction

Please be advised that construction on the walkways between Johnson and Harold Halls, as well as the parking lots for both Halls and the undergraduate library, will commence on May 17. Construction is...

Then the reading passage will be replaced with a photograph and you will see:

Le passage écrit disparaîtra alors et sera remplacé par une image. Voici ce que vous verrez :

Then you hear and see: *Now listen to a conversation between two students about this notice.*

While you look at the photograph, you will hear but not see the conversation:

Man: Oh, hey, look at this. They're fi nally going to fix those walkways.

Woman: Between Johnson and Harold? Oh, great! Those are in terrible condition. And I have two classes in Johnson this term.

Man: Yeah, and the parking lot as well. That's what I'm really happy about.

Woman: Wait, the parking lot? But ... wait a minute, where am I supposed to park? The nearest lot is ... I guess by the sports center, but that's a fifteen-minute walk away.

...

The photograph is replaced with this screen on the computer:

Now get ready to answer the question.

You hear and see:

3. The woman gives her opinion about the best way for her to travel to campus during the time period mentioned in the announcement. State her opinion and explain the reasons she gives for holding that opinion.

Preparation Time: 30 Seconds
Response Time: 60 Seconds

You hear:

Begin to prepare your response after the beep. [*beep sound*]

Preparation Time:
00:00:00

After 30 seconds, you hear:

Begin speaking after the beep. [*beep sound*]

Response Time:
00:00:00

After 60 seconds, you hear:

[*beep sound*] Now, stop speaking.

Prendre des notes

Vos notes doivent inclure les idées principales du document écrit, les opinions des locuteurs de la conversation et les arguments qui expliquent ces opinions.

Astuce !

Pensez à prendre en notes les opinions des deux locuteurs. Vous ne savez pas encore si l'on vous demandera celle de l'un ou de l'autre.

Lisez la notice ci-dessous :

Notice of Construction

Construction on the sidewalks between Johnson and Harold Halls, and the parking lots for both Halls and the undergraduate library, will commence on

May 17 and last through July. During this time, no student, faculty, or visitor parking is permitted in Lot 23B outside Johnson Hall. Parking is reserved for construction and emergency vehicles only. Violators will be ticketed and towed. Bus service will be rerouted during this time. The #27 bus will stop in front of the campus bookstore, and then detour along West 23rd Avenue. For bus schedules during the construction period, please consult the posted information at each bus stop. We regret any inconvenience during this time.

---

28 Écoutez ensuite la conversation.

Souvenez-vous que le jour du test, vous ne la verrez pas écrite, vous l'entendrez seulement.

Man: Oh, hey, look at this. They're finally going to fix those walkways.

Woman: Between Johnson and Harold? Oh, great! Those are in terrible condition. And I have two classes in Johnson this term.

Man: Yeah, and the parking lot as well. That's what I'm really happy about.

Woman: Wait, the parking lot? But … where am I supposed to park then? The nearest lot is … I guess by the sports center, but that's a fifteen-minute walk away.

Man: So why don't you take the bus?

Woman: Because I'd have to change buses downtown, and it would take me over an hour. And my first class is at 8:00 A.M.

Man: Oh, sorry. For me, the bus is really easy—it takes me ten minutes from my apartment to campus. I usually come in the mornings, but all my classes are in the afternoon, so I can just study for a while or talk with friends.

Woman: I wish I didn't have this morning class! But I'd have to wake up at something like 5:00 A.M. to take the bus. That's just crazy.

Man: Why don't you ride your bike?

Woman: Well, traffic is really bad near my apartment, especially in the morning.

Man: What are other people in your class going to do?

Woman: Hey, that's right—we'll all have the same problem. I know a bunch of people who drive. We can carpool and take turns driving.

Man: Someone will still have to park . . .

Woman: Yeah, but the driver can let everyone off near Johnson Hall, just before the construction zone, and then go park. And if we take turns, then each person will only have to park once a week. I can manage that, I guess. The exercise will be good for me.

Lisez la question :

The woman gives her opinion about the best way for her to travel to campus during the time period mentioned in the announcement. State her opinion and explain the reasons she gives for holding that opinion.

Exemple de notes possibles

- Readg: construction walkways betw. Johnson and Harold halls + parkg lots for halls & undergrad library June & July.
- No parkg for students, staff, visitors in 23B, only constr. & emergency.
- Ticketed and towed.
- Bus route diff. Stops front of bookstore, check posted schedule.
- Conv:
- Man: Bus, convenient, bus pass, can study
- Woman: Early class, other parkg lot too far, bus more than an hour; bike, traffic; carpool share drivg; only walk from park once a week.

Résumer

Pour résumer les idées principales et les détails, et démontrer votre capacité à les retranscrire, utilisez des expressions qui signalent ce que vous êtes en train de faire :

- Idées principales : *The main idea… ;The most important point… ;The man's opinion… ;The woman's position…*
- Pour étayer et indiquer les raisons : *The woman gives two reasons for her opinion ;To support his opinion, the man states that…*

Bien entendu, vous ne devez pas répéter des phrases entières utilisées dans les documents. Vous devez restituer les mêmes informations en utilisant vos propres mots.

Astuce !

Évitez de lire vos notes. Il ne s'agit pas d'un exercice de lecture, mais d'expression. Pour ne pas être tenté par la lecture, n'écrivez pas de phrases entières dans vos notes. Votre prestation doit être naturelle.

Entraînement

The woman gives her opinion about the best way for her to travel to campus during the time period mentioned in the announcement. State her opinion and explain the reasons she gives for holding that opinion.

À partir des notes ci-dessus, répondez à la question oralement.

Exemple de réponse possible

- Idée centrale du document : *The main idea in the announcement is that, because of construction on campus, a parking lot will be closed. The bus service will still be available but the bus stop will be temporarily moved.*
- Opinion de la femme : *The woman says that* ***the best way*** *for her to travel to campus will be to* ***share rides*** *with other students. The driver will park in a different parking lot, and the passengers will get out near the building. The driver will have to walk a little way, but only once a week.*
- Raisons de cette opinion : *The woman gives two reasons for her choice.* ***The bus isn't convenient*** *for her because she has to wait to transfer lines and* ***riding her bike isn't safe*** *because traffic is bad near her house.* ***So car-pooling is best for her.***

Astuce !

Parlez clairement. Il vaut mieux en dire un peu moins que de débiter trop d'informations. Le correcteur risque de ne pas vous comprendre si vous parlez trop vite.

Exercice d'application

You will now read a short passage and then listen to a conversation on the same topic. After you hear the question about them, you have 30 seconds to prepare your response and 60 seconds to answer.

Reading Time: 45 Seconds

SPORTS AND RECREATION CENTER MEMBERSHIP ELIGIBILITY

All students who are enrolled for one or more credits, faculty/staff and their partners, and university alumni are eligible for membership to the Student Recreation Center, Student Tennis Center, and outdoor fields and swimming pool.

Current student membership fees are included in university tuition fees. All other memberships are sold per term or on an annual basis according to the academic calendar.

MEMBERSHIP RATES

MEMBERSHIP	**RATE**	**RATE**
Currently enrolled students	$45 per term	$180 annual
Off-term students	$65 per term	—
Faculty and staff	$70 per term	$230 annual
Faculty and staff partners	$70 per term	$230 annual
Alumni	$120 per term	$400 annual

29 *Now listen to a conversation on this topic.*

Directions: Record your response to the following prompt.

The woman gives her opinion about the pricing policy for the university sports center explained on the website. State her opinion and explain the reasons she gives for holding that opinion.

Preparation Time: 30 Seconds
Response Time: 60 Seconds

Exemple de réponse possible

In the woman's opinion, the university's pricing policy for the student sports center is fair. She supports her opinion by pointing out that enrolled students do pay to use the sports center because the sports center fees are part of their tuition. Therefore, she thinks that when a student is taking a term off, and not paying tuition, it's fair for that student to pay to use the sports center.

À l'aide du tableau suivant, évaluez vos réponses en vous attribuant de 1 à 5 points pour chacune des compétences ci-dessous.

Compétence évaluée	1 pt = niv. faible 5 pts = niv. élevé
J'ai compris la note d'information écrite et les conversations.	
J'ai pris des notes rapides et efficaces.	
J'ai répondu à l'ensemble de la question dans le temps imparti.	
J'ai résumé les idées principales du passage écrit.	
J'ai résumé l'opinion du personnage de la conversation, ainsi que les raisons qui la motivent.	
J'ai reformulé les idées avec mes propres mots.	
J'ai parlé de manière fluide, sans trop d'hésitations ni de répétitions.	
J'ai utilisé un anglais correct et du vocabulaire adapté.	

Réfléchissez maintenant à la manière dont vous pouvez améliorer les compétences qui ne sont pas encore parfaites.

Astuce !

Tous vos professeurs français vous ont toujours dit d'éviter les répétitions et de varier le vocabulaire. Bien entendu, si vous montrez ici que votre vocabulaire est riche et varié, ce sera un atout indéniable. Vous ne devez cependant pas avoir peur des répétitions. Les répétitions à l'oral, comme à l'écrit, en anglais, ne constituent pas un problème.

Deuxième question d'expression dirigée

Présentation de l'exercice (lecture + extrait de cours)

Pour cette question, vous lirez un passage de 75 à 100 mots portant sur une discipline universitaire comme la science, l'histoire ou encore la littérature. Ce texte contiendra des informations générales. Vous entendrez ensuite un bref exposé de 60 à 90 secondes portant sur le même sujet. Cet extrait de cours vous fournira des exemples et des informations plus spécifiques. Vous devrez ensuite répondre à une question qui vous demandera de résumer les informations contenues dans les deux documents (écrit et oral) et d'indiquer les relations qui existent entre elles. Cette question apparaîtra à l'écran.

Vous disposerez de 45 secondes pour lire le passage (75 à 100 mots). Ce texte sera suivi d'un cours de 60 à 90 secondes. Vous aurez ensuite 30 secondes pour préparer votre réponse et 60 secondes pour vous exprimer.

Attention !

Cette question est assez difficile parce que c'est un exercice auquel vous n'êtes pas habitué et qu'il faut faire preuve d'organisation et de rigueur. Il faudra sans doute vous entraîner davantage sur cette question.

Dans l'exemple qui suit, le passage écrit explique un style d'architecture et le cours décrit un bâtiment construit dans ce style.

Pour répondre à ce type de questions :

- Lisez rapidement le texte écrit et prenez des notes concernant les informations générales du texte. S'agit-il d'une définition, d'une théorie, d'un problème, d'un processus, etc. ?
- Écoutez attentivement le cours et prenez des notes concernant les informations spécifiques. Est-ce qu'elles complètent le texte que vous venez de lire, le contredisent, en proposent une application, suggèrent une solution ?
- Résumez, au début de votre enregistrement, les idées principales du document écrit. Ajoutez-y les informations spécifiques contenues dans le cours en expliquant les liens entre les deux. Attention : choisissez assez d'éléments provenant de chaque source et indiquez bien leur provenance.
- Organisez votre réponse en utilisant des transitions.

Analyse d'un exemple

You see and hear:

Narrator: *You will now read a short passage and then listen to a lecture on the same academic subject. After you hear the question about them, you have 30 seconds to prepare your response and 60 seconds to answer. You will have 45 seconds to read the passage. Begin reading now.*

You see:

Reading Time: 45 Seconds

The International Style of Architecture

The International Style of architecture first arose in the 1920s and 1930s. This style was a reaction to earlier, more decorative styles, such as Art Nouveau, which included highly artistic, handcrafted elements. The International Style was distinctly modern: It included new types of materials such as glass, steel, and concrete created by mass-production techniques. Buildings still constructed in this style purposely lack ornamentation and strive for simplicity of design; the surfaces are smooth and geometrical. The roofs are flat, and large portions of the walls are constructed of floor-to-ceiling glass, or the entire building is covered in a thin, lightweight curtain of glass.

The reading passage is replaced with a photograph and you see:

You then hear:

Now listen to a lecture on this topic in an architecture class.

Professor: The Lever Building in New York City was completed in 1952 and is considered one of the great successes of the International Style. It is a 24-story building whose exterior consists of a lightweight "skin" of blue-green glass and stainless steel. Beyond the repetitive, square series of windows, there are no additional exterior design elements; it is simply composed of two smooth "glass boxes." The two narrow, rectangular blocks that make up the skyscraper's distinctive geometric profile are set in the shape of the letter L. There is a vertical tower which sits at a right angle on top of a small area of a horizontal block. The lowest floor of the tower is set back from the tower, which further emphasizes the geometric relationship of the two flat-topped blocks.

The photograph is replaced with this screen on the computer:

Now get ready to answer the question.

You hear and see:

4. The professor describes the architectural design of the Lever Building. Explain how its design relates to the International Style.

Preparation Time: 30 Seconds
Response Time: 60 Seconds

You hear:

Begin to prepare your response after the beep. [*beep sound*]

Preparation Time:
00:00:00

After 30 seconds, you hear:

Begin speaking after the beep. [*beep sound*]

Response Time:
00:00:00

After 60 seconds, you hear:

[*beep sound*] Now, stop speaking.

Prendre des notes

Vos notes doivent inclure les idées principales du document écrit, le type de document (définition, théorie, etc.), ainsi que les idées principales du cours et leur lien avec le texte (application, solution, contradiction, etc.).

Voici un exemple de notes qui porte sur les documents ci-dessus :

Reading: type: definition: international style 1920-30s.

Main ideas: 1. React to arty, handicraft style; no decor

2. modern; new materials, (glass, steel, concrete), mass-produced

3. no ornament; simple; smooth; geometric

4. roof = flat; walls = floor to ceiling or building cover thin, light weight glass curtain

Lecture: connection to readg: example = success international style = 24-story Lever Building -1952 ≠early Art nouveau style

Main ideas: 1. Ext. Light weight, blue-green glass 'skin' + steel, repeat square windows = no added design

2. smooth, rectangular glass box, 'L' shape= vertical tower block on horizon, at right angle

3. Lowest floor set back = geometrical relation betw. / flat-top blocks

---

Introduire et résumer les points importants

Vous devez introduire et résumer les informations importantes à l'aide de verbes comme *discuss*, *present*, *define*, *explain*, *state*, *add*, etc., et les informations spécifiques avec des expressions comme *specifically discusses*, *gives detailed examples*, *discusses the specific process*, etc.

Relier les informations générales et les informations spécifiques

Vous devez relier les informations générales et les informations spécifiques en indiquant leurs sources et en expliquant le lien entre les deux à l'aide d'expressions comme *The author mentions that… However, the lecture says…* ; *The professor talks about a specific example…* ; *Like the … mentioned in the reading, the lecture states that…* ; *According to the lecture, the solution to the problem explained in the text is…* (voir dans la section Grammaire, le style indirect, p. 220).

Astuce !

Pensez à donner suffisamment d'éléments provenant de chacun des documents.

Entraînement

Lisez le passage suivant en 45 secondes maximum et prenez rapidement quelques notes.

The Stages of Sleep

Humans progress through five stages of sleep at night, and each one is associatedwith its own distinct patterns of brain waves and physical reactions. The first stage isa transition between wakefulness and sleep which lasts for only a few minutes and is marked by rapid, short brain waves. Stage 2, which makes up about one-half of our total sleeping time, is characterized by slower, more regular brain waves, and we go deeper into sleep as this stage progresses.

In Stages 3 and 4, the brain waves become even slower and people in these stages react increasing less to outside noise or movement. Finally, there is Stage 5, which is called REM or rapid eye movement sleep. This is the stage with the most intense period of physical activity; the heart rate, blood pressure, and rate of breathing increase.

30

Écoutez le cours sur le même sujet.
Prenez également quelques notes.

Lisez la question :

The professor discusses REM sleep. Explain how it relates to the stages of sleep.

À l'aide de vos notes, écrivez une réponse qui intègre les informations des deux documents en indiquant leur source et en utilisant des mots et expressions pour signaler d'où ces informations proviennent. Lisez votre travail à voix haute.

Astuce !

Prenez des notes claires sur le passage écrit. Vous ne l'aurez plus sous les yeux au moment de répondre à la question.

Exercice d'application

You will now read a short passage and then listen to a lecture on the same academic subject.

After you hear the question about them, you have 30 seconds to prepare your response and 60 seconds to answer.

Reading Time: 45 Seconds

The Environmental Impact of Plastic Bags

Plastic bags represent a significant threat to the environment, humans, and animals. It is estimated that somewhere between 500 billion and a trillion plastic bags are used worldwide each year. It takes a great deal of precious non-renewable resources, such as oil and natural gas, to produce them. In addition, plastic bags are not biodegradable, meaning they do not readily break down. The result is an excessive build-up when they are dumped in landfills or harmful air pollution if they are burned. The bags contain toxic chemicals that can leak into the soil and water, creating serious health risks for both animals and humans. Likewise, animals can accidently eat the bags, making them sick or even killing them.

31 *Now listen to part of a lecture on this topic in an environmental studies class.*

Directions: Record your response to the following prompt.

Explain how the examples discussed by the professor relate to the environmental impact of plastic bags.

Preparation Time: 30 Seconds
Response Time: 60 Seconds

Exemple de réponse possible

The general information in the reading is about the problems that plastic bags cause for people, animals, and our Earth. According to the reading, they're bad because they use lots of valuable resources. The author also says they cause pollution for the land, water, and air because they don't break down and contain dangerous chemicals. These chemicals can also make people sick or can even kill animals if they eat the bags. The lecture presents specific solutions for using fewer plastic bags. The professor mentions one example in Ireland where they have a tax on plastic bags and now people there use 90 percent fewer. She goes on to add that in California, one city does not allow any plastic bags insome of its stores, and some will even take back customers' bags to recycle. But the professor feels the best solution is to use cloth bags that are biodegradable. She explains that a California law helps stop the use of plastic bags by making stores sell cloth bags that people can use for a longer time.

À l'aide du tableau suivant, évaluez vos réponses en vous attribuant de 1 à 5 points pour chacune des compétences ci-dessous.

Compétence évaluée	1 pt = niv. faible 5 pts = niv. élevé
J'ai pris des notes sur les deux documents.	
J'ai intégré des informations provenant des deux documents.	
J'ai comparé ou contrasté les informations générales du document écrit et les informations spécifiques du document sonore.	
J'ai indiqué la source.	
J'ai fourni une quantité raisonnable d'informations à partir de chacun des documents.	
J'ai utilisé des transitions logiques.	
Je n'ai pas donné mon opinion et je n'ai pas ajouté d'informations externes.	
J'ai utilisé un anglais fluide, plutôt correct et du vocabulaire adapté.	

Réfléchissez maintenant à la manière dont vous pouvez améliorer les compétences qui ne sont pas encore parfaites.

Troisième question d'expression dirigée

Présentation de l'exercice (conversation)

Pour cette question, vous n'aurez pas à lire de passage. Vous entendrez une conversation entre deux personnes (deux étudiants, un étudiant et un professeur, ou encore un étudiant et une personne de l'administration). Cette conversation portera sur un problème courant concernant le campus. Vous devrez ensuite répondre à une question qui vous demandera de résumer le problème, de discuter des solutions possibles, et d'exprimer et de défendre votre opinion en choisissant l'une des solutions. La question apparaîtra à l'écran. La conversation durera entre 60 et 90 secondes. Vous disposerez ensuite de 20 secondes pour préparer votre réponse et de 60 secondes pour vous exprimer.

Voici un exemple de question :

> *The students discuss two possible solutions to the man's problem. Describe the problem and the two solutions. Then state which of the two solutions you prefer and why.*

Pour répondre à ce type de question :

- Écoutez attentivement la conversation et prenez des notes concernant le problème et les deux solutions proposées.
- Résumez le problème au début de votre enregistrement en spécifiant si c'est le problème de l'homme ou de la femme. Résumez ensuite les deux solutions proposées en indiquant qui propose quelle solution.
- Indiquez clairement quelle solution vous préférez et pourquoi.
- Organisez votre réponse en utilisant des transitions, en évitant de répéter des phrases entières du document et en variant les structures grammaticales et le vocabulaire.

Analyse d'un exemple

You see and hear:

Narrator: *You will now listen to a conversation. You will then be asked a question about it. After you hear the question, you will have 20 seconds to prepare your response and 60 seconds to speak.*

Now listen to a conversation between two students.

You see:

You then hear a conversation:

Man: Wow! I can't believe how expensive the textbook is for my biology class. And it's only one of the books I have to buy. I'm really low on cash this semester, so I just don't know how I'm going to pay for all of them.

Woman: How about buying the used ones at the campus bookstore? They usually offer some pretty good discounts, and the lines aren't too bad in the afternoon.

Man: Well, I could do that, but sometimes the ones they have are in bad shape ... um, falling apart or with lots of highlighting and notes. And the prices aren't always so great for the quality.

Woman: So, OK, why don't you do what I did last semester and try to find used textbooks online? A lot of websites...

When the conversation ends, the photograph will be replaced with this screen on the computer:

Now get ready to answer the question.

You hear and see:

The students discuss two possible solutions to the man's problem. Describe the problem and the two solutions. Then state which of the two solutions you prefer and why.

Preparation Time: 20 Seconds
Response Time: 60 Seconds

You hear:

Begin to prepare your response after the beep. [*beep sound*]

Preparation Time:
00:00:00

After 20 seconds, you hear:

Begin speaking after the beep. [*beep sound*]

Response Time:
00:00:00

After 60 seconds, you hear:

[*beep sound*] Now, stop speaking.

Comprendre le problème et les solutions proposées

Voici des expressions que vous pourrez entendre concernant la nature du problème : *My problem is that... ; I've got a problem... ; I just don't know what to do about... ; I can't...*

Voici des expressions que vous pourrez entendre concernant les solutions proposées : *Why don't you...? Why not...? How about...?; I'd suggest/advise...; My advice is...; My suggestion is...; You could...*

Formuler le problème et les solutions

Vous pouvez utiliser des expressions comme : *The man's problem is that...*; *The woman is having a lot of trouble with...*; *The woman suggests that the man ask...*; *The man encourages the woman to...*

Exprimer votre opinion personnelle

Pour exprimer votre opinion, vous pouvez utiliser les expressions suivantes : *In my opinion, he ought to...; I feel she should...; I agree with the first solution...; I prefer the second solution because...*

Astuce !

Le problème n'est pas forcément exprimé explicitement en utilisant l'une des expressions ci-dessus. Écoutez bien le ton de la voix des locuteurs. Celui qui a un problème semble contrarié, ennuyé, fâché.

Entraînement

32 Écoutez la conversation et prenez rapidement des notes. À l'aide de ce que vous avez écrit, faites un bref résumé du problème et des solutions. Lisez ensuite votre résumé à voix haute.

Lisez à présent la question :

The students discuss two possible solutions to the woman's problem. Briefly summarize the problem and the two solutions. Then explain what you think the woman should do and why.

Maintenant, directement à l'oral, dites ce que vous pensez que la femme devrait faire.

Exercice d'application

You will now listen to a conversation. You will then be asked a question about it. After you hear the question, you will have 20 seconds to prepare your response and 60 seconds to speak.

33

Listen to a conversation between a student and her advisor.

Directions: Record your response to the following prompt.

The speakers discuss two possible solutions to the woman's problem. Briefly summarize the problem and the two solutions. Then explain what you think the woman should do and why.

Preparation Time: 20 Seconds
Response Time: 60 Seconds

Exemple de réponse possible

The woman, Susan, is having trouble deciding about declaring a major because she is worried about her future. The man, her advisor, encourages her to wait and take more classes in different areas so she'll have a better idea of what she might like to do. However, the advisor says if the woman wants to major in engineering, which she mentioned being interested in, she might want to declare that major now because she needs to start taking difficult classes for it soon. Frommy point of view, I think Susan should not picka major yet because she only just started at the university and she likes other classes like literature that she's taking. I feel that if she is not sure about majoring in engineering, she might be sorry later if she doesn't give herself a chance to discover other fields she might like better.

À l'aide du tableau suivant, évaluez vos réponses en vous attribuant de 1 à 5 points pour chacune des compétences ci-dessous.

Compétence évaluée	1 pt = niv. faible 5 pts = niv. élevé
J'ai compris et formulé clairement le problème et les deux solutions possibles, sans reprendre mot à mot les phrases d'origine.	
J'ai exprimé mon opinion clairement et j'ai indiqué pourquoi je préférais cette solution.	
J'ai utilisé des expressions d'opinion.	
J'ai utilisé des transitions logiques.	
J'ai utilisé un anglais fluide, plutôt correct et du vocabulaire adapté.	

Réfléchissez maintenant à la manière dont vous pouvez améliorer les compétences qui ne sont pas encore parfaites.

Astuce !

Ne passez pas trop de temps à résumer le problème et ses solutions. Il est important que vous puissiez exprimer votre opinion et les raisons qui la motivent. Surveillez le temps. N'utilisez pas plus de 30 secondes pour résumer le problème et ses solutions.

Quatrième question d'expression dirigée

Présentation de l'exercice (résumé)

Pour cette question, vous n'aurez pas à lire de passage, mais vous entendrez un cours. Vous pourrez prendre des notes pendant l'écoute. On vous demandera ensuite de résumer les points principaux du cours ou bien de répondre à une question portant sur le sujet principal du cours. Vous devrez étayer votre réponse par des exemples et des raisons provenant du cours. Vous n'aurez pas à donner votre opinion. L'extrait durera entre 60 et 90 secondes. Vous disposerez ensuite de 20 secondes pour préparer votre réponse et de 60 secondes pour vous exprimer.

Exemple de question :

Using points and examples from the lecture explain how elements from his personal life can be seen in Edvard Munch's The Scream.

Pour répondre à ce type de question :

- Écoutez attentivement le cours et prenez des notes concernant l'idée principale et les éléments ou les exemples qui l'illustrent.
- Résumez l'idée principale au début de votre enregistrement. Complétez ensuite en donnant des exemples, des raisons, etc. qui étayent ou complètent cette idée principale.
- Ne donnez pas votre opinion personnelle.
- Organisez votre réponse en utilisant des transitions, en évitant de répéter des phrases entières de l'enregistrement et en variant les structures grammaticales et le vocabulaire.

Analyse d'un exemple

You see and hear:

Narrator: *In this question, you will listen to part of a lecture. You will then be asked to summarize important information from the lecture. After you hear the question, you will have 20 seconds to prepare your response and 60 seconds to speak.*

You see:

You hear:

Man: Zebra and tigers with their stripes, insects that look like sticks or leaves, fish whose color helps them blend in with the bottom of the river or ocean ... these are all examples of animal camoufl age. What do we mean by this? Simply put, camouflage means to hide or disguise the presence of something. Animals do this in three main ways: through color, through shape, and through motion or actions.

When the lecture ends, the photograph will be replaced with this screen on the computer:

Now get ready to answer the question.

You hear and see:

Using points and examples from the lecture, explain how animal camouflage helps both predators and prey.

Preparation Time: 20 Seconds
Response Time: 60 Seconds

You hear:

Begin to prepare your response after the beep. [*beep sound*]

Preparation Time:
00:00:00

After 20 seconds, you hear:

Begin speaking after the beep. [*beep sound*]

Response Time:
00:00:00

After 60 seconds, you hear:

[*beep sound*] Now, stop speaking.

Comprendre l'idée principale et la restituer

Parfois, l'idée principale sera énoncée clairement au début du cours ou après quelques phrases d'introduction : *Today, we are going to define... ; Let's look at... ; Today's lecture is about...* Parfois, elle sera donnée de manière plus implicite : *Now what exactly do we mean by...?* Écoutez attentivement le début du cours et prêtez attention à des mots comme *main*, *mainly*, *principal*, *key*, *chief*, *significant*. Repérez les mots qui sont répétés plusieurs fois. Il s'agit sans doute de l'idée principale. Écoutez attentivement la conclusion qui résumera cette idée principale. Vous pouvez utiliser les expressions comme *The professor defines and exemplifies... ; The lecture presents...* ; *The lecture outlines...*

Repérer et résumer les idées qui développent et illustrent le thème principal

Le cours peut être organisé de manières différentes : passé, présent, avenir ; avant, pendant, après ; différentes sortes de... ; des exemples ou des caractéristiques de... ; avantages et inconvénients ; causes et conséquences.

Vous pouvez utiliser des expressions comme *He explains that there are 4 types of… ; She covers 3 main uses… ; He first describes the…, and then goes on to… ; He explains both negative and positive aspects of…*

Expliquer

Vous pouvez expliquer chacun des points énumérés ci-dessus en utilisant *first, second, third*; *first, next, then, finally*; *one, the other.*

Entraînement

34 Écoutez les extraits du cours. Prenez rapidement quelques notes. Dans les deux résumés suivants, choisissez les mots qui conviennent pour compléter les phrases.

---

1. The lecturer gives a definition of a palomino horse. He explains that palomino is a color, not a breed. He gives (some/three/four) characteristics of the palomino color: (first/for example), a palomino must have a golden coat. (Also/A second characteristic is that) the mane and tail must be (dark/light). A buckskin horse has the same colored body but a different mane and tail. (Next/Finally), a palomino's eyes must be (blue/brown). Different breeds of horse can be this special color. But in order to officially be a palomino horse, the animal must have (these three/some special) types of coloring.
2. In her lecture, the professor outlines the stages of language development in babies and (covers/traces) common features of the different stages. The lecturer (lists/defines) (four/five) different ages of babies—three months of age, six months of age, (nine/twelve) months, eighteen months, and (twenty-four/thirty) months. By the time a baby is three months old, the baby will have different kinds of cries and knows how to coo.

   Most parents like their babies best at this stage. At (another/the next) stage of half a year old, the baby can babble, like da-da-da. The next stage is at one year old, and the baby can say simple (words/sentences). By eighteen months, the baby knows about (fifteen to twenty/twenty-five to fifty) vocabulary words. And (after that/finally), at two years of age, the baby can say short questions and sentences. These ages (are/aren't) the same for every baby, but they (are/aren't) true for most children.

Réponses

---

1. The lecturer gives a definition of a palomino horse. He explains that palomino is a color, not a breed. He gives (~~some~~/three/~~four~~) characteristics of the palomino color: (First/~~For example~~), a palomino must have a golden coat. (~~Also~~/A second

characteristic is that) the mane and tail must be (~~dark~~/light). A buckskin horse has the same colored body but a different mane and tail. (~~Next~~/Finally), a palomino's eyes must be (~~blue~~/brown). Different breeds of horse can be this special color. But in order to officially be a palomino horse, the animal must have (these three/~~some special~~) types of coloring.

2. In her lecture, the professor outlines the stages of language development in babies and (covers/~~traces~~) common features of the different stages. The lecturer (lists/~~defines~~) (~~four~~/five) different ages of babies—three months of age, six months of age, (~~nine~~/twelve) months, eighteen months, and (twenty-four/~~thirty~~) months. By the time a baby is three months old, the baby will have different kinds of cries and knows how to coo.

Most parents like their babies best at this stage. At (~~another~~/the next) stage of half a year old, the baby can babble, like da-da-da. The next stage is at one year old, and the baby can say simple (words/~~sentences~~). By eighteen months, the baby knows about (fifteen to twenty/~~twenty-five to fifty~~) vocabulary words. And (~~after that~~/finally), at two years of age, the baby can say short questions and sentences. These ages (~~are~~/aren't) the same for every baby, but they (are/~~aren't~~) true for most children.

Exercice d'application

35 You will now listen to part of a lecture. You will then be asked a question about it. After you hear the question, you will have 20 seconds to prepare your response and 60 seconds to speak.

Listen to part of a lecture from a cross-cultural communications class.

Directions: *Record your response to the following prompt.*

Using points and examples from the lecture, explain the difference between highand low-context cultures.

Preparation Time: 20 Seconds
Response Time: 60 Seconds

Exemple de réponse possible

The professor explains and exemplifies high- context and low-context cultures. A high-context culture is one in which a lot of communication is implied. People in these cultures don't state their feelings and ideas directly. In high-context cultures, such as in Arab countries and in Japan and France, groups are very important, and group members are expected to be able to guess one another's feelings. People can make business contracts by speaking to each other or just shaking hands. Low-context cultures place a high value on individualism. People state their ideas and feelings very directly. Businesspeople like to have contracts and agreements in writing. Germany and the United States are examples of low-context cultures.

Astuce !

Cette fois, vous ne devez pas donner votre opinion ! Vous devez seulement exprimer ce qui est dit dans le cours.

À l'aide du tableau suivant, évaluez vos réponses en vous attribuant de 1 à 5 points pour chacune des compétences ci-dessous.

Compétence évaluée	1 pt = niv. faible 5 pts = niv. élevé
J'ai compris l'idée principale et les éléments qui l'étayent.	
J'ai pris des notes claires et précises sur l'idée principale, les éléments qui l'étayent et les exemples.	
J'ai réussi à rendre tous les éléments importants dans le temps imparti.	
J'ai utilisé des transitions logiques.	
J'ai utilisé un anglais fluide, plutôt correct et du vocabulaire adapté.	

Réfléchissez maintenant à la manière dont vous pouvez améliorer les compétences qui ne sont pas encore parfaites.

Acquisition de vocabulaire

Le TOEFL iBT® utilise beaucoup de vocabulaire thématique que vous devez connaître parce qu'il est récurrent.

Apprenez ce vocabulaire avant de faire les exercices. Révisez-le ensuite plusieurs fois, jusqu'à ce qu'il soit parfaitement connu et maîtrisé.

L'université

academic	universitaire
to teach (taught, taught)	enseigner
to learn (learnt, learnt ou *learned, learned)*	apprendre
to train s'entraîner,	se former
to study	étudier
to revise	réviser
teaching	l'enseignement
learning	l'apprentissage
training	la formation
further education/higher education	l'enseignement supérieur
a vocational college	un établissement d'enseignement professionnel
college, university	l'université
a professor	un professeur d'université
a lecturer	un chargé de cours
a researcher	un chercheur
a tutor	un tuteur
an academic adviser	un conseiller universitaire
the faculty	l'ensemble des professeurs
a social worker	un assistant social
to call the roll	faire l'appel
a handout	les notes distribuées par le professeur

lenient	indulgent
strict	strict
authoritarian	autoritaire
knowledgeable	compétent, qui connaît bien son sujet
a freshman	un étudiant de 1re année
a sophomore	un étudiant de 2e année
a junior	un étudiant de 3e année
a senior	un étudiant de 4e année
an undergraduate	un étudiant de licence
a graduate	un étudiant qui a obtenu une licence
a post-graduate	un étudiant de 2e ou 3e cycle
a Master's student	un étudiant en master
a Ph.D. student	un étudiant en thèse
a Master's degree	un master
a Bachelor's degree	une licence
a degree	une licence, un diplôme
a thesis	une thèse
to graduate	finir son cycle d'études, obtenir son diplôme
to attend lessons	assister aux cours
full-time	à temps complet
part-time	à temps partiel
half-time	à mi-temps
a course	un cours
a class	un cours, une leçon
a lecture	un cours magistral
the schedule	l'emploi du temps
a grade	une note
to be good at	être bon en, être fort en
honors	mention
to take an exam, to sit for an exam	passer un examen
to pass an exam	réussir un examen
to fail an exam	rater un examen
a practice test	un examen blanc
a written test	un examen écrit

finals	les examens terminaux
an essay	une composition, une rédaction, une dissertation
a paper	un papier, une dissertation, une publication
an assignment	le travail requis, le travail à faire
a draft	un brouillon, un premier jet
to turn in your work	rendre le travail demandé
an internship	un stage
your assignment is due on	vous devez rendre votre travail le
to enroll in a class, to sign up for class	s'inscrire à un cours
to get behind	prendre du retard dans son travail
to drop out of university	abandonner, laisser tomber les études
a (university) dropout	un étudiant qui a abandonné ses études
talented	doué
hardworking	travailleur
dedicated	sérieux, consciencieux
a scholarship	une bourse au mérite
a grant	une bourse pour raisons sociales
a student loan	un prêt étudiant
the curriculum	le programme d'une formation
the syllabus	le programme d'une matière
a major	la spécialisation, le domaine d'études principal
a minor	le domaine d'études secondaire
tuition fees	les frais de scolarité
the university campus	le campus universitaire
the library	la bibliothèque
the computer room	la salle informatique
the lab	le laboratoire
the language lab	le laboratoire de langues
a lecture hall	un amphithéâtre
a dorm, a dormitory, the residence hall	la résidence universitaire
a subject	une matière

to miss, to cut, to skip class	ne pas aller en cours
to cheat	tricher
to opt out	se retirer, ne pas participer, choisir de ne pas faire
to check out a book	sortir, emprunter un livre de la bibliothèque
a refresher course	un cours de rattrapage
a gap-year	une année sabbatique

Pratiquez votre vocabulaire

I. Choisissez le mot qui convient pour compléter les phrases suivantes (voir corrigés p. 304) :

refresher course – due – academic - gap year – grades – students – sign up – loan – opting out – studies – assignment – college – graduating – completed – requirement – cover – take – fail – turn in – full-time – course – master's students – tuition fees – part-time course – lecturer – course

1. The expression .... is commonly applied to .... who take a year (or less, rarely more) away from their regular ...., usually between high school and .... (university). Some students may instead take a gap year after .... from university, to better prepare themselves for entering the workforce.
2. Our .... is designed for new students who have not completed their college math .... It will .... a wide range of mathematical concepts. Some students .... our entry tests without adequate preparation and .... the test. This course will help you retake the test and get higher .... for this course today.
3. Once you have .... your assignment, you can .... (it) online. The .... will then grade your.................................. . An assignment that is turned in after the .... date will not be graded.
4. Martin University tuition for .... students in the 2015-2016 .... year costs $40,000 ($6,000 per ....). For .... full-time status depends on the structure of the program. Students

with an existing .... who contemplate a .... should check with their specific loan agreements before .... of full-time status. Payment of .... is due by August 1 for the first semester, and by January 1 for the second semester.

II. Retrouvez dans la grille les mots qui correspondent aux traductions françaises ci-dessous (voir corrigés p. 305) :

rater – réviser – étudiant de première année – licence – labo – (un cursus) de rattrapage – les examens terminaux – stage – l'ensemble des profs de l'université – un devoir – une bourse sociale – s'inscrire – étudiant en licence – sévère – enseignement supérieur – tricher – professionnel – emploi du temps – un master – étudier – un cours – mention – assister – conseiller universitaire – tuteur – compétent – un licencié

G	R	A	D	U	A	T	E	A	R	E	V	I	S	E	A	S	W	F
I	A	C	X	N	Z	Q	W	X	X	C	V	A	T	T	V	C	C	U
N	Z	A	S	D	E	G	R	E	E	L	A	B	U	U	K	H	H	R
T	S	D	D	E	O	F	I	N	A	L	S	I	D	T	N	E	E	T
E	E	E	O	R	F	A	C	U	L	T	Y	I	Y	O	O	D	A	H
R	O	M	V	G	R	A	N	T	J	G	B	X	Q	R	W	U	T	E
N	P	I	P	R	N	K	I	T	S	T	R	I	C	T	L	L	X	R
S	E	C	M	A	S	T	E	R	S	D	E	G	R	E	E	E	V	E
H	D	A	D	D	Z	E	E	A	H	O	N	O	R	S	D	R	T	D
I	X	D	F	U	G	H	N	I	Y	N	U	U	H	J	G	L	L	U
P	C	V	G	A	T	T	E	N	D	B	F	Y	B	B	E	M	M	C
G	G	I	D	T	V	E	Z	N	S	D	C	C	C	L	A	S	S	A
R	B	S	V	E	V	O	C	A	T	I	O	N	A	L	B	F	R	T
A	C	E	L	T	E	N	R	O	L	L	F	A	C	U	L	T	Y	I
D	X	R	F	N	A	S	S	I	G	N	M	E	N	T	E	Z	Z	O
E	C	T	V	B	R	E	F	R	E	S	H	E	R	R	V	B	A	N
F	A	I	L	C	T	Y	F	F	R	E	S	H	M	A	N	J	Z	A

Fonctions du langage

Vous allez maintenant réviser les fonctions dont vous aurez besoin dans cette épreuve du test.

Apprenez ces expressions dès maintenant, en faisant attention à leur construction.

Différentes fonctions

Organisation du discours (*Sequencing ideas*)

First/In the first place... = Tout d'abord.../Premièrement...

Secondly... = Deuxièmement...

Then/Next... = Ensuite...

Meanwhile.../In the meantime... = Pendant ce temps-là...

Finally... = Finalement...

As a conclusion... = Pour conclure...

Attention !

N'utilisez pas *after*. Si vous voulez dire « ensuite », utilisez *then*; pour « plus tard », utilisez *later*. Si vraiment vous voulez dire « après », utilisez *afterwards*, ou *after that* mais *then* est souvent préférable.

Exemples (*Giving examples*)

For example.../For instance... = Par exemple...

This is shown by... = Cela nous est indiqué par...

This can be exemplified by.../We can illustrate this by... = Cela peut être illustré par...

Namely... = À savoir..., c'est-à-dire...

Particularly..., in particular..., specifically... = En particulier..., particulièrement...

... such as... = ... comme.../...tout comme...

Résumé (*Summarizing*)

To sum up..., to summarise = Pour résumer...

In a word..., on the whole... = Dans l'ensemble..., en bref...

What is important here is... = Ce qui est important ici, c'est que...

We can point out that... = Nous pouvons indiquer...

Suggestions (*Making suggestions*)

Why don't you + BV...? Why don't we + BV...? = Pourquoi ne pas...? Pourquoi ne feriez-vous pas...? Ne ferions-nous pas...?

Why don't we stay *at home and watch a good film?*

Pourquoi ne resterions-nous pas à la maison à regarder un bon film?

Why not + BV...? = Et si...? Pourquoi ne pas...? Pourquoi ne feriez-vous pas? Ne ferions-nous pas...?

Why not decide *later?*

Et si on décidait plus tard?

Let's + BV... = Et si on... Faisons...

Let's go *and visit the professor to ask for his opinion.*

Allons voir le professeur pour avoir son avis.

What about + V + -ing...? How about + V + -ing...? = Et si on...?

What about/How about organising *a meeting to discuss it with all concerned?*

Et si on organisait une réunion pour en parler avec tous ceux qui sont concernés?

We could + BV... = Nous pourrions...

Perhaps we could + BV... = Nous pourrions peut-être...

(Perhaps) we could *think about it overnight.*

On pourrait peut-être y réfléchir jusqu'à demain.

Maybe we should/shouldn't + BV... = On devrait peut-être... On ne devrait peut-être pas...

Maybe we shouldn't take *any notice.*

Peut-être qu'on ne devrait pas y prêter attention.

I suggest we + BV... /I suggested + V + -ing = Je propose que nous... J'ai proposé de + infinitif

Attention !

Suggest est difficile à utiliser.

Il est suivi soit d'un subjonctif (c'est-à-dire, en anglais américain, de la BV à toutes les formes pour le subjonctif présent, et de la forme identique au prétérit pour le subjonctif passé), soit d'une forme V + *–ing*, soit d'un nom.

*I **suggest he go** now.*

Je propose qu'il s'en aille maintenant.

*She **suggests he play** later.*

Elle propose qu'il joue plus tard.

*I hope you can **suggest something** interesting.*

J'espère que tu peux proposer quelque chose d'intéressant.

*They **suggested he stopped work**.*

Ils ont suggéré qu'il cesse le travail.

*He **suggested buying** a new computer.*

Il a proposé d'acheter un nouvel ordinateur.

*They **suggested a picnic** by the river.*

Ils ont proposé de faire un pique-nique au bord du fleuve.

Contrairement à ses équivalents français, *suggest* n'est jamais suivi d'un pronom complément ou d'un infinitif. Pour ces deux emplois, il faut utiliser le verbe *offer*.

*He **offered me a drink**.*

Il m'a proposé de boire un verre.

*They **offered to buy** me a plane ticket.*

Ils ont proposé de m'acheter un billet d'avion.

Contraste (*Contrasting ideas*)

Compared to/with... = Si l'on compare ... avec ...; comparé avec...

By contrast with... = Contrairement à...

Unlike/Contrary to... = Contrairement à...

Attention !

Unlike se construit directement, sans préposition, tout comme son contraire *like* :

***Like Peter,** he loves Italian food.*

Tout comme Pierre, il adore la cuisine italienne.

***Unlike Peter,** he doesn't enjoy Italian food.*

Contrairement à Pierre, il n'apprécie pas la cuisine italienne.

Instead of* + *V* + *–ing = Au lieu de + V…

Instead of going *today, we could go tomorrow.*

Au lieu de nous y rendre aujourd'hui, nous pourrions y aller demain.

Different from/to = différent de…

Dorothy is very ***different from/to*** *her cousin Lucy.*

Dorothy est très différente de sa cousine Lucy.

On the one hand,… On the other hand,… = D'une part… De l'autre…

On the one hand, *he wants more money.* ***On the other hand,*** *he hates hard work.*

D'un côté, il veut plus d'argent. De l'autre, il déteste travailler dur.

Attention !

N'oubliez aucun des éléments de l'expression *On the one hand… On the other hand…*

Whereas* + *S* + *V*; *While* + *S* + *V = Alors que… ; tandis que…

They visited Peru in 2010, ***whereas we went*** *the following year.*

Ils sont allés au Pérou en 2010 tandis que nous y sommes allés l'année suivante.

Attention !

Whereas est une conjonction de subordination. Il introduit donc une subordonnée. Contrairement aux expressions précédentes, il doit être suivi d'un sujet et d'un verbe conjugué.

Pratiquez ces expressions

I. Traduisez les phrases suivantes en anglais (voir corrigés p. 305).

1. Je propose que l'on aille en cours.
2. Contrairement au tuteur de français, le tuteur d'italien essaie d'expliquer la grammaire clairement.
3. Ces migrations peuvent s'expliquer d'une part par la guerre et d'autre part par la pauvreté.
4. Ceci est clairement indiqué par les deux exemples ci-dessous.
5. Ceci peut être illustré par la réaction entre le sodium et l'eau.

II. Combinez les phrases suivantes en une seule en utilisant les expressions ou mots proposés. Faites autant de phrases qu'il y a d'expressions (voir corrigés p. 305).

1. Susan is really good at math. Her best friend isn't. (unlike ; whereas).

2. I don't particularly want to go through the same lecture with Professor Roberts again. But I would love to attend the new professor's class. (instead of)
3. You always hang around with the same people. You could try making new friends. (instead of)

III. Reformulez les phrases suivantes avec les expressions de sens proche proposées. Faites autant de phrases qu'il y a d'expressions (voir corrigés p. 306).

1. I suggest we go swimming after lunch. (why not; we could)
2. They suggested waiting for the weather to clear. (let's; how about)
3. He particularly mentioned depression and anxiety as two possible causes. (specifically)
4. I think he could ignore this new development. (suggest)
5. He thought we could plan our presentation better. (suggest)

Grammaire

Le futur dans les subordonnées de temps

L'expression du futur en anglais ne pose pas de problème particulier aux locuteurs français, sauf dans les subordonnées de temps. Ce point de grammaire n'est pas compliqué : il suffit d'appliquer à chaque fois la règle simple suivante.

Lorsqu'une phrase portant sur le futur comporte une subordonnée de temps, la principale se met au futur, mais la subordonnée reste au présent (même concordance que dans les phrases futures avec « si » en français) pour une action qui sera en cours au moment du futur auquel on se réfère, ou au *present perfect* pour une action qui sera déjà accomplie au moment du futur auquel on se réfère.

Une subordonnée de temps commence par une conjonction ou une locution conjonctive de temps : *before* (avant que), *after* (après que), *until* (jusqu'à ce que), *when* (lorsque, quand), *while* (pendant que), *as soon as* (dès que), *once* (une fois que), *whenever* (à chaque fois que), *as long as* (tant que), etc.

I will write my essay	*as soon as I can.*
proposition principale	subordonnée de temps
Je ferai ma dissertation	dès que je pourrai.

I will write my essay	*when I have studied the vocabulary.*
proposition principale	subordonnée de temps
Je ferai ma dissertation	quand j'aurai appris le vocabulaire.
Before the professor arrives,	*I will reread the lesson.*
subordonnée de temps	proposition principale
Avant que le professeur n'arrive,	je relirai mon cours.
After he has explained why he did it,	*I will decide what to do.*
subordonnée de temps	proposition principale
Quand il aura expliqué pourquoi il a fait cela,	je déciderai ce que je dois faire.
I will not be able to study in the States	*until I get a high enough score for TOEFL.*
proposition principale	subordonnée de temps
Je ne pourrai pas étudier aux États-Unis,	tant que je n'aurai obtenu un score suffisant au TOEFL.

Le style indirect

Le style indirect sert à rapporter des paroles prononcées.

Vous aurez besoin de rapporter les paroles des locuteurs dans cette épreuve du test. Pour la question 3 d'expression dirigée, vous aurez à rapporter les paroles, les sentiments ou les opinions de l'un des locuteurs. Pour les questions d'expression dirigée 4 et 6, vous devrez résumer les informations contenues dans l'extrait de cours. Pour la question d'expression dirigée 5, vous devrez rapporter les paroles des locuteurs et expliquer leur problème.

On peut rapporter les paroles au style direct en ouvrant les guillemets après deux points et en rapportant exactement les paroles prononcées.

She is asking: "Will you be on time tonight?"

Elle demande : « Seras-tu à l'heure ce soir ? »

She explained: "Susan might be a few minutes late tonight."

Elle a expliqué : « Susan aura peut-être quelques minutes de retard ce soir. »

Mais, le plus souvent, on utilise **le style indirect** en introduisant la phrase par un verbe qui rapporte les paroles.

Choix du verbe

Voici les verbes les plus fréquents pour introduire les paroles :

to say (said, said)/to tell (told, told) = dire – ***to explain*** = expliquer – ***to state*** = déclarer, affirmer – ***to inform*** = informer – ***to ask*** = demander – ***to inquire*** = s'enquérir de, demander, poser une question – ***to answer/ to reply*** = répondre – ***to wonder/to want to know*** = se demander – ***to believe*** = croire – ***to think (thought, thought)*** = penser, croire – ***to feel (felt, felt)*** = penser, avoir l'impression que – ***to add*** = **ajouter** – ***to warn*** = mettre en garde – ***to note*** = remarquer – ***to assert*** = affimer, etc.

Attention !

Prenez garde à l'emploi de *to say* et *to tell.*

To say sert à rapporter les paroles, c'est-à-dire que c'est le contenu du discours qui est l'information principale dans une phrase avec *to say.*

She says you can go home now.

Elle dit que tu peux rentrer chez toi maintenant.

He said he would come.

Il a dit qu'il viendrait.

Bien entendu, le locuteur peut souhaiter ajouter à sa phrase une information supplémentaire telle que le destinataire du contenu, et donc le complément qui indique à qui s'adressent les paroles. Mais cette information est SECONDAIRE et rend la phrase plus lourde. Dans ce cas, la phrase se construit ainsi :

He said it ***to me.***

Il me l'a dit.

To tell a plusieurs sens différents :

- Il signifie tout d'abord «raconter» :

  She told me a wonderful story.

  Elle m'a raconté une histoire merveilleuse.

- Il a également des emplois spécifiques :

  to tell the truth = dire la vérité

  to tell a lie = dire un mensonge

  to tell a secret = dire un secret

- Ce qui nous intéresse ici, c'est sa différence avec *to say* pour rapporter des paroles.

- Dans ce cas, contrairement à *to say* qui, nous l'avons vu, s'intéresse au contenu en priorité, *to tell* s'intéresse d'abord au destinataire.

  He told me.

  Il me l'a dit.

Bien entendu, le locuteur peut souhaiter ajouter à sa phrase le contenu du message. Mais cette information est secondaire, *to tell* s'intéressant en premier lieu au destinataire du discours.

Dans ce cas, la phrase se construit ainsi :

He told me that she would arrive at noon.

Il m'a dit qu'elle arriverait à midi.

He told me so.

C'est ce qu'il m'a dit./Il me l'a dit./C'est à moi qu'il l'a dit.

Les constructions de ces deux verbes peuvent donc se résumer ainsi :

to say ***something*** *(to somebody)*

to tell ***somebody*** *something*

Verbe introducteur au présent

Lorsque l'on rapporte des paroles au style indirect au présent, les temps de la phrase subordonnée ne changent pas :

She says you can go home now.

Elle dit que tu peux rentrer chez toi maintenant.

They ask if you want some ice-cream.

Ils demandent si tu veux une glace.

Voici les transformations qui s'opèrent toujours entre le style direct et le style indirect :

- La ponctuation spécifique du style direct (deux points, guillemets) disparaît.
- La proposition qui rapporte les paroles est introduite par une conjonction (***if***, ***whether***, ***that***, ***what***, ***when***, ***who***, etc.).
- Pour les questions indirectes, l'ordre normal des mots est rétabli :

In my essay, I ask: "Will this experiment be repeated?"

In my essay, I ask whether this experiment will be repeated.

She regularly inquires: "How is your mother these days?"

She regularly inquires how my mother is these days.

They want to know: "How do you manage that?"

They want to know how we manage that.

Attention !

Whether est un synonyme de ***if*** lorsque *if* introduit une interrogative indirecte, pas lorsqu'il introduit une condition.

Attention à l'orthographe de *whether*.

I wonder if he has finished his work yet.

I wonder whether he has finished his work yet.

Je me demande s'il a terminé son travail. (*if* introduit une interrogative indirecte)

If you come early, you will meet my brother. (*whether* impossible ici)

Si tu arrives tôt, tu rencontreras mon frère. (*if* introduit une condition)

Verbe introducteur au passé

En plus de ces changements, lorsque l'on rapporte des paroles au passé, il faut respecter la concordance des temps dans la proposition subordonnée et parfois changer les expressions de lieu et de temps :

style direct : *She asked: "Does he want some ice-cream?"*

style direct : Elle a demandé : « Est-ce qu'il veut une glace ? »

style indirect : *She asked* ***if*** *he* ***wanted*** *some ice-cream.*

style indirect : Elle a demandé s'il voulait une glace.

style direct : *She asked me: "Do you want some ice-cream?"*

style direct : Elle m'a demandé : « Est-ce que tu veux une glace ? »

style indirect : *She asked* ***me if I wanted*** *some ice-cream.*

style indirect : Elle m'a demandé si je voulais une glace.

style direct : *Last night, she asked me: "Do you want some ice-cream now?"*

style direct : Hier soir, elle m'a demandé : « Est-ce que tu veux une glace tout de suite ? »

style indirect : *Last night, she asked* ***me if I wanted*** *some ice-cream* ***there and then/at that point/immediately.***

style indirect : Hier soir, elle m'a demandé si je voulais une glace tout de suite.

Voici les changements opérés au passé, en plus des changements précédents :

- Le temps du verbe dans la proposition subordonnée change (***wanted***).
- Quelquefois, pour respecter la logique des personnes, il faut également changer les pronoms personnels (*if* ***I*** *wanted*).
- Quelquefois, pour respecter la logique, il faut également changer les expressions de lieu et de temps (***there and then, at that point, immediately***).

Voici un tableau qui reprend les changements de temps dans la proposition subordonnée lorsque le verbe introducteur de la proposition principale est au passé :

Temps de la subordonnée au style direct	**Temps de la subordonnée au style indirect**
présent	**prétérit** (en respectant la forme simple ou continue)
She said: "I love cooking."	*She said* ***she loved*** *cooking.*
He said: "I am watching a good film on TV."	*He said* ***she was*** *watching a good film on TV.*
prétérit, *present perfect, past perfect*	généralement ***past perfect*** (en respectant la forme simple ou continue)
She said: "I loved running before my accident."	*She said* ***she had loved*** *running before* ***her*** *accident.*
He said: "I was watching a good film on TV."	*He said* ***he had been*** *watching a good film on TV.*
She said: "I've been to the cinema."	*She said* ***she had been*** *to the cinema.*
He said: "I had finished by then."	*He said* ***he*** *had finished by then.*
futur	**conditionnel**
She said: "I will bake a wonderful cake for your birthday."	*She said* ***she would bake*** *a wonderful cake for* ***my*** *birthday.*
He said: "I will let you know tomorrow."	***He said he would let*** *me* ***know*** *the next day/the following day.*

Pratiquez votre grammaire

I. Choisissez la forme correcte du verbe entre parenthèses (voir corrigés p. 306).

1. When I have more time, I (study) more.

2. As soon as you (make up) your mind, we will plan the holiday.

3. They will react in this way as long as you (not/tell) the truth.

4. After he (finish) the game, he will jump on the first train to Boston.

5. They (be) disappointed when they learn the truth.

6. She will be upset when she (realize) nothing can be done.

7. He (finish) before they tell him that time is up.

8. I'm sure they will understand when you (explain) why you did it.

9. He will act in this silly way whenever he (see) you.

10. Will you continue to study languages once you (complete) your course?

II. Traduisez en anglais (voir corrigés p. 306).

1. Je t'enverrai une carte quand je serai arrivée à l'hôtel.
2. Quand tu lui expliqueras la situation, surtout, garde ton calme.
3. Dès que le concert sera fini, ils reprendront la route.
4. Avant qu'il ait le temps de protester, elle s'enfuira avec ses clés de voiture.
5. Nous irons courir pendant que tu finiras de faire tes devoirs.

III. Finissez les phrases suivantes avec une proposition subordonnée de temps (voir corrigés p. 306).

1. When I finish work this afternoon, ...
2. Whenever they play this game in the future, ...
3. I will keep this money for you as long as...
4. They will board the plane after...
5. Will you come with us as soon as...?
6. Will they leave before or after they...?
7. Whenever I meet her in the future, I...
8. I will definitely meet up with him as long as...

IV. Choisissez *to tell* ou *to say* (voir corrigés p. 307).

1. The Mayor is doing just what he (said/told) he would do.
2. Did you (say/tell) him you didn't want to see him again?
3. He (said/told) he had finished renovating his law office.
4. She (says/tells) me she is going to Cambodia with her friends.
5. They (said/told) they didn't understand who I was.
6. You (say/tell) you are looking for a great time this weekend. Why don't you come with us?
7. Why don't you (say/tell) her?
8. I'm sure they will understand when you (say/tell) why you did it.

V. Transformez les phrases suivantes en mettant le verbe introducteur au passé (voir corrigés p. 307).

1. The professor says attendance is not mandatory.
2. My tutor feels I need to work harder.
3. She believes that this won't affect her personally.
4. In her report, he adds that the European Court did not examine this particular complaint.
5. In his speech, the President warns that Africa will not realize its full potential without structural reforms.

VI. Transformez les phrases suivantes au style indirect (voir corrigés p. 307).

1. The professor explained: “There was an explosion in this building five years ago.”

2. The lecturer noted: “Attendance has been excellent this semester.”

3. The assistant wondered: “Have I done anything wrong?”

4. She explained: “They will board the plane in a few minutes.”

5. The researcher added: “This experiment was particularly useful in the context of the economic crisis.”

6. The social worker explained: “This student is anorexic, and she has not eaten at all today. That is why she fainted earlier.”

7. She wanted to know: “How much have you spent on this present?”

8. She told us: “This assignment must be handed in as soon as possible.”

9. She asked him: “Have you finished?”

10. They inquired: “Do you eat meat?”

Prononciation

Les passages que vous venez d’écouter contiennent des mots dont la prononciation est difficile. Certains mots que vous avez étudiés dans la section Vocabulaire sont également difficiles à prononcer. Il est utile de connaître la prononciation et l’accentuation de ces mots afin de pouvoir les reconnaître lorsqu’ils apparaissent dans un passage à écouter (extrait de cours par exemple). Vous aurez peut-être aussi besoin de les utiliser vous-mêmes dans cette épreuve d’expression orale.

Problème d’accentuation

Les mots qui suivent sont compliqués à prononcer pour les francophones, dont la langue ne comporte pas véritablement d’accent tonique. Ils sont d’autant plus difficiles que l’accent tonique ne se trouve pas toujours à l’endroit attendu.

L’accent tonique est ici marqué en gras. Répétez ces mots de nombreuses fois, afin que leur accentuation vous vienne naturellement dans l’expression orale :

> ***sche****dule* – ***sy****llabus* – *si****gni****ficant* – *e****ffi****cient* – ***a****ccurate* – *ex****em****plify* – *aca****de****mic* – *vo****ca****tional* **–** *re****sear****cher* – *in****tern****ship*

Quelques mots difficiles

Certains des mots que vous avez rencontrés dans les textes de cette épreuve sont difficiles à prononcer :

- ***sche**dule* : le mot *schedule* se prononce différemment en anglais britannique et en anglais américain. En anglais américain, il se prononce [skedʒuːl], c'est-à-dire que le « sch » se prononce [sk].
- *re**search**er :* les étudiants français ont du mal à prononcer ce mot parce qu'il ressemble trop au mot français. Ils ont tendance à remplacer le son [s] de *search* par un son « ch ». Soyez vigilant.
- *lenient :* le premier « e » est un son [i:] long comme dans *key, bee, she.*
- ***the**sis :* voici un mot bien difficile à prononcer pour un francophone. En plus de la difficulté du son [θ] et de celle du premier « e » qui, comme celui de *lenient*, se prononce [i:], il faut ensuite prononcer deux sons [s].
  ***ho**nors* : rappellez-vous que le son [h] ne se prononce pas dans ce mot !

Le son [h]

Voici précisément ce son [h] que les Français oublient régulièrement de prononcer. C'est une faute grave car de nombreux mots deviennent des homophones si vous ne prononcez pas ce phonème.

Lisez ces couples de mots en vous obligeant à bien prononcer le [h]. Il vaut mieux l'exagérer que l'oublier :

hat/at	*had/ad*	*hit/it*	*his/is*	*hearing/earring*
hair/air	*hall/al*	*hand/and*	*hear/ear*	
hold/old	*heart/art*	*harm/arm*	*Hugh/you* …	

Inutile de vous expliquer les confusions qui peuvent résulter si vous prononcez *hair* au lieu de *air*, *harm* au lieu de *arm*, ou encore si vous dites « *I've lost my earring.* » au lieu de « *I've lost my hearing* » !

Maintenant, après toutes ces années d'étude de la langue, et toutes les remontrances de vos professeurs, vous avez sans doute tous mis au point une stratégie pour prononcer correctement ce son. Il faut donc vous entraîner à ne pas l'oublier. Si vous n'avez pas encore de tactique, mettez-vous devant un miroir et faites comme si vous vouliez le nettoyer en expirant de l'air. S'il se forme de la buée, vous avez bien prononcé !

Évitez également le problème inverse du [h] parasite. Certains candidats disent « *Hi hunderstand that ee his unappy.* » Oui, c'est difficile. Entraînez-vous !

Vérifiez la prononciation américaine de tous ces mots en ligne, par exemple sur le site http://www.howjsay.com/

Travail complémentaire

Vous avez étudié toutes les compétences et effectué l'ensemble des exercices et des activités du chapitre. Il vous faut maintenant passer un peu de temps à réviser ce que vous avez appris dans ce chapitre, que ce soit le vocabulaire, la grammaire ou les techniques des exercices du TOEFL iBT®.

Relisez plusieurs fois les différentes sections du chapitre, révisez le vocabulaire et refaites les phrases qui vous ont posé des problèmes.

Dans le programme de travail de la semaine, il ne faut pas oublier la pratique quotidienne des autres compétences langagières, afin de ne pas se concentrer uniquement sur la compréhension orale.

Compréhension écrite et du vocabulaire de l'université

Lisez les articles suivants : http://www.grb.uk.com/first-week-at-university, http://www.theguardian.com/education/2008/aug/14/uni.first.week et http://www.palgrave.com/studentstudyskills/page/Your-first-weeks-at-university/

Compréhension orale

Écoutez les vidéos qui aident les étudiants à s'inscrire à Brock University : https://discover.brocku.ca/smartstart/videos/

Vous pouvez également écouter sur YouTube des cours ou au moins les premières minutes de ces cours. Voici un exemple : https://www.youtube.com/watch?v=4MvOwqNB_CQ

Pratique de l'expression écrite, de la grammaire et des fonctions étudiées

Racontez par écrit votre premier jour à l'université, en utilisant les temps du passé, quelques mots de liaison et autant de vocabulaire que possible, appris dans cette leçon. Ajoutez-y une ou deux phrases de style indirect. (150 mots)

Pratique de l'expression orale

Lisez à voix haute le petit récit que vous venez d'écrire.

Entraînez-vous à répéter les phrases que vous avez entendues dans la vidéo.

Lorsque ce chapitre sera parfaitement assimilé, vous pourrez passer au chapitre suivant.

Retrouvez sur le site en ligne **http://compagnons.pearson.fr/toeflpratique** le test d'application qui vous servira d'entraînement.

Partie 4

Expression écrite

Semaine 6

Cette semaine, vous allez entamer l'étude de la quatrième épreuve du TOEFL iBT® : l'expression écrite (*Writing*). On évalue ici votre capacité à rédiger des textes semblables à ceux demandés à des étudiants de licence aux États-Unis.

L'expression écrite comprend deux questions : vous devez donc rédiger deux textes. Voici les deux parties de l'épreuve :

- une question d'expression dirigée (*Integrated Task 1*) : l'écoute d'un cours et la lecture d'un texte seront le point de départ de votre rédaction ;
- une question d'expression libre (*Independent Task 2*).

Cette épreuve dure environ une heure. Vous taperez vos réponses à l'ordinateur.

Voici comment améliorer vos compétences en expression écrite :

- Écrivez en anglais à chaque fois que cela vous est possible. Pourquoi ne pas tenir un journal en anglais sur votre ordinateur ?
- Commencez un blog en anglais. Il existe de nombreux sites de blogs gratuits.
- Chronométrez-vous lorsque vous tapez de l'anglais à l'ordinateur. Vérifiez combien de mots vous tapez en 20 minutes, puis en 30 minutes.
- Écrivez à vos amis en anglais (SMS, chats, e-mails).
- Allez à la rencontre des étudiants Erasmus de votre université et envoyez-leur des messages en anglais.
- Écoutez la radio ou des documentaires en anglais et essayez de résumer par écrit ce que vous avez entendu. Écoutez de brèves vidéos sur YouTube ou des extraits de cours en ligne et procédez de même. Faites l'effort de vous concentrer sur ce que vous écoutez. Ce sera difficile le jour du test car vous serez fatigué par les exercices précédents.
- N'utilisez pas le correcteur automatique lorsque vous écrivez en anglais. Prenez l'habitude de vous relire et de vous corriger vous-même. Employez des structures et du vocabulaire que vous connaissez parfaitement. Ce n'est pas le moment d'essayer du vocabulaire et des structures nouvelles !
- Si vous n'avez plus d'idées, vous pouvez copier des passages de livres ou autres pour vous entraîner à taper vite en anglais.

Question d'expression écrite dirigée (*Integrated task 1*)

Présentation de l'exercice

Voici le menu qui apparaît à l'écran :

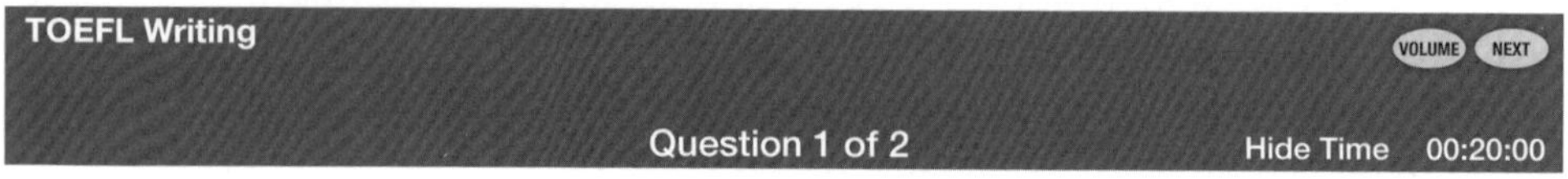

Il indique la partie dans laquelle vous vous trouvez. Il comporte également un compteur qui vous informe du temps restant, ainsi que les boutons *Next* (pour passer à la question suivante) et *Volume* (pour ajuster le son).

Cet exercice d'expression dirigée consiste à lire un texte et à écouter un extrait de cours. Ces deux documents portent sur un sujet universitaire. On vous posera ensuite une question d'expression écrite afin que vous expliquiez les liens entre les deux documents. Les thèmes sont variés (art, littérature, économie, histoire, biologie, géologie, etc.) et les documents fournissent des informations générales. Il n'est pas nécessaire de posséder des connaissances dans ces domaines pour comprendre les documents.

Voici comment se déroule cette partie :

1. Vous disposez de 3 minutes pour lire le passage et prendre des notes.
2. Le texte disparaît ensuite et vous entendez un cours universitaire d'environ 2 minutes sur le même thème, mais qui traite le sujet d'un point de vue différent (soit il le contredit ou en contredit certains éléments, soit il le complète en ajoutant des exemples ou des explications supplémentaires). Vous pourrez prendre des notes pendant cette partie.
3. Après l'écoute, le passage écrit s'affichera de nouveau à l'écran, ainsi que le sujet de l'expression écrite dirigée. Cette question vous demande d'établir le lien entre les deux documents. L'écran est divisé en deux parties : le passage écrit s'affiche à gauche et vous pouvez écrire votre réponse à droite.
4. Vous disposez de 20 minutes pour rédiger et corriger votre réponse.

Au moment de commencer à rédiger, voici le menu qui s'affiche :

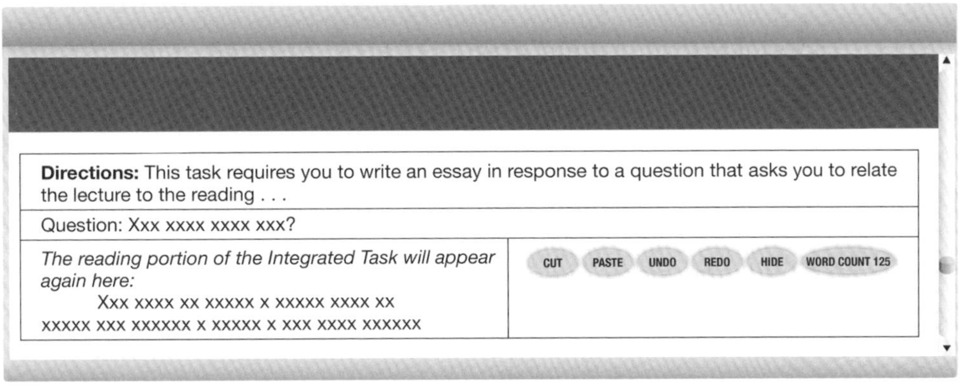

Répondez à la question directement en suivant la structure du passage oral, en appliquant les éléments du cours aux points développés dans le passage écrit et en expliquant les liens entre les deux. Vous n'avez pas à donner votre opinion, ni à ajouter de connaissances extérieures.

Attention ! Spécial étudiant francophone !!!

Vous devez répondre à la question directement et non pas suivre les schémas imposés pour les dissertations françaises : pas d'introduction générale, pas de thèse/antithèse/synthèse ! Il ne s'agit pas de donner la réponse dans la synthèse ou dans la conclusion. **Vous donnez la réponse immédiatement, dans votre première phrase.**

Pour obtenir un score élevé, vous devez :

- mentionner tous les points développés dans le cours, et ce dans le même ordre ;
- établir des liens clairs entre ces points et les éléments du passage écrit ;
- utiliser une syntaxe riche et variée, un vocabulaire adapté et une grammaire correcte ;
- rédiger un texte de 150 à 225 mots.

Vos notes sur le passage écrit doivent inclure l'idée principale, ainsi que les idées secondaires qui la soutiennent (raisons, explications, arguments, exemples). Ces notes vous seront précieuses pour suivre l'organisation du cours que vous entendrez. Souvenez-vous que vous ne voyez plus le passage écrit pendant l'écoute.

Vos notes sur le cours portent sur les points qui contredisent certains éléments du passage écrit, qui répondent à des questions, ou qui fournissent des solutions à des problèmes soulevés dans le document écrit. Vous n'entendez ce cours qu'une fois. N'hésitez ainsi pas à prendre des notes détaillées ! Vous pouvez insérer ces nouveaux éléments parmi vos notes sur le document écrit si vous avez laissé suffisamment d'espace à cet endroit-là. Avant de commencer à rédiger, relisez le passage et vérifiez vos notes, puis faites un plan rapide de votre rédaction.

Astuce !

Dans cette épreuve d'expression dirigée, vous n'entendez le cours qu'une fois, mais vous voyez le passage écrit de nouveau lorsque vous rédigez votre réponse. Il est donc plus important de prendre des notes précises pendant l'écoute.

Voici des exemples de ce type de questions :

Summarize the points made in the lecture, being sure to explain how they answer questions raised in the reading passage.

Summarize the points made in the lecture, being sure to explain how they challenge arguments made in the reading passage.

Attention !

Cet exercice est assez difficile parce que c'est un type de rédaction auquel vous n'êtes pas habitué, qu'il faut faire preuve de rigueur, et qu'il s'agit de toujours suivre le plan fourni. Il faudra sans doute vous entraîner davantage sur cet exercice pour vous familiariser avec ce type de plan.

Pour traiter ce type de sujet, vous devez :

- répondre directement à la question ;
- identifier l'idée principale du cours et les idées qui la complètent, puis les restituer dans votre rédaction ;
- comprendre les liens entre les éléments des deux documents et les expliquer ;
- organiser votre réponse de manière claire et logique en utilisant, entre les paragraphes, des mots de liaison qui mettent ces liens en évidence ;
- utiliser une syntaxe complexe et variée ;
- écrire dans un anglais correct grammaticalement, et riche et précis lexicalement.

Attention ! Spécial étudiant francophone !!!

Vous devez utiliser des mots de liaison clairs, mais ne pas accumuler tous ceux que vous connaissez. Les étudiants français ont tendance à vouloir employer beaucoup d'expressions de ce type pour montrer qu'ils les connaissent et que leur langue est riche. Leur expression en devient alors quelquefois peu naturelle et manque d'authenticité, ce qui produit souvent un résultat opposé au but recherché. Au lieu d'être plus clair, le discours devient confus et l'on ne retrouve plus la substance parmi toutes ces expressions. Sachez être efficace, pertinent et économe.

Analyse d'un exemple

Directions: This task requires you to write an essay in response to a question that asks you to relate the lecture to the reading.

It is typical for a successful essay to have about 150–225 words. Your essay will be rated on how well you write. This includes fully developing and supporting your ideas with specific examples and reasons, logically organizing your essay, and using appropriate and accurate language in your essay.

You have 20 minutes to plan, write, and revise your essay.

Cliquez sur *Next* quand vous aurez fini de lire l'énoncé. L'écran d'après affichera le texte qui suit.

The word tomato is commonly used to refer to both the *Solanum lycopersicum* plant, a member of the nightshade family, and its round red edible fruit. The tomato plant is a perennial vine (although grown in many parts of the world as an annual) with broad leaves and weak stems that sometimes have difficulty supporting the fruit. Tomatoes originated in South America, but, through colonization and trade, spread first to Europe and then worldwide. Sometimes mistakenly referred to as a vegetable, the tomato is unquestionably a fruit. The biological definition of a *fruit* is a part of a flowering plant, formed from tissues of the flower known as ovaries, that contains seeds.

Several popular foods commonly considered vegetables, such as pumpkins, cucumbers, and eggplant, are likewise fruit: they develop from the flowers of plants, and they contain seeds. Tomatoes are not as sweet as the fruits typically served for desserts, such as apples or pears, but because they grow in the same way, they are scientifically classified as fruit.

Au bout de 3 minutes, le texte disparaîtra. Vous verrez alors une photo d'un professeur devant ses élèves et vous entendrez un cours sur le même sujet. Vous pourrez prendre des notes. Après l'écoute, le passage écrit s'affichera de nouveau, sur la gauche de votre écran. Vous écrirez votre réponse sur la droite de l'écran. Votre rédaction est enregistrée automatiquement. À la fin du temps imparti, le message suivant s'affichera : « *Stop writing. Your essay has been saved.* »

Voici un exemple de cette épreuve.

---

1. Reading passage:

The word tomato is commonly used to refer to both the *Solanum lycopersicum* plant, a member of the nightshade family, and its round red edible fruit.

The tomato plant is a perennial vine (although grown in many parts of the world as an annual) with broad leaves and weak stems that sometimes have difficulty supporting the fruit. Tomatoes originated in South America but, through colonization and trade, spread first to Europe and then worldwide. Sometimes mistakenly referred to as a vegetable, the tomato is unquestionably a fruit. The biological definition of a *fruit* is a part of a flowering plant, formed from tissues of the flower known as ovaries, that contains seeds.

Several popular foods commonly considered vegetables, such as pumpkins, cucumbers, and eggplant, are likewise fruit: they develop from the flowers of plants, and they contain seeds. Tomatoes are not as sweet as the fruits typically served for desserts, such as apples or pears, but because they grow in the same way, they are scientifically classified as fruit.

2. Related lecture:

Professor: OK, I know it's almost a bit of a joke these days, is the tomato a fruit or a vegetable. But it's actually an interesting philosophical question, and here's why. Now, the textbook passage that you read is correct; we know that *biologically*, yes, it's a fruit—it grows on a plant, it develops from a flower, and it has seeds, all that. Legally, though—well, in the United States, that is—the tomato is a vegetable. The U.S. Supreme Court, in fact, ruled in 1893 that the tomato was a vegetable because, at that time, a lot of tomatoes were imported from Mexico, and there was a high tax on fruit imported from Mexico. The United States couldn't get cheap tomatoes unless they were a vegetable. So that legal definition, that had a huge impact on international trade between the two countries, not to mention the restaurant industry, and supermarkets, and what Americans ate. There's also the question of usage. For example … well, when you go to the store, where do you find the tomatoes? In the vegetable section. Where are recipes that include tomatoes? In the vegetable section of your cookbook. When do you serve tomatoes, and how? With other vegetables, or often in sauce—think pasta, think pizza—as part of the main course. Most people don't eat tomato ice cream or tomato cake for dessert. The real question, it seems to me, is a philosophical one—what defines an object? Is it biology? Is it the law? Is it usage? Does an object have only one definition? If you eat off a surface, it's a table; if you sit on it, it's a chair. Limiting our outlook to one definition limits the way in which we see, understand, and interact with the world. My answer is, yes, it's a fruit. And, yes, it's a vegetable. Its definition changes depending on the context.

3. Sample prompt:

Summarize the points made in the lecture you just heard, explaining how they challenge points made in the reading.

Exemple de réponse possible

The lecturer addresses the issue of whether a tomato is a fruit or vegetable by saying the biological definition given in the reading passage, which says the tomato is a fruit, is not sufficient.

The lecturer agrees with the reading by saying that the tomato is biologically a fruit. However, the professor then goes on to point out that the tomato is legally a vegetable in the U.S. because of a court ruling in the 1800s. This legal definition let Americans buy tomatoes from Mexico more cheaply, so it was an important definition.

Furthermore, the professor says that the tomato is treated as a vegetable: It is found in stores and cookbooks with other vegetables, and people cook, serve, and eat the tomato as a vegetable. While the reading does admit the tomato is unlike many other fruits, it doesn't treat this difference as significant, which the lecture does. The lecturer's philosophy is that an object can have more than one meaning.

In conclusion, the lecturer expands the definition of the tomato to include the biological definition presented in the reading and additional definitions from law and common use.

Cette réponse obtiendrait un bon score car tous les points du cours sont développés, dans l'ordre du cours et avec une idée par paragraphe. Chacun de ces points est par ailleurs clairement relié aux éléments du passage écrit. L'introduction résume parfaitement l'idée principale et la conclusion explique clairement les différences entre les deux documents. La langue utilisée est riche et correcte.

Astuce !

S'il vous reste du temps, relisez et corrigez vos erreurs. Ne terminez jamais en avance. Utilisez votre temps de manière utile.

Le plan

Votre plan n'est pas un plan personnel. Vous devez suivre l'ordre des idées développées dans le cours. Attention : il ne faut en aucun cas résumer d'abord le passage écrit et ensuite le document sonore !

Voici le plan à suivre :

I. Une phrase ou deux qui donnent l'idée principale et la relation entre les deux documents.

II. Première idée du document sonore, et son rapport avec l'élément correspondant du document écrit.

III. Deuxième idée du document sonore, et son rapport avec l'élément correspondant du document écrit.

IV. (Troisième idée du document sonore, et son rapport avec l'élément correspondant du document écrit.)

V. (S'il vous reste du temps) Une brève conclusion.

Établir les liens entre les idées des deux documents

Il s'agit là de l'objet principal de l'exercice. Vous devez montrer les relations entre les idées respectives de chacun des documents. Pour ce faire, utilisez des mots de liaison clairs et des mots qui signalent ces liens. Dans l'introduction, vous pouvez utiliser des phrases comme :

- *The lecturer challenges the information in the reading passage by giving examples that contradict it.*
- *The lecturer supports the information in the reading passage by giving specific examples of the general principles…*
- *The professor responds to the problem raised in the reading passage by offering two solutions.*

Dans le corps du texte, vous pouvez utiliser des phrases comme :

- *The lecturer says that…*
- *The reading refers only to…*
- *In the reading passage, only the… However, the lecture asserts that…*
- *The lecturer agrees with … mentioned in the reading.*
- *The lecturer extends the definition … by adding…*
- *The lecturer challenges the view that … by arguing that…*
- *The lecturer contradicts the definition … by introducing…*
- *The lecturer uses examples from other fields to show why he disagrees with…*

Entraînement

Lisez le passage suivant et complétez le plan.

A. Ask any schoolchild who invented the lightbulb and you'll probably hear "Thomas Edison." However, the truth is more complex. In fact, the first lightbulb was invented by Sir Humphry Davy, an English physician, in 1809—a good seventy years before Edison patented (licensed as intellectual property) his invention. Davy's invention, known at the time as the arc lamp, passed an electrical connection between two charcoal rods connected to a battery, which emitted a bright, though brief, light. Dozens of other inventors tried, with limited success, to improve both the power and the longevity of the lightbulb. Most people don't even remember their names—de la Rue, de Moleyns, Woodward, and Evans—but they all contributed to the development of the electric lightbulb.

The first patent for an incandescent lightbulb was given to Joseph Swan, an English scientist, in 1878—though he had been writing about and publicly demonstrating his inventions at least a decade before that. Edison, who was no doubt aware of Swan's work, patented a very similar bulb in 1879, just one year later. Swan sued Edison for copying his patented invention, and won. In the settlement, Edison was forced to form a partnership with Swan, which they eventually called Ediswan, to manufacture and market the invention in Great Britain.

I. Topic/main idea:

II. First inventor of the lightbulb:

III. Other people's results:

IV. First person to patent the lightbulb:

V. Edison's invention:

36 Écoutez l'extrait de cours et complétez le plan.

B. Professor: So, did Edison invent the lightbulb? It depends on what you mean by "invent," but furthermore, it depends on what you mean by "lightbulb." Now the first person to create a lightbulb that worked was Humphry Davy, in Great Britain, as you read in the article. However, Davy's lightbulb, while it worked, didn't really light—its power output was small, and it didn't last long. So yes, technically it worked, but it wasn't practical; it couldn't be used. Subsequent adjustments by other inventors also had problems—the light wasn't strong enough, their inventions didn't work reliably, or the materials were too expensive. So you could get a glimmer in a lab, but you didn't have an invention anyone could use.

The real challenger to Edison's position as inventor of the lightbulb was Joseph Swan, who patented a very similar bulb a year before Edison patented his invention in 1879—he's the one the article credits as the true inventor. The bulbs were similar enough that Edison lost a lawsuit brought against him by Swan, and the two men went into business together for some years, until Edison bought out Swan's share.

But all this, I think, is missing the most important point—that what Edison really did was to develop and patent a system for the distribution of electrical power. I mean, think about it. If you hold a lightbulb in your hand, nothing happens. No light. You need a system, you need wires and infrastructure. It was Edison's development of the first electrical utility company, which delivered power to businesses and homes, that really earns him the title of the father of the electric light.

I. Edison's importance:

II. Problems with Davy's bulb:

III. Problems with other people's results:

IV. Comparison to Swan:

V. Edison's accomplishment:

Réponse

A. I. Many contributed to invention of lightbulb. II. Davy. III. Short light. IV. Swan. V. electric lightbulb.

B. I. Electrical distribution. II. Output small and didn't last. III. Reliability and lighting poor. IV. Similar invention but distribution lacking. V. First electrical utility company.

---

37 Relisez le passage écrit (3 minutes) et réécoutez le document sonore. Complétez ensuite le plan de réponse suivant :

I. Introduction: Edison's importance

II. Davy's bulb:

  A. Point from the reading

  B. Lecturer's response

III. Other inventors:

  A. Point from the reading

  B. Lecturer's response

IV. Swan:

  A. Point from the reading

  B. Lecturer's response

V. Edison's main contribution

Réponse

I. Introduction: Edison's importance

II. Davy's bulb:

A. Point from the reading: many inventors contributed

B. Lecturer's response: yes, but it was all about distribution

III. Other inventors

A. Point from the reading: good efforts though light wasn't bright

B. Lecturer's response: tried, but products not reliable

IV. Swan

A. Point from the reading: first patent for light bulb

B. Lecturer's response: similar patent and won lawsuit

V. Edison's main contribution: created electric utility company

Exercice d'application

A. Begin reading now. Stop after 3 minutes. Then listen to the lecture.

Predicting the future is not a perfect science. However, analyzing a set of data over a given period of time reveals trends; and the reasonable prediction to be made in journalism does not hold good news for the newspaper—that is, the actual paper newspaper. In fact, some industry analysts predict that the last physical newspapers will be delivered around the year 2040.

Circulation of daily newspapers has been declining for more than two decades. Smalltown newspapers have run out of money and gone out of business. Larger newspapers are becoming smaller—fewer pages, and narrower pages, desperately trying to save money. Customers are turning instead to online news, which is not only cheaper, but free in many cases. With a choice of paying for a physical paper or not paying for the electronic version of the same paper, it's easy to see why customers are going online. Furthermore, electronic news is seen as easier to access, easier to customize, and more up-to-date. There's greater variety of reporting, too—not just traditional news sources, but a host of independent bloggers. With the increase in devices that deliver electronic content, such as smart phones, e-readers, and tablet computers, there is no evidence this downward trend will stop or even slow.

38

B. Now listen to part of a lecture on the same topic.

C. Now read the question. Then give yourself 20 minutes to write your response.

Summarize the points made in the lecture, being sure to explain how they challenge predictions made in the reading passage.

Exemple de réponse possible

The lecturer disagrees with the prediction in the reading that paper newspapers are going to disappear in the next few years.

While the lecturer agrees with the reading that readers of paper newspapers are declining, he argues that the main cause of that is that online news is currently free to read. He claims that therefore in the future, newspapers will charge money to readthe news online, so at that time, readers might stop reading news online. The lecturer also points out that people trust newspapers more than bloggers and other online sources, so they will be willing to pay for reliable news.

Finally, the lecturer argues that many readers feel loyal to paper newspapers and will not stop reading them. He contradicts the prediction in the reading by comparing newspapers to other forms of media such as radio and movies, which didn't disappear when more modern versions became available. *(150 mots)*

À l'aide du tableau suivant, évaluez vos réponses en vous attribuant de 1 à 5 points pour chacune des compétences ci-dessous :

Compétence évaluée	1 pt = niv. faible 5 pts = niv. élevé
J'ai compris le passage écrit et le cours.	
J'ai pris des notes rapides et efficaces sur les idées principales de l'audio et les raisons qui les expliquent dans le cours.	
J'ai fait un plan rapide des points principaux.	
J'ai restitué tous les points principaux du texte et du cours.	
J'ai expliqué les liens entre les éléments du cours et ceux du texte, point par point, en utilisant des expressions qui signalent clairement ces liens.	
J'ai rédigé une introduction et une conclusion brèves.	
J'ai utilisé un anglais correct, du vocabulaire adapté, et une syntaxe variée et complexe.	
J'ai relu et corrigé mes erreurs.	

Réfléchissez maintenant à la manière dont vous pouvez améliorer les compétences qui ne sont pas encore parfaites.

Astuce !

Ne perdez pas trop de temps à écrire une introduction et une conclusion trop longues. L'important est le corps du texte. Dans l'introduction, vous pouvez indiquer si le professeur est d'accord ou non avec les idées du document écrit. Vous ne connaîtrez cependant son opinion complète qu'après avoir écouté tout l'enregistrement. Vous pourrez compléter votre introduction à la fin. Votre conclusion peut reprendre l'idée centrale de l'introduction.

Question d'expression écrite libre (*Independent Task 2*)

Présentation de l'exercice

Voici comment se déroule cette partie :

1. Lisez les consignes et cliquez sur *Next*.
2. Une question apparaîtra à l'écran avec un espace pour que vous puissiez rédiger votre texte. Vous continuerez à voir la question pendant que vous écrivez.
3. Vous disposerez de 30 minutes pour rédiger et corriger votre réponse.

Voici le menu qui apparaît à l'écran :

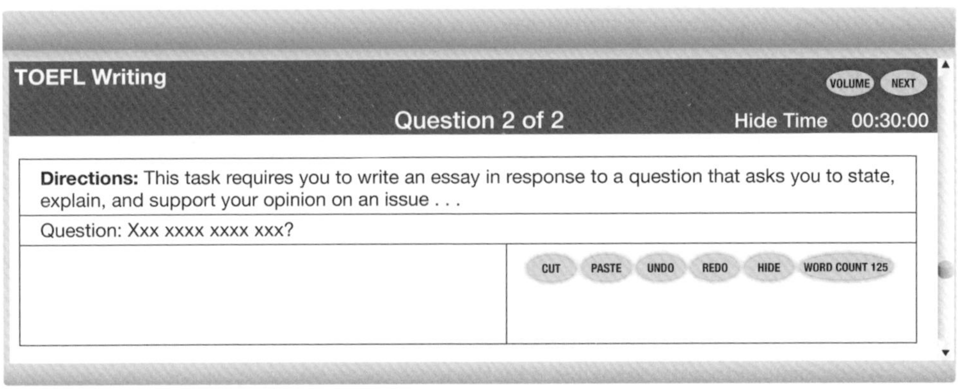

Il indique la partie dans laquelle vous vous trouvez. Il comporte également un compteur qui vous informe du temps restant, ainsi que les boutons *Next* (pour passer à la question suivante) et *Volume* (pour ajuster le son). Le nombre de mots écrits s'affiche aussi. Il n'est pas recommandé de cacher le temps restant.

Cet exercice vous demande d'écrire une rédaction à partir de vos propres opinions et expériences. Il ressemble à l'exercice d'expression orale 2.

Pour cette question, vous devrez donner votre opinion à partir d'une affirmation ou choisir l'une des deux actions ou situations possibles, fournir des idées pour étayer votre argumentation, puis expliquer votre opinion ou préférence en avançant les raisons de votre choix et en illustrant vos propos par des exemples adaptés. Vous disposerez de 30 minutes pour faire un plan, écrire votre rédaction, puis la corriger. Vous taperez directement votre texte à l'ordinateur. Pour obtenir un bon score, votre rédaction devra faire environ 300 mots.

Les questions portent sur des sujets qui vous sont familiers. Certains d'entre eux traitent de questions universitaires, d'autres sont plus généraux. Parfois, l'affirmation sera un adage connu ou une citation célèbre. Vous entendrez la question et pourrez aussi la lire à l'écran.

Voici des exemples de ce type de sujet d'expression libre :

> *Do you agree or disagree with the following statement? Teenagers should* ***not*** *be allowed to have a job while they are students. Use specific reasons and examples to support your opinion.*
>
> *It has recently been announced that a large shopping center will be built in your neighborhood. Do you support or oppose this plan? Why? Use specific reasons and examples to support your answer.*
>
> *"All life is an experiment. The more experiments you make, the better." Do you agree or disagree with this quotation from the American writer Ralph Waldo Emerson? Use specific reasons and examples to support your position.*

Pour répondre à ce type de question :

- Lisez attentivement le sujet et assurez-vous de l'avoir parfaitement compris.
- Structurez votre rédaction. Commencez par faire un plan simple des idées que vous allez développer et qui justifient votre opinion.
- Exprimez votre opinion ou votre préférence dans l'introduction (revoir la fonction Opinion, au chapitre 4, p. 154).
- Donnez au moins deux raisons pour expliquer votre opinion ou votre préférence, en vous assurant qu'elles s'appliquent bien au sujet.
- Ajoutez des exemples personnels pertinents.
- Utilisez une syntaxe complexe et variée.
- Écrivez dans un anglais grammaticalement correct et utilisez un lexique riche et précis.

Attention ! Spécial étudiant francophone !!!

On vous donne peu l'occasion d'exprimer votre opinion personnelle au cours de vos études en France. Vous avez souvent l'impression qu'il vaut mieux éviter de donner votre avis et que vous devez étudier les deux propositions avant de donner un avis non tranché. **Il ne faut absolument pas procéder ainsi. Vous devez donner votre avis clairement et sans ambiguïté.**

Astuce !

Voici comment vous pouvez répartir votre temps pour être efficace :

- 5 minutes pour faire le plan ;
- 20 minutes pour rédiger la composition ;
- 5 minutes pour relire et corriger.

Analyse d'un exemple

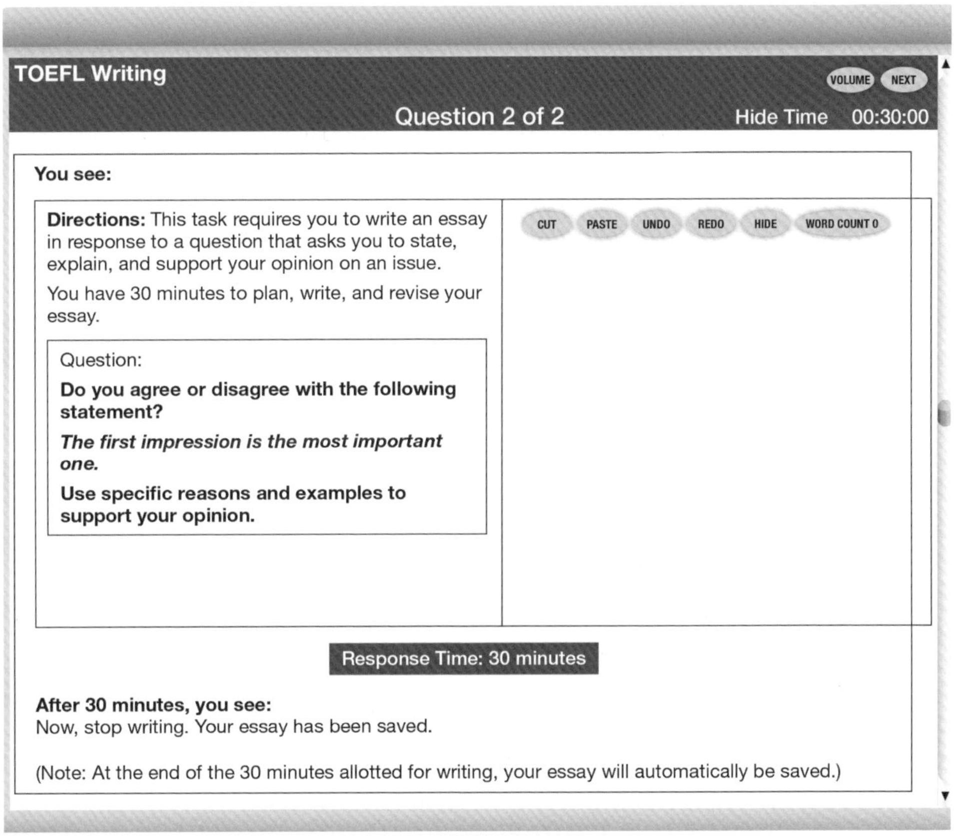

Plan

Cette fois, le plan est un plan personnel. Vous n'avez pas à suivre de trame. Plusieurs sortes de plans sont possibles, suivant le sujet.

Exemples de plans possibles

I. Plan des raisons qui expliquent votre opinion :
- introduction dans laquelle **vous répondez directement** à la question
- 1re raison et exemples
- 2e raison et exemples
- 3e raison et exemples
- conclusion qui résume vos raisons ou reformule l'introduction

II. Plan avantages/inconvénients

II. A. – introduction dans laquelle **vous répondez directement** à la question (les deux choix présentent des avantages, mais le choix n° 2 est meilleur)
- avantages de la première solution + exemples
- avantages de la seconde solution plus importants que ceux de la première et qui justifient donc votre choix de la seconde solution + raisons et exemples

– conclusion qui résume les avantages de votre choix et vos raisons

II. B. – introduction dans laquelle **vous répondez directement** à la question (inconvénients du choix 1 et avantages du choix 2)
- inconvénients de la première solution + exemples
- avantages de la seconde solution + raisons et exemples
- conclusion qui résume les avantages de votre choix et vos raisons

---

Introduction et conclusion

Introduction

Répondez à la question directement en indiquant votre choix et en annonçant votre plan. Vous pouvez utiliser une phrase générale (*In my opinion, first impressions are extremely important because they…*) ou une liste des deux ou trois raisons principales (*I agree that a first impression is the most significant one. How we first perceive someone socially, academically, and professionally…*) ; avancer les arguments des personnes qui ne sont pas d'accord avec vous (*Some people believe this isn't true because they feel…*) ; ou encore parler de votre propre experience (*A few years ago, I arrived twenty minutes late for a job interview… So, in my own personal experience, first impressions do count.*)

Conclusion

Reformulez ou résumez les raisons principales de votre opinion. Vous pouvez utiliser des expressions comme *To summarize, To sum up, To conclude*, etc.

Astuce ! Spécial étudiant français !!!

D'une part, ne reformulez pas le sujet dans l'introduction, comme vous avez l'habitude de le faire dans les dissertations françaises. Ce n'est pas utile ou souhaitable dans une expression en anglais, puisque le sujet est écrit dans les consignes.

D'autre part, n'élargissez pas le sujet dans votre conclusion, comme vous avez l'habitude de le faire dans les dissertations françaises. Dans une expression en anglais, on vous demande de répondre à la question, rien d'autre.

Transitions

Votre expression sera également notée en fonction de son organisation et de la logique de la progression. Vous devez donc utiliser des expressions et des mots de transition clairs. Revoyez ces points dans les sections Fonctions du langage de la semaine 1 (Établir des liens, p. 24), de la semaine 5 (Organisation du discours, p. 215) et de la semaine 6 (Introduction, Conclusion, p. 261 et 262).

Astuce !

Si vous souhaitez souligner un point important, vous pouvez utiliser les expressions suivantes : *Indeed* (en effet), *In fact* ou *Actually* (en fait). Attention à ce dernier adverbe ! C'est un faux ami. *Actually* veut dire « en fait », « vraiment », « en réalité ». Si vous voulez dire « actuellement », vous devez utiliser *currently*, *presently*, *nowadays*.

Entraînement

Lisez l'énoncé suivant. On vous fournit des idées pour les deux choix possibles. Écrivez trois paragraphes à partir de ces idées pour expliquer votre choix. Faites une introduction et une conclusion. Utilisez des expressions de transition.

Astuce !

Concentrez-vous bien sur le sujet. Ne faites pas de digression. Vous ne devez jamais être hors sujet. Votre rédaction doit être claire, logique et pertinente.

A large outdoor concert has been planned for the park next to your house. There will be a wide variety of music and many popular musicians for the three-day event from Friday to Sunday. Do you support or oppose this plan? Why? Use specific reasons and examples to support your position.

Oppose:	Support:
– noisy – increased traffic & parking problems – garbage left behind in the park & neighborhood	– opportunity to hear great music – chance for people to relax in a natural setting – business opportunities for nearby stores & restaurants

---

Exemple de réponse possible

---

1. **topic sentence:** Although I wouldn'twant this type of event in my neighborhood, I can understand that it does have benefits. It does give people the chance to hear great music and relaxin a natural setting outdoors. In addition, the local businesses would benefit because people might go to nearby stores to buy food and drinks to have while they are listening to the music. They might even want to go to dinner at neighborhood restaurants after the concert as well.
2. **topic sentence:** However, while there are some advantages to a big concert, the reasons I would be against having it in my neighborhood is that it would be very noisy, traffic would increase, and it would make it difficult for people in the neighborhood to find parking spaces. Finally, people would probably bring food and drinks with them to the concert and, as a result, there would be garbage left behind in the park and on neighborhood streets.
3. **Aucun élément nécessaire dans ce paragraphe pour ce type d'organisation avantages/inconvénients.**

Astuce !

Sautez une ligne entre chaque paragraphe pour indiquer clairement au correcteur que vous allez développer une nouvelle idée.

Exercice d'application

Directions: This task requires you to write an essay in response to a question that asks you to state, explain, and support your opinion on an issue.

You have 30 minutes to plan, write, and revise your essays. Write your essays on a separate piece of paper.

Essay Topic:

If your parents decided to pay for you to travel for a few weeks, would you prefer to visit places in your own country that you have not seen or to travel in a foreign country? Why? Use specific reasons and examples to support your answer.

Response Time: 30 minutes

Astuce !

Tapez directement votre rédaction dans l'espace prévu à l'écran. Ne perdez pas de temps à l'écrire d'abord à la main.

Sur le papier, notez seulement votre plan en laissant suffisamment d'espace entre les parties. Vous pourrez compléter au fur et à mesure.

Exemple de réponse possible

I do believe it is important for people to learn more about their own countries by traveling to various places in them. However, I can easily travel in my own country any time since I can speak the language and understand the culture. Therefore, if my parents gave me the money to travel, I'd definitely prefer to visit a foreign country. My reason for choosing to visit a foreign country is that I want to learn new and interesting things about other places in the world. I strongly believe that this kind of experience will help me to develop intellectually and emotionally into a better person.

To begin with, if I were traveling in a foreign country, I would go to all the famous art museums, monuments, and buildings. I imagine, for example, that I would learn a great deal about a country's history and culture by seeing what subjects were commonly painted and how they were painted. In addition,the style and purpose of buildings can provide akey to how people live, how their culture developed over time, and how it was influenced by other cultures. Therefore, I would definitely gain new and valuable knowledge about a foreign culture through experiencing its art and architecture.

Not only can art and architecture lead to a cultural understanding of another country, but food can as well. I think you can discover a lot about the culture and the people in a foreign country by seeing what they eat and how they prepare their food. Most people in the world are proud of their traditional dishes and are pleased when you are curious and like their food. So, asking about local dishes and trying them in restaurants can bring you closer to the people in another country. In the end, eating is a social activity, so it's a good way to make foreign friends, and to taste new and delicious food.

In summary, visiting a foreign country wouldbe my preference because, by experiencing new art, architecture, food, and making new friends, I could expand my knowledge of the world and become a more sensitive and smarter person. *(354 mots)*

À l'aide du tableau suivant, évaluez vos réponses en vous attribuant de 1 à 5 points pour chacune des compétences ci-dessous :

Compétence évaluée	1 pt = niv. faible 5 pts = niv. élevé
J'ai compris le sujet.	
J'ai pris des notes rapides et efficaces pour structurer ma rédaction.	
J'ai clairement énoncé ma préférence ou mon opinion dans l'introduction en utilisant des expressions d'opinion.	
J'ai expliqué clairement dans l'introduction ce que j'allais développer.	
J'ai inclus des informations personnelles dans l'introduction.	
J'ai utilisé des transitions logiques entre les différentes raisons qui expliquent mon opinion.	
J'ai utilisé des mots de transition pour ajouter des informations supplémentaires.	
J'ai utilisé des expressions de contraste et de comparaison.	
J'ai utilisé des mots appropriés pour introduire la conclusion.	
J'ai reformulé mon opinion pour la résumer dans la conclusion.	
J'ai ajouté une petite note personnelle dans la conclusion.	
J'ai utilisé un anglais correct, du vocabulaire adapté, et une syntaxe variée et complexe.	
J'ai relu et corrigé mes erreurs.	

Réfléchissez maintenant à la manière dont vous pouvez améliorer les compétences qui ne sont pas encore parfaites.

Astuce !

Pour relire vos rédactions, concentrez-vous sur les points de grammaire qui vous posent un problème.

N'oubliez aucun « s » à la 3e personne du singulier.

Vérifiez les accords singulier/pluriel.

Corrigez les erreurs de temps.

Vérifiez que vous n'avez pas fait de fautes graves avec les modaux.

Prêtez attention aux adjectifs, qui posent des problèmes aux étudiants français. Il n'y a jamais de « s » aux adjectifs en anglais. Faites particulièrement attention à l'adjectif *important*.

Vérifiez bien ensuite que vous n'avez pas fait un hors sujet.

Acquisition de vocabulaire

Le TOEFL iBT® utilise beaucoup de vocabulaire thématique que vous devez connaître, parce qu'il est récurrent.

Apprenez ce vocabulaire avant de faire les exercices. Révisez-le ensuite plusieurs fois, jusqu'à ce qu'il soit parfaitement connu et maîtrisé.

Les médias

the media (pluriel sans *s*)	les médias
a television network	un réseau de télévision
a channel	une chaîne
to air, to broadcast	diffuser
airtime	le temps d'antenne
the audience	le public, l'audience
the TV schedule	le programme télévisé
primetime	les heures de grande audience
to be a couch potato	rester sur le canapé à regarder la télévision
satellite television	la télévision par satellite
a serial	un feuilleton
a series	une série
a blockbuster	un film à grand succès
a documentary	un documentaire
the news	(toujours singulier) les informations
the anchor (man/woman)	le présentateur des informations
the cast	les acteurs, la distribution
to watch an event on TV	regarder un événement à la télévision
a radio station	une station de radio
the press	la presse
a headline	un gros titre
daily	quotidien
weekly	hebdomadaire
monthly	mensuel
the editor	le rédacteur

censorship	la censure
biased	tendancieux
unbiased	impartial
to print	imprimer
to publish	publier
to edit	monter
a magazine	un magazine
a newspaper	un journal
a tabloid	un tabloïd
a broadsheet	un journal de qualité
advertising	la publicité
an advertisement, an ad	une publicité
a column	une colonne, une chronique
a columnist	un chroniqueur
a leader	un éditorial

Le monde du travail

employment	l'emploi
work	le travail
a job	un job, un travail, un emploi
to run, to manage	diriger
to be in charge of	être responsable de
to be self-employed	travailler à son compte
to make a living	gagner sa vie
working hours	les horaires de travail
to be underpaid	être sous-payé
well-paid	bien payé
badly-paid	mal payé
a pay rise	une augmentation de salaire
salary, wage, wages	le salaire
perks	les avantages professionnels supplémentaires
income	le revenu
earnings	le salaire, les gains
to work flexi-time	travailler à horaires variables

shift work	un travail en équipe (les 3/8)
team work	le travail d'équipe
workmates, colleagues	les collègues
the workforce	la main-d'œuvre
the workplace	le lieu de travail
the premises	les locaux
to meet a deadline	respecter un délai
to knock off	arrêter le travail en fin de journée
clerical work	un emploi administratif
manual work	un emploi manuel
a career	une carrière
commuting time	le temps qu'il faut pour se rendre au travail
to climb the career ladder	grimper les échelons professionnels
to be overworked	être surchargé de travail
to retire	prendre sa retraite
retirement	la retraite
a pension	la retraite (argent), une pension de retraite
to resign	démissionner
resignation	la démission
work placement, an internship	un stage
to be out of work, to be unemployed	être sans emploi
a job seeker	un demandeur d'emploi
to fire	mettre à la porte
to dismiss	licencier
to hire, to recruit, to take on	embaucher
background	origines, passé professionnel, contexte, milieu
career prospects	les perspectives d'avancement
post-qualification experience	expérience post-universitaire
qualified	diplômé
a qualification	un diplôme, une formation qualifiante
skilled	qualifié
unskilled	non qualifié
a position	un poste

to apply for	postuler à
a job applicant	un candidat à un poste
a cover letter	une lettre de motivation
a resume, résumé	un CV
a job interview	un entretien d'embauche
to conduct an interview	faire passer un entretien
to go through an interview	passer un entretien
to be called for interview	être convoqué à un entretien
an employer	un employeur
an employee	un salarié
the staff, the personnel	le personnel
a fixed-term contract	un CDD
a permanent contract	un CDI
a full-time job	un emploi à temps plein
a part-time job	un emploi à temps partiel
temporary work	un emploi temporaire/en intérim
to temp	avoir un emploi temporaire, être en intérim
training	la formation
available	disponible
to provide a reference	fournir des références
a referee	quelqu'un qui vous recommande/ qui fournit une référence
a company, a firm, a business, a corporation	une entreprise
to manufacture	fabriquer
a manufacturer un fabriquant	
to supply (sbdy) with	fournir
a supplier	un fournisseur
a service	un service
a product	un produit
a commodity	un produit, une marchandise
goods (toujours pluriel)	biens, produits, marchandises
the CEO	le P-DG
a manager	un directeur, un responsable, un chef
an executive	un cadre
a shareholder	un actionnaire

a customer	un client (produits)
a client	un client (services)
to compete	faire concurrence, être sur le même marché
competition	la concurrence
a competitor	un concurrent
to be competitive	être compétitif
expense	les dépenses
loss	les pertes
profit	les bénéfices
profitable	qui rapporte, rentable

Pratiquez votre vocabulaire

I. Choisissez le mot qui convient (voir corrigés p. 308).

1. This channel .... primarily.......................... programs in

A. plays / **B.** broadcasts / **C.** casts / **D.** works

A. media / **B.** channel / **C.** airtime / **D.** news

English in real time. It is funded by .... and donations.

A. wages
B. anchors
C. advertising
D. media

Some of its .... have been accused of been politically ....

A. anchormen / **B.** referees / **C.** employers / **D.** columnists

A. unbiased / **B.** biased / **C.** unskilled / **D.** available

As a defense, they have claimed that there is no such thing as ....

A. unbiased
B. biased
C. qualified
D. unskilled

journalism.

2. What do .... look for in a candidate? Unfortunately,

A. employees
B. employers
C. staff
D. personnel

a university degree may not be sufficient. It is skills and .... that can make

A. experience
B. competition
C. prospects
D. perks

you a desired .... and boost your ....

A. employer
B. manager
C. staff
D. applicant

A. experience
B. skills
C. resume
D. interview

How can you increase your ....? Work experience, university

A. wages
B. prospects
C. pension
D. background

life and volunteer .... are valid ways of building up your

A. commodities
B. companies
C. positions
D. teams

.... in communication and ...., initiative and

A. position
B. background
C. skills
D. teams

A. teamwork
B. background
C. team
D. qualities

organization. Don't hesitate to take on new opportunities.

3. A person is self-employed if they .... their ....

A. drive
B. run
C. enjoy
D. work

A. businesses
B. business
C. workmates
D. employers

for themselves and take responsibility for its success or failure.

.... workers don't have the .... rights

A. Employed
B. Hired
C. Self-employed
D. Fired

A. career
B. prospects
C. experience
D. employment

and responsibilities of .... They can also have longer

A. employers
B. job seekers
C. employees
D. managers

.... Self-employed people generate their own .... and profits.

A. times
B. shifts
C. working hours
D. jobs

A. taxes
B. income
C. wages
D. careers

They can use their home as .... They only need the ....

A. company
B. business
C. premises
D. background

A. pay
B. business
C. premises
D. qualifications

which are a prerequisite for their field of work. However, a broad range of .... is necessary.

A. skills
B. competitors
C. employers
D. wages

4. What is a good internship? First, it will pay at least the national minimum ....

A. profit
B. pension
C. wage
D. income

Then, a good quality .... will be advertised publicly and ....

A. job
B. work
C. workplace
D. internship

A. unemployed
B. applicants
C. workers
D. employees

will be required to go through .... They will have a designated

A. an exam
B. a test
C. a placement
D. an interview

manager, they will be given a variety of tasks and they will get a taste of the ....

A. clients
B. customers
C. competition
D. workplace

They will be given feedback and a .... at the end.

A. reference
B. referee
C. break
D. pension

II. Reliez le mot anglais avec sa définition (voir corrigés p. 308).

1.	workmate	**A.** broadcaster who reads the news
2.	manager	**B.** person or company who/which has people work for them for wages
3.	CEO	**C.** person who pays a professional person for a service
4.	executive	**D.** person who buys goods
5.	employee	**E.** fellow worker
6.	employer	**F.** person who manages other people in a company
7.	columnist	**G.** person in charge of a business, a department in a company
8.	anchorman	**H.** person who prepares a newspaper to be published
9.	editor	**I.** person who works for another or for a company for wages
10.	couch potato	**J.** person who provides a service or commodity
11.	referee	**K.** one who writes a regular feature article in a newspaper

12. supplier	**L.** person or company who/which makes finished products
13. manufacturer	**M.** person who spends a lot of time watching television
14. customer	**N.** person or company in the same business who tries to do better
15. client	**O.** person who testifies to the character or capabilities of someone
16. competitor	**P.** top executive in a company

Fonctions du langage

Dans cette section, vous allez réviser les expressions d'introduction et de conclusion, de but et de cause, de goûts et de préférences pour pouvoir organiser clairement votre rédaction, et plus précisément expliquer les liens de cause à effet pour l'expression dirigée et exprimer vos goûts pour l'épreuve d'expression libre.

Apprenez-les dès maintenant, en faisant attention à leur construction.

Introduction (*Introductions*)

This essay explains *the links between the reading passage and the lecture.*

Cette composition explique les liens entre le passage à lire et le cours.

In my essay, I will point out...

Dans ma rédaction, je mettrai en évidence ...

This essay deals with the differences between...

Cette rédaction traite des différences entre...

My essay will ***show how/to what extent the professor differs*** *in his opinion from...*

Mon devoir montrera comment/dans quelle mesure l'opinion du professeur diverge...

Both *the reading and the lecture deal with...,* ***but the lecturer disagrees*** *with... He* ***challenges*** *the idea that...*

Le document écrit et le cours traitent tous deux de..., mais le maître de conférences/chargé de cours n'est pas d'accord avec... Il remet en cause l'idée que...

The reading passage and the lecture ***both explain*** *..., and the lecture* ***supports*** *this idea by emphasizing...*

Le document écrit et le cours expliquent tous deux..., et le cours renforce cette idée en soulignant...

The reading passage ***raises several questions about*** *... and the lecturer answers these questions one by one.*

Le passage à lire soulève plusieurs questions portant sur... et le conférencier répond à ces questions une par une.

Conclusion (*Conclusions*)

To sum up, to summarize... = Pour résumer, en résumé...

The most important thing here is... = Le plus important ici est...

In a word/On the whole... = En un mot/Dans l'ensemble...

We can point out that... = Nous pouvons indiquer...

But (*Expressing purpose*)

The purpose, the aim, the goal, the objective = le but, l'objectif

The purpose/aim *of this experiment was to prove the presence of...*

Le but de cette expérience était de démontrer la présence de...

The professor's ***goal/objective*** *is clear. He wants to...*

Le but du professeur est clair. Il veut...

***so that* + S + V** = afin que

He explains the process ***so that ordinary people understand*** *the phenomenon.*

Il explique le processus afin que les non-spécialistes comprennent ce phénomène.

in order (not) to + BV/so as (not) to + BV/(not) to = afin de (ne pas), pour (ne pas)

He explains this fact ***in order to/so as to/to demonstrate****...*

Il explique ce fait afin de démontrer...

He didn't turn the light on, ***so as not to wake*** *his parents* ***up.***

Il n'a pas allumé la lumière afin de ne pas réveiller ses parents.

Attention !

Soyez vigilant à la place de la négation !

Cause et effet (*Expressing cause and effect*)

because = parce que

This reaction was made possible ***because*** *the catalysts generated…*

Cette réaction a été rendue possible parce que les catalyseurs ont généré…

because of = à cause de

The device didn't work ***because of*** *a manufacturing fault.*

L'appareil ne fonctionnait pas à cause d'un défaut de fabrication.

due to = dû à

This phenomenon is ***due to*** *a lack of oxygen in the blood.*

Ce phénomène est dû à un manque d'oxygène dans le sang.

This new trend is ***due to*** *the fact that various studies of human speech have shown that…*

Cette nouvelle tendance est due au fait que de nombreuses études sur le langage humain ont démontré que…

The reason for… = La raison…, la raison de…

The ***reason for*** *this is clear.*

La raison en est claire.

The evidence shows… = Certains éléments démontrent/prouvent…

The evidence shows *that humans could have survived in this environment.*

Certains éléments prouvent que les humains auraient pu survivre dans cet environnement.

This led to… *(to lead, led, led)* = Ceci a conduit à…

This led to *new discoveries in the field of biology.*

Ceci a conduit à de nouvelles découvertes dans le domaine de la biologie.

As, since… = comme, puisque…

Therefore, so ; thus… = donc, ainsi…

Consequently, as a result… = par conséquent…

Goûts et préférences (*Expressing likes and dislikes*)

I like; I enjoy; I love; I am keen on + V –ing ou N = J'aime bien; J'apprécie; J'aime/J'adore; Je suis fan de…/Je suis assez porté sur

I like/enjoy/love spending *a few days at the seaside occasionally.*

J'aime bien passer quelques jours au bord de la mer de temps en temps.

I am keen on scuba-diving.

J'aime la plongée.

I care for + N = J'attache de l'importance à…

I care for nature. *I belong to an association which looks after endangered species.*

J'attache de l'importance à la nature/J'aime la nature. J'appartiens à une association qui s'occupe des espèces en voie de disparition.

I hate ; I dislike ; I can't stand + V + –ing = Je déteste…

I hate/dislike/can't stand *skiing.*

Je n'aime pas le ski.

I prefer + N/V + –ing ; I like + N/V + –ing better than + N/V + –ing ; I prefer N/V + –ing to… = Je préfère ; je préfère … à … ; j'aime mieux … que

I prefer attending *early classes.*

Je préfère les cours du matin.

I prefer *responsible people* ***to*** *carefree people.*

Je préfère les gens responsables aux gens insouciants.

I would love to… = J'aimerais, j'adorerais…

I would love to *attend all classes, but unfortunately, I have a part-time job, and I can't make it on Mondays.*

J'aimerais assister à tous les cours, mais j'occupe malheureusement un emploi à temps partiel et je ne peux pas venir aux cours du lundi.

I'd rather + BV than BV (I would rather) = Je préférerais… à …

I would/I'd rather listen *to classical music* ***than to*** *this rubbish.*

Je préférerais écouter de la musique classique plutôt que cette horreur.

I am committed to… = je suis engagé, je suis attaché à, je suis fidèle à/… me tient à cœur

I am committed to *this position and you won't make me change my mind.*

Je suis fidèle à cette opinion./Cette opinion me tient à cœur et tu ne me feras pas changer d'avis.

Pratiquez ces expressions

I. Finissez les phrases suivantes en complétant par une forme verbale à chaque fois que c'est possible (voir corrigés p. 308).

Ex. : *I ('d rather … play … work)*

I'd rather ***play*** *tennis* ***than work*** *on this silly exercise.*

1. My brother (love … but … hate)…

2. Our university (be committed)…
3. I (would love…), but…
4. This man is really strange. He (can't stand…)
5. Do you think that (our president/care for)…?
6. Why don't you join us at the pool later? I ('d rather)…
7. I (prefer – fast food restaurants – traditional ones) because…
8. My mother (dislike…)… because…

II. Choisissez la solution correcte, sans changer l'ordre des mots (voir corrigés p. 309).

1. I couldn't attend the meeting (because – because of – thus – although) a hospital appointment.
2. (Because – While – Though – Although) he was driving so fast, he couldn't break in time.
3. (So – As – Therefore – Thus) he never concentrates in class, he usually gets low grades.
4. He developed this theory (so that – so – for – in order to) facilitate communication between participants.
5. This lecturer is dedicated and knowledgeable. (Then – So – Since –This led to), all first-year students want to join his class.
6. (As – For – Due to – Consequently) technical issues, we will be unable to broadcast our show tonight.
7. Your documents arrived after the deadline. (Though – Because – As – Consequently), we will be unable to process your registration.
8. They were delayed by heavy traffic, (so that – so as to – in order to – to) they couldn't make it in time.

III. Reformulez les phrases suivantes en utilisant les éléments donnés entre parenthèses et en procédant aux changements qui s'imposent. Faites autant de phrases que le nombre d'éléments proposés (voir corrigés p. 309).

1. Because your passport reached us too late, we couldn't send your visa in time. (as a result – since)
2. Because of unprecedented demand, we will be unable to deliver your items next week. (Due to)
3. He failed to convince me of the legality of his claim, so, I sought advice from an attorney. (as – since – therefore).

Grammaire

Les phrases exprimant la condition

Les phrases qui expriment des conditions sont formées d'une subordonnée de condition qui commence souvent par *if* et d'une proposition principale qui exprime le résultat.

Ces phrases peuvent exprimer des faits réels ou irréels. Leurs verbes obéissent à des règles de concordance qui dépendent à la fois du temps et du paramètre réel/irréel.

Les conditions réelles

Les conditions réelles expriment des situations ou des faits véridiques, avérés, toujours vrais, toujours valables.

If she gets good grades,	*she (always) celebrates.*
subordonnée en *if*	proposition principale

Si elle obtient de bonnes notes, elle fait (toujours) la fête. (proche de Quand elle.../À chaque fois qu'elle...)

Le verbe de la proposition principale est au présent. Le verbe de la subordonnée en *if* est aussi au présent. Le sens de la subordonnée en *if* est très proche d'une subordonnée de temps avec *when* ou *whenever.*

If she gets good grades for this test,	*she will celebrate.*
subordonnée en *if*	proposition principale au futur

Si elle obtient de bons résultats à ce test, elle fera la fête.

Cette phrase exprime une condition future, non encore remplie. Le verbe de la proposition principale est au futur. Le verbe de la subordonnée en *if* est au présent.

Les conditions irréelles

Les conditions irréelles expriment des situations ou des faits non avérés, fictifs.

If she got good grades,	*she would celebrate.*
subordonnée en *if*	proposition principale
Si elle avait de bonnes notes,	elle ferait la fête.

Cette phrase exprime une condition non avérée. Le verbe de la proposition principale est au conditionnel présent (*would* + base verbale). Le verbe de la subordonnée en *if* est au prétérit, bien que la phrase évoque le présent.

On peut aussi utiliser *might* et *could* à la place de *would* dans la principale.

If she got good grades,	*she could/might celebrate.*
subordonnée en *if*	proposition principale
Si elle avait de bonnes notes,	elle ferait peut-être la fête.

La forme correcte du verbe *to be* dans la subordonnée en *if* est *were* même lorsque le sujet est singulier. À l'oral cependant, on emploie souvent *was* lorsque le sujet est singulier.

If she were better organized,	*she would/might arrive on time.*
Si elle était plus organisée,	elle arriverait (peut-être) à l'heure.

Pour exprimer le conditionnel passé (conditions non avérées dans un contexte passé), on emploie le *pluperfect* ou *past perfect* (*had* + participe passé) dans la subordonnée en *if* et le conditionnel passé (*would have* + participe passé) dans la principale.

She would have celebrated (might have celebrated/could have celebrated), if she had had good grades.

Elle aurait fait la fête (Elle aurait peut-être/Elle aurait pu) faire la fête hier si elle avait eu de bonnes notes.

Voici un **résumé de la concordance des temps** dans les phrases qui expriment des conditions.

Attention !

Cette concordance est la même qu'en français et ne devrait donc pas vous poser de problème, mais de nombreux locuteurs français ne font plus très bien la différence entre le futur et le conditionnel, à cause de la prononciation identique de la première personne du singulier (viendrai/viendrais ; parlerai/parlerais). Soyez vigilant !

Situations réelles

1. Présentes :

If + présent,	principale au présent
If they call,	*they call on a Sunday.*
S'ils appellent,	ils appellent le dimanche.

2. Futures :

If + présent,	principale au futur
If they call me tomorrow,	*I will ask them.*
S'ils me téléphonent demain,	je leur poserai la question.

Situations irréelles

1. Présentes :

If + prétérit,	principale au conditionnel présent
If they called,	*I would ask them.*
S'ils me téléphonaient,	je leur poserais la question.

2. Passées :

If + *past perfect,*	principale au conditionnel passé
If they had called,	*I would have asked them.*
S'ils m'avaient téléphoné,	je leur aurais posé la question.

Gérondif, infinitif ou base verbale ?

Ce point de grammaire est difficile car cette question n'obéit pas à des règles très strictes ni très logiques. La construction est souvent très différente du français. Il est donc important d'apprendre ces verbes et leur construction par cœur. Ils sont très courants et vous seront utiles à tout moment.

Après un verbe

Lorsque le verbe principal d'une phrase est suivi d'un autre verbe, ce dernier peut revêtir des formes différentes. Certains verbes sont suivis du gérondif (V + *–ing* : *speaking, making, doing*), d'autres de l'infinitif (*to* + V *: to speak, to make, to do*), et d'autres encore d'une base verbale (BV : *speak, make, do*). Certains peuvent être suivis de formes différentes :

- **Verbes suivis d'un gérondif :** *advise, avoid, consider, delay, dislike, enjoy, postpone, recall, recommend…*

  She advised ***reading*** *the instructions carefully before starting the exercise.*

  Elle a conseillé de lire attentivement les consignes avant de commencer l'exercice.

- **Verbes suivis d'un infinitif :** *agree, attempt, decide, expect, hesitate, learn, need, offer, plan, want…*

  He ***expected*** *to see you at the meeting last night.*

  Il s'attendait à te voir à la réunion hier soir.

- Pour certains verbes, la présence du complément d'objet avant l'infinitif est possible (*ask, expect, need, request, require, want…*) **ou même obligatoire** (*advise, allow, enable, permit, remind, tell…*).

  I expect Kate to arrive *any minute now.*

  Je pense que Kate va arriver d'un instant à l'autre.

We ***wanted them to be*** *on time.*

Nous voulions qu'ils arrivent à l'heure.

This ***enabled us to contact*** *the police.*

Ceci nous a permis d'appeler la police.

He ***advised us to stay*** *where we were.*

Il nous a conseillé de rester où nous étions.

- Verbes suivis d'un gérondif ou d'un infinitif : *begin, continue, start…*

  They ***started to run/running*** *when they heard him shout.*

  Ils se sont mis à courir quand ils l'ont entendu crier.

- **Verbes suivis d'une base verbale :** les modaux, certains causatifs, *help,* verbes de perception.

  I ***can't*** *understand what this is about.*

  Je ne comprends pas de quoi il s'agit.

  He ***let*** *her get away with the lie.*

  Il l'a laissée mentir impunément.

  He ***helped*** *her move the furniture.*

  Il l'a aidée à déplacer les meubles.

  I ***heard*** *him remove his helmet.*

  Je l'ai entendu enlever son casque.

Après une préposition

Lorsqu'une préposition est suivie par un verbe, ce dernier est généralement au gérondif.

She was terribly interested ***in talking*** *to him.*

Elle voulait absolument lui parler.

Make sure you read the instructions carefully ***before writing*** *the essay.*

Assurez-vous de lire les consignes attentivement avant d'écrire votre rédaction.

Après un adjectif

Lorsqu'un adjectif est suivi par un verbe, ce dernier est généralement à l'infinitif.

Grammar is not always ***easy to explain****.*

La grammaire n'est pas toujours facile à expliquer.

Your father will be ***happy to lend*** *you his car.*

Ton père sera d'accord pour te prêter sa voiture.

Pratiquez votre grammaire

I. Choisissez la forme correcte du verbe entre parenthèses (voir corrigés p. 309).

1. If I had more time, I (study) more.

2. If you (offer) me a drink, I would accept.

3. If she hadn't left Peter, she (never/to go) on holiday with us.

4. If he (miss) the train, he wouldn't have attended the meeting.

5. They (be) disappointed if we didn't turn up.

6. She would have been upset if I (not/thank) her parents.

7. He (be) angry if the tutor had cancelled the meeting.

8. I'm sure they will understand if you (explain) why you did it.

II. Traduisez en anglais (voir corrigés p. 310).

1. Je t'aurais envoyé une carte si j'avais eu ton adresse.

2. Si tu ne comprends pas la phrase, tu passeras à la suivante.

3. Si tu avais écouté plus attentivement, tu aurais compris plus de choses.

4. Si tu te levais plus tôt, tu aurais le temps de faire du sport.

5. Nous serions peut-être allés courir s'il n'avait pas plu.

III. Finissez les phrases suivantes (voir corrigés p. 310).

1. If I finish work early this afternoon, …

2. If they behaved nicely, …

3. If we had had enough money back then, …

4. They wouldn't have managed to get the train, even if…

5. Will you come with us if…?

6. You wouldn't believe it if…

IV. Mettez les mots entre parenthèses à la forme correcte (voir corrigés p. 310).

1. They advised (stay) at home.

2. We desperately wanted (they/pass the test).

3. She avoided (look) at him.

4. I expected (he/write back) with the results.

5. The professor had considered (move) but later changed his mind.

6. They didn't hear the inspector (come) in.

7. She studied Irish literature before (move) to Ireland.

8. This enables the user (access) the utility.

9. They enjoyed (ski) in the Pyrenees.
10. They recommended (delay) the decision until Christmas.

V. Traduisez en anglais (voir corrigés p. 310).

1. Il voulait que je relise le texte.
2. Je m'attendais à ce que tu l'appelles pour aller au cinéma.
3. Ceci leur a permis d'attendre encore un peu avant d'acheter l'appartement.
4. Avant de partir, vérifie que tu n'as rien oublié.
5. Il est parfois difficile d'obtenir des résultats pertinents à partir d'échantillons restreints.
6. Ils aiment beaucoup passer leurs vacances en Asie.
7. Il l'a aidée à finir sa traduction avant de faire la sienne.
8. Je serai très heureux de vous y accompagner.

VI. Terminez les phrases suivantes en mettant les éléments entre parenthèses à la forme correcte (voir corrigés p. 311).

1. I expected (she/pass).
2. They helped (he/escape) from the police.
3. He will let (I/decide).
4. I don't want (they/upset) her.
5. He avoided (look) at her.
6. The academic adviser recommended (leave early).
7. She advised (the student/read) more books on the topic.
8. Before (hand in) your assignment, make sure you have reviwed it and corrected the spelling mistakes.

Prononciation

Le vocabulaire à étudier cette semaine contient des mots difficiles à prononcer à cause de leur accentuation ou de phonèmes qui n'existent pas en français

La voyelle [ɒ]

Il s'agit du son «o» ouvert bref de *dog*. Ce son n'est pas très difficile à prononcer. De nombreux mots posent cependant des difficultés aux locuteurs français.

Il faut tout d'abord rappeler que la prononciation est différente en anglais américain et en anglais britannique pour certains mots, notamment ceux qui s'écrivent avec *oa* ou *aw* et qui se prononcent différemment dans les deux variantes.

Ces mots posent souvent des problèmes aux francophones qui s'attendent toujours à une diphtongue, c'est-à-dire à une suite de deux sons voyelle. Voyons d'abord des exemples de diphtongues pour que vous compreniez bien d'où vient le problème.

Dans les mots *boat*, *coat*, *low*, *slow*, *mow* ou *tow*, le son voyelle (qu'il soit représenté par les deux voyelles écrites *oa* ou l'ensemble *ow*) se prononce toujours de la même manière, par une diphtongue, et ne pose en général aucun problème aux francophones.

La difficulté apparaît lorsque les deux lettres *oa* ne forment qu'un son voyelle, ou que vous rencontrez la suite *aw*. Dans ces deux cas, en anglais britannique, on a le son [ɔː], un «o» fermé et très long qui est suivi d'un son [r], comme dans *port*, *court*, *four*, *more* ou *bore*. En anglais américain, on a le son o ouvert [ɒ] de *dog*, *frog*, *log*, *top*, *hot*, *cost*, etc.

Entraînez-vous à prononcer les mots suivants en utilisant le «o» ouvert court [ɒ] de *dog* : *law* – *saw* – *broad* – *broadsheet* – *broadcast* – *awful* – *awesome*

Attention ! C'est difficile ! Vous ne devez absolument pas faire de diphtongue. Regardez dans la glace si votre bouche ne produit qu'un son voyelle. Si elle se déforme pour produire un second son, vous n'avez pas réussi. Entraînez-vous beaucoup.

Accentuation

Nous avons déjà vu des mots difficiles à prononcer pour les francophones à cause de l'accent tonique et travaillé sur certains d'entre eux.

L'accent tonique est ici marqué en gras. Répétez ces mots de nombreuses fois, afin que leur accentuation vous vienne naturellement dans l'expression orale :

*com**pe**titive* – *com**pe**titor* (le « e » se prononce comme dans *bed*) – *com**pe**te* (le premier « e » se prononce comme dans *keys*, *bee*) – *compe**ti**tion* (attention, l'accent n'est plus au même endroit et le « e » n'étant pas accentué se prononce à peine, comme dans « an » !) – ***pre**mises* (le « e » se prononce comme dans *bed* ; il y a ensuite deux sons [i] bref) – ***ap**plicant*

[k] muet

Devant la lettre « n », le « k » est muet. Vous connaissez bien sûr *knife* et *to know*. En voici quelques autres : *knee* (le genou), *knowledge* (les connaissances), *unknown* (inconnu), *to knock* (frapper), *to knit* (tricoter).

Mot d'origine étrangère

Le mot ***re**sume* (CV, résumé de votre parcours professionnel) est d'origine française ; il peut donc s'écrire également avec deux accents aigus (*résumé*). Sa prononciation se rapproche de celle du mot en français. Il a donc trois syllabes à l'oral, avec un accent secondaire sur la troisième : [rezəmeɪ].

Vérifiez la prononciation américaine de tous ces mots en ligne, par exemple sur le site http://www.howjsay.com/.

Travail complémentaire

Vous avez étudié toutes les compétences et effectué l'ensemble des exercices et des activités du chapitre. Il vous faut maintenant passer un peu de temps à réviser ce que vous avez appris dans ce chapitre, que ce soit le vocabulaire, la grammaire ou les techniques des exercices du TOEFL iBT®.

Relisez plusieurs fois les différentes sections du chapitre, révisez le vocabulaire et refaites les phrases qui vous ont posé des problèmes.

Dans le programme de travail de la semaine, il ne faut pas oublier la pratique quotidienne des autres compétences langagières, afin de ne pas se concentrer uniquement sur l'expression écrite.

Compréhension écrite et vocabulaire des médias et du monde des affaires

Continuez à lire régulièrement des articles universitaires d'au moins 700 mots.

Lisez sur Wikipedia les parties *introduction*, ainsi que *meanings and definitions* de l'article *Company* (https://en.wikipedia.org/wiki/Company).

Lisez sur Wikipedia l'introduction de *Newspaper* (https://en.wikipedia.org/wiki/Newspaper) et celle de *Journalism* (https://en.wikipedia.org/wiki/Journalism). Vous pouvez également trouver de nombreux articles sur le monde du travail et sur les stages en entreprise.

Compréhension orale

Si vous tapez *YouTube internship videos* dans un moteur de recherche, vous aurez accès à plusieurs exemples de stages en entreprise. Sur le site http://www.openculture.com/business_free_courses, vous avez accès à des cours de *business* gratuits. Écoutez-en quelques minutes de temps en temps.

Pratique de l'expression écrite, de la grammaire et des fonctions étudiées

Voici quelques exemples de sujets d'expression libre supplémentaires :

> *What do you think is the most important quality a person needs to work effectively in a group: open-mindedness, respect for others, or problem-solving abilities? Choose one quality and use specific reasons and examples to support your choice.*
>
> *"Believe and act as if it were impossible to fail." Do you agree or disagree with this quotation from the American inventor Charles F. Kettering? Use specific reasons and examples to support your opinion.*
>
> *Some people believe that parents should not take very young children out to restaurants. Other people think children should go to restaurants when they are young. What is your opinion? Use specific reasons and examples to support your answer.*

Entraînez-vous à faire des plans, à rédiger des introductions et à écrire un texte complet. Appliquez-vous à y intégrer les mots de liaison appropriés, à faire une conclusion brève et adaptée, à vous relire et à corriger vos fautes.

Pratique de l'expression orale

Lisez à voix haute les scripts des enregistrements de ce chapitre. Si vous avez des doutes sur l'accentuation ou la prononciation, réécoutez les documents audio.

Maintenant que vous avez travaillé tout seul pendant longtemps, allez vite retrouver les étudiants étrangers et parlez avec eux. Ce sera bien agréable. Bonne chance pour le test !

Retrouvez sur le site en ligne **http://compagnons.pearson.fr/toeflpratique** le test d'application qui vous servira d'entraînement.

Annexes

Annexe 1 – Scores totaux aux tests d'application et au test complet

Note : Pour vous entraîner aux tests d'application et au test complet, rendez-vous sur le site compagnon dédié à l'adresse suivante : http://compagnons.pearson.fr/toeflpratique

Compréhension écrite

Évaluer son niveau au test d'application

Pour connaître votre score converti à l'épreuve de compréhension écrite, vous devez avant tout déterminer le nombre de points obtenus. Comptez vos points à la dernière question de chaque passage écrit avant de pouvoir calculer le total obtenu, sur un maximum de 45 points. Reportez-vous ensuite au tableau suivant afin de déterminer votre score converti sur 30 pour cette épreuve.

Score total	**Score converti au test d'application de compréhension écrite**	**Score total**	**Score converti au test d'application de compréhension écrite**
45	30	22	9
44	29	21	8
43	28	20	8
42	27	19	7
41	26	18	7
40	25	17	6
39	24	16	6
38	23	15	5
37	22	14	5
36	21	13	4

35	20	12	4
34	19	11	3
33	18	10	3
32	17	9	3
31	16	8	2
30	16	7	2
29	15	6	2
28	14	5	1
27	13	4	1
26	12	3	1
25	11	2	0
24	10	1	0
23	10	0	0

Évaluer son niveau au test complet

Pour connaître votre score converti à l'épreuve de compréhension écrite du test complet, vous devez avant tout déterminer le nombre de points obtenus. Comptez vos points à la dernière question de chaque passage écrit avant de pouvoir calculer le total obtenu, sur un maximum de 43 points. Reportez-vous ensuite au tableau suivant afin de déterminer votre score converti sur 30 pour cette épreuve.

Score total	**Score converti au test complet de compréhension écrite**	**Score total**	**Score converti au test complet de compréhension écrite**
43	30	21	9
42	29	20	8
41	28	19	8
40	27	18	7
39	26	17	7
38	25	16	6
37	24	15	6
36	23	14	5
35	22	13	5
34	21	12	4
33	20	11	4

32	19	10	3
31	18	9	3
30	17	8	2
29	16	7	2
28	16	6	1
27	15	5	1
26	14	4	1
25	13	3	1
24	12	2	0
23	11	1	0
22	10	0	0

Compréhension orale

Évaluer son niveau au test d'application

Pour connaître votre score converti à l'épreuve de compréhension orale, vous devez avant tout déterminer le nombre de points obtenus. Comptez vos points aux trois questions qui valent plus d'un point avant de pouvoir calculer le total obtenu sur un maximum de 37 points. Reportez-vous ensuite au tableau suivant afin de déterminer votre score converti sur 30 pour cette épreuve.

Score total	**Score converti au test d'application de compréhension orale**	**Score total**	**Score converti au test d'application de compréhension orale**
37	30	18	9
36	29	17	9
35	28	16	8
34	27	15	8
33	26	14	7
32	25	13	6

31	24	12	6
30	23	11	5
29	22	10	4
28	21	9	4
27	20	8	3
26	19	7	3
25	18	6	3
24	17	5	2
23	16	4	2
22	15	3	1
21	14	2	1
20	13	1	0
19	12	0	0

Évaluer son niveau au test complet

Pour connaître votre score converti à l'épreuve de compréhension orale du test complet, vous devez avant tout déterminer le nombre de points obtenus. Comptez vos points aux six questions qui valent plusieurs points avant de pouvoir calculer le total obtenu, sur un maximum de 38 points. Reportez-vous ensuite au tableau suivant afin de déterminer votre score converti sur 30 pour cette épreuve.

Score total	**Score converti au test complet de compréhension orale**	**Score total**	**Score converti au test complet de compréhension orale**
38	30	18	10
37	29	17	9
36	28	16	9
35	27	15	9
34	26	14	8
33	25	13	7
32	24	12	6
31	23	11	6
30	22	10	5
29	21	9	4
28	20	8	4

27	19	7	3
26	18	6	3
25	17	5	3
24	16	4	2
23	15	3	2
22	14	2	1
21	13	1	0
20	12	0	0
19	11		

Expression orale

Évaluer son niveau au test d'application et au test complet

Comme pour toutes les épreuves d'expression orale, les critères de notation prennent en compte les trois éléments suivants :

- respect du sujet : réponse fidèle à la question, qui traite tous les points demandés ;
- capacité à vous exprimer oralement dans un anglais fluide, clair et correct, et à vous faire comprendre sans effort de la part de l'interlocuteur, et sans erreurs majeures de prononciation, d'intonation et d'accentuation ;
- correction et richesse de la langue : vocabulaire pertinent et varié, grammaire juste, syntaxe complexe et correcte.

Si votre réponse remplit tous les critères énumérés ci-dessus, vous pourrez prétendre à la note maximale, c'est-à-dire 30/30.

Si vous répondez au sujet de manière un peu trop superficielle (si quelques éléments avaient pu être mieux développés), mais dans une langue fluide et globalement correcte (quelques erreurs de prononciation, d'intonation ou d'accentuation), et que vous utilisez une syntaxe, une grammaire et un vocabulaire dans l'ensemble corrects et adaptés à la situation (vocabulaire parfois imprécis, quelques erreurs dans les phrases complexes ou concernant les points de grammaire difficiles), vous pourrez obtenir un bon score, entre 23 et 29/30.

Si vous répondez au sujet de manière incomplète et limitée (manque de détails et d'exemples, liens peu clairs entre les idées), dans une langue compréhensible mais pas toujours limpide, et que vous employez une syntaxe limitée, un vocabulaire simple et une grammaire parfois approximative, vous obtiendrez un score moyen, entre 15 et 22/30.

Si votre réponse est très superficielle ou en partie hors sujet, que votre accent est difficile à comprendre (trop d'erreurs de rythme, d'accentuation, d'intonation), que votre grammaire et votre syntaxe sont souvent incorrectes et comprennent de nombreuses fautes graves qui perturbent la compréhension, que vous utilisez un vocabulaire très limité (difficultés à exprimer des idées personnelles, répétition des mots du sujet, etc.), vous obtiendrez un score faible, entre 8 et 14/30.

Si votre réponse est inexistante ou incompréhensible à cause d'une prononciation incorrecte, d'une grammaire et d'une syntaxe insuffisantes, et d'un vocabulaire très limité, vous obtiendrez un score très faible, entre 0 et 7/30.

Reportez dans le tableau suivant les notes que vous vous êtes attribué. Utilisez la partie supérieure des cases pour l'expression orale du test d'application (TA) et la partie inférieure pour celle du test complet (TC).

Compétence évaluée		**Exercice 1** Note sur 5	**Exercice 2** Note sur 5	**Exercice 3** Note sur 5	**Exercice 4** Note sur 5	**Exercice 5** Note sur 5	**Exercice 6** Note sur 5
Respect de la tâche : j'ai fait tout ce que l'on me demandait, dans le temps imparti et sans m'écarter du sujet.	TA						
	TC						
Qualité de la langue orale : j'ai utilisé un anglais fluide et clair, et ma prononciation a été correcte.	TA						
	TC						
Correction de la langue : – J'ai employé un vocabulaire pertinent et varié. – Ma grammaire est juste. – J'ai utilisé une syntaxe complexe et correcte, ainsi que des transitions logiques.	TA						
	TC						
Total pour chaque exercice	TA						
	TC						
Total pour l'épreuve (à diviser par trois pour obtenir une note sur trente)	TA						
	TC						

Expression écrite

Évaluer son niveau au test d'application et au test complet

Comme pour toutes les évaluations de production écrite en langue, les critères de notation prennent en compte les trois éléments suivants :

- respect du sujet : réponse fidèle à la question, qui traite tous les points demandés ;
- organisation claire et enchaînement logique des idées, développements pertinents (exemples, opinions, expériences, explications, détails), progression dans l'argumentation, ensemble cohérent, sans digression ;
- capacité à vous exprimer dans un anglais fluide, clair et correct, et à vous faire comprendre sans effort de la part du lecteur, au moyen d'outils grammaticaux, syntaxiques et lexicaux appropriés, corrects, riches et variés.

Si votre réponse remplit tous les critères énumérés ci-dessus, vous pourrez prétendre à la note maximale, c'est-à-dire 30/30.

Si vous répondez au sujet de manière un peu superficielle (si quelques éléments avaient pu être mieux développés), mais dans une langue fluide et assez naturelle, qui emploie une syntaxe, une grammaire et un vocabulaire dans l'ensemble corrects et adaptés à la situation (vocabulaire parfois imprécis, quelques erreurs dans les phrases complexes ou concernant les points de grammaire difficiles sans que la compréhension n'en soit gênée), vous pourrez obtenir un bon score, entre 20 et 29/30.

Si votre rédaction répond au sujet de manière incomplète et limitée (manque de développement, peu d'exemples), dans une langue compréhensible mais pas toujours naturelle, qu'elle témoigne d'une certaine logique (avec toutefois des liens parfois peu clairs entre les idées), et emploie une syntaxe limitée, un vocabulaire assez correct mais simpliste, ainsi qu'une grammaire parfois approximative, vous obtiendrez un score moyen, entre 14 et 19/30.

Si votre réponse est très superficielle (explications peu développées, exemples insuffisants), mal organisée (manque de liens logiques entre les idées) ou en partie hors sujet, qu'elle est rédigée dans une langue difficile à comprendre (grammaire et syntaxe souvent incorrectes comprenant de nombreuses fautes graves qui perturbent la compréhension), qu'elle emploie un vocabulaire très limité (difficultés à exprimer des idées personnelles, répétitions, champ lexical restreint, etc.), vous obtiendrez un score faible, entre 8 et 12/30.

Si votre réponse est inexistante, très superficielle et limitée, ou totalement hors sujet, sans logique dans l'enchaînement des idées, ou incompréhensible à cause d'une grammaire incorrecte, d'une syntaxe insuffisante ou d'un vocabulaire très limité, vous obtiendrez un score très faible, entre 0 et 7/30.

Compétence évaluée	**Exercice 1** **Note sur 5**	**Exercice 2** **Note sur 5**
Respect de la tâche : – J'ai répondu fidèlement et entièrement, sans m'écarter du sujet. – J'ai fait exactement ce qui était demandé.		
Organisation de l'expression : – J'ai organisé clairement mes idées et l'argumentation progresse logiquement. – Les paragraphes sont clairement délimités, avec des mots de transition clairs qui énoncent les liens entre eux. – J'ai fait une introduction et une conclusion brèves, mais efficaces.		
Correction de la langue : – J'ai utilisé un vocabulaire pertinent et varié. – Ma grammaire est juste. – J'ai utilisé une syntaxe complexe et correcte, ainsi que des transitions logiques.		
Total pour chaque exercice		
Total pour l'épreuve sur trente		

Annexe 2 – Verbes irréguliers

Base verbale	Prétérit	Participe passé	Traduction
arise	arose	arisen	surgir, survenir
awake	awoke	awoken	s'éveiller, se réveiller
be	was/were	been	être
bear	bore	born	porter, supporter
beat	beat	beaten	battre, frapper
become	became	become	devenir
begin	began	begun	commencer
bend	bent	bent	plier, courber
bet	bet	bet	parier
bind	bound	bound	lier, attacher
bite	bit	bitten	mordre
bleed	bled	bled	saigner
blow	blew	blown	souffler
break	broke	broken	casser
breed	bred	bred	élever, faire l'élevage (animaux)
bring	brought	brought	apporter
build	built	built	construire
burn	burned/burnt	burned/burnt	brûler
burst	burst	burst	éclater, exploser
buy	bought	bought	acheter
cast	cast	cast	lancer, jeter ; distribuer les rôles
catch	caught	caught	attraper
choose	chose	chosen	choisir
cling	clung	clung	s'accrocher, se cramponner
come	came	come	venir
cost	cost	cost	coûter
creep	crept	crept	ramper

cut	cut	cut	couper
deal	dealt	dealt	distribuer
dig	dug	dug	creuser, fouiller, bêcher
dive	dived/dove	dived	plonger
do	did	done	faire
draw	drew	drawn	tirer, dessiner
dream	dreamed/dreamt	dreamed/dreamt	rêver
drive	drove	driven	conduire
drink	drank	drunk	boire
eat	ate	eaten	manger
fall	fell	fallen	tomber
feed	fed	fed	nourrir
feel	felt	felt	sentir, ressentir
fight	fought	fought	se battre, combattre
find	found	found	trouver
fit	fit	fit	convenir, aller (taille)
flee	fled	fled	se sauver, s'échapper, s'enfuir
fling	flung	flung	jeter, lancer
fly	flew	flown	voler, prendre l'avion
forbid	forbade	forbidden	interdire
forecast	forecast	forecast	prédire, prévoir
foresee	foresaw	foreseen	prévoir
forget	forgot	forgotten	oublier
forgive	forgave	forgiven	pardonner
freeze	froze	frozen	geler, congeler, surgeler
get	got	got	obtenir
give	gave	given	donner
go	went	gone	aller
grind	ground	ground	moudre
grow	grew	grown	croître, grandir, augmenter, pousser, cultiver
hang	hung	hung	pendre, suspendre
have	had	had	avoir

hear	heard	heard	entendre
hide	hid	hidden	cacher
hit	hit	hit	frapper
hold	held	held	tenir
hurt	hurt	hurt	blesser, faire mal
keep	kept	kept	garder
kneel	knelt	knelt	s'agenouiller
knit	knit/knitted	knit/knitted	tricoter
know	knew	known	savoir, connaître
lay	laid	laid	poser ; pondre
lead	led	led	mener, conduire, diriger
leap	leaped/leapt	leaped/leapt	sauter, bondir
learn	learned/learnt	learned/learnt	apprendre
leave	left	left	laisser, partir, quitter
lend	lent	lent	prêter
let	let	let	laisser, autoriser
lie	lay	lain	être allongé
light	lighted/lit	lighted/lit	allumer, éclairer
lose	lost	lost	perdre
make	made	made	faire, fabriquer
mean	meant	meant	signifier, vouloir dire
meet	met	met	rencontrer
mistake	mistook	mistaken	se méprendre, faire une erreur
mow	mowed	mowed/mown	tondre
overcome	overcame	overcome	surmonter
pay	paid	paid	payer
plead	pled/pleaded	pled/pleaded	plaider
prove	proved	proved/proven	prouver
put	put	put	mettre, placer
quit	quit	quit	quitter, s'en aller, renoncer
read	read	read	lire
rid	rid	rid	se débarrasser de
ride	rode	ridden	faire du vélo, du cheval ; rouler en bus
ring	rang	rung	sonner, téléphoner

rise	rose	risen	s'élever, monter
run	ran	run	courir ; diriger
say	said	said	dire
see	saw	seen	voir
seek	sought	sought	chercher
sell	sold	sold	vendre
send	sent	sent	envoyer
set	set	set	fixer, mettre
sew	sewed	sewed/sewn	coudre
shake	shook	shaken	secouer
shed	shed	shed	perdre (des cheveux, du poids) ; se débarrasser ; verser
shine	shone	shone	briller, éclairer
shoot	shot	shot	tirer
show	showed	showed/shown	montrer
shrink	shrank	shrunk	rétrécir
shut	shut	shut	fermer
sing	sang	sung	chanter
sink	sank	sunk	couler (bateau)
sit	sat	sat	être assis, s'asseoir
sleep	slept	slept	dormir
slide	slid	slid	glisser
sow	sowed	sowed/sown	semer
speak	spoke	spoken	parler
speed	sped	sped	filer, aller vite
spend	spent	spent	passer (temps), dépenser
spill	spilled/spilt	spilled/spilt	renverser, répandre
spin	spun	spun	tourner, tournoyer ; filer
spit	spit/spat	spit	cracher
split	split	split	fendre, se fendre, diviser, rompre
spread	spread	spread	étaler, étendre
spring	sprang	sprung	surgir, sauter
stand	stood	stood	être debout, se tenir, se tenir debout
steal	stole	stolen	voler, dérober

stick	stuck	stuck	coller
sting	stung	stung	piquer (insecte)
stink	stank	stunk	sentir mauvais
strike	struck	struck	frapper
string	strung	strung	enfiler
swear	swore	sworn	jurer
sweep	swept	swept	balayer
swell	swelled	swelled/swollen	enfler, gonfler
swim	swam	swum	nager
swing	swung	swung	balancer, se balancer ; faire tournoyer
take	took	taken	prendre
teach	taught	taught	enseigner
tear	tore	torn	déchirer
tell	told	told	dire, raconter
think	thought	thought	penser, réfléchir
throw	threw	thrown	jeter, lancer
undergo	underwent	undergone	subir
understand	understood	understood	comprendre
upset	upset	upset	renverser, bouleverser
wake	woke	woken	éveiller, s'éveiller
wear	wore	worn	porter (vêtements)
weave	weaved/wove	weaved/woven	tisser
wed	wed/wedded	wed/wedded	épouser
weep	wept	wept	pleurer
win	won	won	gagner
wind	wound	wound	enrouler
wring	wrung	wrung	essorer
write	wrote	written	écrire

Annexe 3 – Corrigés des exercices

Semaine 1

Vocabulaire

I. **1.** diary ; account
2. still-life paintings ; feature ; display
3. director ; production ; rehearsal ; performance
4. canvas ; patterns ; hue
5. Admittance
6. applause

II. **1.** novel ; awarded ; prize ; fiction ; plot ; fairy tales ; fame ; essays ; works
2. masterpiece ; canvas ; depicts ; portrays ; foreground ; background ; master ; brushstrokes.

Fonctions

I. **1.** Given that ; however
2. For one thing
3. Rather than
4. Thus

II. Although ; In fact ; instead of ; however ; Thus

Grammaire

I. Les phrases 1, 2, 4, 6 sont à la voix passive. Les phrases 3 et 5 sont à l'actif, au *past perfect*.

II. 1. Le surréalisme a été fondé à Paris.
2. À l'origine, il a été conçu/créé comme un mouvement littéraire.
3. Le surréalisme a été défini tout d'abord par André Breton/C'est André Breton qui, le premier, a défini/donné la définition du surréalisme.
4. De nombreux artistes ont été associés au surréalisme.

III. 1. Music and dance were made one for the other.
2. Mime and pantomime must/should not be confused.
3. Medieval literature will have to be studied.
4. Many drawings have been added or will be added to the final edition.
5. The paintings will have to be cleaned and the damage (will have to be) repaired as soon as possible.

Semaine 2

Vocabulaire

I. 1. wildlife; poaching; species
2. scenery; woodland; features
3. overcast
4. rainbow

II. Weather crossword.

	A	B	C	D	E	F	G	H	I	J	K	L	M	N
1	T	E	N	D		W	E	T		B	E		M	E
2		E		R			C	O	O	L		R	I	
3	F	L	O	O	D					I		A	S	H
4	R		P	U	N					Z		I	T	U
5	O	R		G	O		F	R	O	Z	E	N		R
6	S	A	S	H			U	E		A		B	A	R
7	T	O		T	H	U	N	D	E	R		O		I
8			L							D		W		C
9	H	A	I	L	S	T	O	N	E					A
10	A		G	A	L	E		O		H		L	I	N
11	I		H		E	A	R	T	H	Q	U	A	K	E
12	L	O	T		E		I		E		E	Y	E	
13		O	N		T	I	D	E				E		
14	A		I	T				V		W	A	R	M	
15	T	A	N		B	R	E	E	Z	E			O	F
16			G	A	M	E			S	T	O	R	M	S

Note pour la définition 4 : *Do you understand this weather pun: "If your mind is clouded or in a fog, you may have mist some opportunities"?* Il s'agit d'un jeu de mots (*pun*) intraduisible entre *mist* (= la brume) et *missed* (= rater). Si votre esprit est dans le brouillard ou dans les nuages, vous avez peut-être raté (brume) des occasions.

Fonctions

1. Just like his brother, Peter doesn't do any sport.

   Peter and his brother have this in common, they don't do any sport.
2. The actors were both skillful and good-looking.Not only were the actors skillful, (but) they were also good-looking.

   For one thing, the actors were skillful, for another, they were good-looking.
3. To ensure the safety of the aircraft, and all those on board, passengers' checked-in or hand baggage must not contain dangerous articles, such as poisons, weapons, pointed objects, etc.
4. Compared to her brother, she was more/very clever.

   In comparison with her brother, she was more/very clever.
5. For overall health, a balanced diet is important. Physical exercise is extremely important too (*Too* se place en fin de phrase, contrairement à *also)*. For overall health, a balanced diet is important. Physical exercise is likewise extremely important. Just like a balanced diet, physical exercise is extremely important for overall health.
6. **Voter turnout was similar to that of the last election. (It was very low.) Voter turnout was very** low for the last election. It was similarly low this time. Voter turnout was comparable to the last election. (It was very low.)

Grammaire

I. 1. largest; oldest
2. earliest
3. elder
4. most common
5. further
6. worst.
7. better.
8. shyer.

II. 1. I am the eldest of four children and always got on (well) with the younger ones (les plus jeunes que moi, il s'agit d'un comparatif, et non pas les plus jeunes superlatifs, qui voudrait dire qu'elle ne s'entend qu'avec les deux plus jeunes de la famille.)

2. He is saving his most compelling/convincing argument for the end of the lecture.
3. Which/What is the highest mountain in the world?
4. Which of these two animals is the cleverer? The chimp or the dolphin? (*cleverer* parce qu'il n'y en a que deux ; *which* seulement est possible ici pour la même raison).
5. Which/What is the worst place you ever visited?

III. 1. (d'une durée) de deux heures.
2. fortement/densément peuplée.
3. éoliennes.
4. au/à sang froid.
5. étroit d'esprit/à l'esprit étroit.
6. visionnaire.

Prononciation

Bengal Tigers

583	*Five hundred eighty-three*
264	*Two hundred sixty-four*
26	*Twenty-six*
60	*Sixty*
27	*Twenty-seven*

Deserts

3.5 million	*Three point five million*
9 million	*nine million*
5.4 million	*five point four million*
14 million	*fourteen million*
10	*ten*
25.4	*twenty-five point four*
100	*one hundred*
37.5	*thirty-seven point five*
–12.2	*minus twelve point two*

Remarques :

kilomètres carrés = *square kilometers*

la mention de degrés Celsius et Farenheit

Semaine 3

Vocabulaire

I. **1.** developed ; devices.
2. patents ; state-of-the-art
3. to devise ; breakthrough ; invented.
4. fame ; achievements ; Designed ; data ; breakthrough

II. inventor – success – patents – cutting edge – advanced – research – field – researchers – findings – reliable sources – Award – outstanding – progress – prize – developing – leading – prominent – fame

Grammaire

I. Nous ne vous proposons pas de corrigé modèle pour cette partie. Vérifiez que vous avez correctement utilisé les temps, que vous n'avez pas fait d'erreurs sur les verbes irréguliers (voir Annexe 2, p. 289) et que vous avez bien utilisé les expressions requises.

II. **1.** While I was doing some research on the case, I received a letter from one of the witnesses.
2. Your sister called/phoned me yesterday to talk about your financial problems.
3. While I was working, he was having a party with his friends.
4. Did you watch the film last night?
5. We weren't doing anything wrong.
6. What time did you finish?
7. What were you doing during the storm?
8. His/Her first book was published ten years ago.

III. **1.** can
2. can
3. could
4. should have
5. have to
6. must
7. ought to

IV. **1.** Je pense que d'une certaine manière, elle a dû comprendre combien c'était important pour moi.

2. Il n'aurait pas dû être planté là, à ne rien faire.

3. Je n'ai pas dû m'expliquer clairement. (C'est impossible que je me sois expliqué clairement.)

V. **1.** I could/might have become a chess champion in my region/area.

2. We shouldn't have mentioned this delicate question.

3. I might have been able to arrive sooner/earlier.

4. She feels ready. Could she start tomorrow?

5. Could you endeavor to explain why you want to design such an object?

6. Can I start recording now?

7. You must work several hours a week if you want to get a good TOEFL score.

8. You shouldn't call them at this time. You could try tonight.

9. He can't have insulted the policeman. He is always so polite.

10. She might be right. You never know./One never knows.

Semaine 4

Vocabulaire

I.

1							E	C	O	L	O	G	Y	
2			G	R	E	E	N	S						
3							V	E	T	O				
4	D	O	M	E	S	T	I	C						
5				H	E	I	R							
6						N	O	M	I	N	A	T	E	
7	C	I	T	I	Z	E	N	S	H	I	P			
8	K	I	N	G	D	O	M							
9							E	N	V	O	Y			
10			T	Y	R	A	N	N	Y					
11		B	A	L	L	O	T							
12		A	D	V	O	C	A	T	E					
13							L	O	B	B	Y	I	S	T
14		P	O	L	I	T	I	C	S					
15					C	A	S	T						
16			O	V	E	R	T	H	R	O	W			

II. **1.** embassy; diplomats; abroad; ambassador. ambassador; policy

2. diplomat; Ambassador; adviser; Senator; resigned; presidential campaign; appointed; committed to.

Fonctions

I. **1.** I agree, it's a complex issue.

2. Thank the environmentalists, even though/if they don't agree/disagree with us.

3. Several participants would agree on this point.
4. Can we at least agree to issue a joint statement?
5. They agreed on principle, but they refused to put it in writing.

II. **1.** He agreed on the proposition/He was all for the proposition.
2. They were convinced there were some factual mistakes in the passage.
3. I have a complaint about the state of the university parking lot.
4. I would like to apologize for coming in late./I'm sorry I came in late.
5. I don't feel/believe anyone could be against this solution.

Grammaire

I. **1.** present perfect continu.
2. past perfect continu.
3. past perfect simple.
4. past perfect simple au passif.
5. past perfect simple.
6. present perfect simple au passif.
7. past perfect simple.
8. past perfect continu.
9. past perfect simple.
10. past perfect simple.

II. avaient travaillé : phrases 3, 4, 6
ont travaillé : 5, 7
travaillaient : 2, 8
travaillent : 1

III. Hillary Clinton (was/~~is/has been~~) born on October 26, 1947, in Chicago, Illinois. She (~~is raised/raised/raises/~~was raised/~~has been raised~~) in a United Methodist family. She (studied/~~has studied/had studied~~) Law at Yale, then (followed/~~has followed/had followed~~) her boyfriend Bill to Arkansas, where he (~~has begun/had been beginning/~~had begun) his political career.

They (~~have married/had married/~~married) in 1975. By that time, Hillary (~~has been teaching/~~had been teaching) law at the University of Arkansas for a while and (~~has been/~~had been active) in the campaign against capital punishment.

Because of the priority that Hillary (~~has placed/~~placed) on her husband's political career, and on her pro-bono activities, (~~she earned~~/did not earn/~~had not earned/has earned~~) as much money as she could have if she (~~has devoted/devoted~~/had devoted/~~would have devoted~~) herself to her law practice full time.

Her husband (~~elected/had elected/had been elected/~~was elected) president in 1992. In early 2007, Hillary (~~announces/has announced~~/announced) her plans to run for the presidency. During the 2008 Democratic primaries, she (conceded/~~has conceded/had been conceding/had been conceded~~) her nomination when it became apparent that Barack Obama (held/~~had held~~) a majority of the delegate votes. After winning the national election, Obama (appointed/~~was appointed/had appointed/had been appointed)~~ Hillary Clinton as Secretary of State. She (~~had sworn/ swore/~~ was sworn) in January 2009 and served in that position until 2013. In the spring of 2015, she (~~has announced~~/announced/~~has been announcing)~~ her plans to run again for the U.S. presidency. She (~~was/is/~~has been) in politics for a very long time and (has featured/~~features/has been featured~~) in the media and popular culture for ages. Although her career (~~had/has~~/has had/~~is having/ was having~~) its ups and downs, she (~~was now viewed/ has now been viewed/had now been viewed~~/is now viewed) as the most influential woman in the world.

Semaine 5

Vocabulaire

I. **1.** gap year / students/ studies / college / graduating

2. refresher course / requirement / cover / take / fail / course /grades/ Sign up

3. completed / turn it in / lecturer/ assignment/ due

4. full-time/ academic / course / master's students / loan / part-time course / opting out/ tuition fees

II.

G	R	A	D	U	A	T	E	A	R	E	V	I	S	E	A	S	W	F
I	A	C	X	N	Z	Q	W	X	X	C	V	A	T	T	V	C	C	U
N	Z	A	S	D	E	G	R	E	E	L	A	B	U	U	K	H	H	R
T	S	D	D	E	O	F	I	N	A	L	S	I	D	T	N	E	E	T
E	E	E	O	R	F	A	C	U	L	T	Y	I	Y	O	O	D	A	H
R	O	M	V	G	R	A	N	T	J	G	B	X	Q	R	W	U	T	E
N	P	I	P	R	N	K	I	T	S	T	R	I	C	T	L	L	X	R
S	E	C	M	A	S	T	E	R	S	D	E	G	R	E	E	E	V	E
H	D	A	D	D	Z	E	E	A	H	O	N	O	R	S	D	R	T	D
I	X	D	F	U	G	H	N	I	Y	N	U	U	H	J	G	L	L	U
P	C	V	G	A	T	T	E	N	D	B	F	Y	B	B	E	M	M	C
G	G	I	D	T	V	E	Z	N	S	D	C	C	C	L	A	S	S	A
R	B	S	V	E	V	O	C	A	T	I	O	N	A	L	B	F	R	T
A	C	E	L	T	E	N	R	O	L	L	F	A	C	U	L	T	Y	I
D	X	R	F	N	A	S	S	I	G	N	M	E	N	T	E	Z	Z	O
E	C	T	V	B	R	E	F	R	E	S	H	E	R	R	V	B	A	N
F	A	I	L	C	T	Y	F	F	R	E	S	H	M	A	N	J	Z	A

Fonctions

I. 1. I suggest going to class/I suggest we go to class.

2. Unlike the French tutor, the Italian tutor tries to explain (the) grammar clearly.

3. This migration can be explained on the one hand by the war, and on the other hand by poverty.

4. This is clearly shown by the two examples below.

5. This can be exemplified by the reaction between sodium and water.

II. 1. Unlike her best friend, Susan is really good at math./Susan is really good at math whereas her best friend isn't.

2. Instead of going through the same lecture again with Professor Roberts, I would love to attend the new professor's class.
3. Instead of hanging around with the same people, you could try making new friends.

III. 1. Why not go swimming after lunch?/We could go swimming after lunch.
2. Let's wait for the weather to clear./How about waiting for the weather to clear?
3. He specifically mentioned depression and anxiety as two possible causes.
4. I suggest he ignore this new development.
5. He suggested we planned our presentation better.

Grammaire

I. **1.** I will study.
2. have made up.
3. do not tell (tu ne leur diras pas)/have not told (tu ne leur auras pas dit).
4. finishes (finira)/has finished (aura fini).
5. will be.
6. realizes.
7. will finish.
8. explain (expliquera)/have explained (aura expliqué).
9. sees.
10. have completed.

II. **1.** I will send you a card when I have arrived at the hotel.
2. When you explain the situation (to him), please keep calm.
3. As soon as the concert is over, they will take to the road.
4. Before he has time to complain, she will run off with his car keys.
5. We will go running/jogging while you finish your homework/assignments.

III. Nous ne vous proposons pas de corrigé pour cet exercice. Vous devez utiliser votre imagination. Vos phrases doivent cependant respecter les temps corrects. 1. futur, *(I) will* + BV. 2. futur, *they will* + BV. 3. présent. *I can/you wish*. 4. présent ou *present perfect* : *after the plane has been cleaned/after the steward calls them.* 5. présent ou present perfect : *as soon as you can?/as soon as you have finished?* 6. présent ou *present perfect* : *are promoted?/have been promoted?* 7. futur (*I will* + BV). 8. présent : *as long as he lives in the area.*

IV. **1.** said
2. tell
3. said
4. tells
5. said
6. say
7. tell
8. say

V. **1.** The professor said attendance **was** not mandatory.
2. My tutor felt I **needed** to work harder.
3. She believed that this **wouldn't affect** her personally.
4. In her report, he added that the European Court **had not examined** this particular complaint.
5. In his speech, the President warned that Africa **would not realize** its full potential without structural reforms.

VI. **1.** The professor explained that there **had been** an explosion in **the/that** building five years **before**.
2. The lecturer noted that attendance **had been** excellent **that** semester.
3. The assistant wondered **if he had done** anything wrong.
4. She explained **that they would board** the plane a few minutes **later**.
5. The researcher added that **that experiment had been** particularly useful in the context of the economic crisis.
6. The social worker explained **that the student was** anorexic, and she **had not eaten** at all **on that day**. That **was** why she **had fainted** earlier.
7. She wanted to know **how much you had spent** on **the/that** present.
8. She told us **that the assignment had to** be handed in as soon as possible.
9. She asked him **if/whether he had finished**.
10. They inquired **if/whether we ate** meat.

Semaine 6

Vocabulaire

I. **1.** broadcasts – news – advertising – anchormen – biased – unbiased

2. employers – experience – applicant – resume – prospects – positions – skills – teamwork

3. run – business – self-employed – employment – employees – working hours – income – premises – qualifications – skills

4. wage – internship – applicants – an interview – workplace – reference

II. 1E

2G

3P

4F

5I

6B

7K

8A

9H

10M

11O

12J

13L

14D

15C

16N

Fonctions

I. Cet exercice n'appelle pas de réponses uniques. Vous devez utiliser des formes verbales correctes, sauf pour la phrase 5 qui appelle un nom. Voici des exemples de réponses possibles :

1. My brother loves **swimming** but hates **playing** basket-ball.

2. Our university is committed to **providing** its students with a challenging educational experience.

3. I would love **to join you** on your holiday, but unfortunately, I have to go on a training course in Atlanta.
4. This man is really strange. He can't stand **listening** to country music.
5. Do you think that our president cares for **the environment**?
6. Why…? I'd rather **stay** at the bar.
7. I prefer **eating** in fast food restaurants **to eating** in traditional ones, because the atmosphere is more friendly.
8. My mother dislikes **going** on holiday, because she doesn't want to leave her cats.

II. **1.** because of.
2. Because.
3. As.
4. in order to.
5. So.
6. Due to.
7. Consequently.
8. so that.

III.**1.** Your passport reached us too late. As a result, we couldn't.../As a result of your passport reaching us too late, .../Since your passport reached us too late, …
2. Due to unprecedented demand, …
3. As he failed to convince me.../Since he failed to convince me.../He failed to convince me of the legality of his claim, therefore, I …

Grammaire

I. **1.** would study
2. offered
3. would never have gone/been (Si on utilise *gone*, on est encore en vacances, si on utilise *been*, on est revenu de vacances.)
4. had missed
5. would be
6. hadn't thanked
7. would have been
8. explain

II. 1. I would have sent you a card if I'd had your address.
2. If you don't understand the sentence, you will move on to/you can move on to/move on to the next one.
3. If you had listened more carefully, you would have understood more.
4. If you got up earlier, you would have time to do sport.
5. We might have gone running/jogging/for a run if it hadn't rained.

III. Cet exercice n'appelle pas de réponses uniques. Vous devez cependant utiliser correctement la concordance des temps. Voici des exemples de réponses possibles :
1. futur (S + *will* + BV) ...I'll play tennis with my cousin.
2. conditionnel présent (S + *would/could/might* + BV) ..., they would / might have more friends.
3. conditionnel passé (*would have* + pp/*might have* +pp/*could have* + pp) ... we might have contemplated buying a property in the mountains.
4. *pluperfect* (*had* + pp) ... they had left ten minutes before.
5. présent (S + BV) ...you get a few days off?
6. préterit (S + V–*ed*) ... I told you what really happened.

IV. 1. staying
2. them to pass
3. looking
4. him to write back
5. moving
6. come
7. moving
8. to access
9. skiing
10. delaying

V. 1. He wanted me **to read** the text again/over.
2. I expected you **to call** him to go to the cinema.
3. This enabled them **to wait** a little longer before buying the apartment.
4. Before **leaving**, check/make sure that you haven't forgotten anything.
5. It is sometimes difficult **to obtain** relevant results from restricted samples.
6. They just love **spending** their vacation in Asia.
7. He helped her **finish** her translation before **doing** his.
8. I will be delighted **to go** with you.

VI. **1.** I expected her **to pass**.

2. They helped him **escape**…

3. He will let me **decide**.

4. I don't want them **to upset** her.

5. He avoided **looking** at her.

6. The academic adviser recommended **leaving** early.

7. She advised the student **to read**…

8. Before **handing** in your assignment, …

IMPRIMÉ EN ESPAGNE

Imprimé par **GraphyCems**
31132 Villatuerta (Espagne)

Suivant sa politique de développement,
amélioration continue, qualité et gestion de l'environnement,
GraphyCems possède les certifications **ISO 9001**,
ISO 14001 et **FSC** (Forecast Stewardship Council).